公共图书馆与中国老年教育

汤更生　全根先　史建桥　著

國家圖書館出版社
National Library of China Publishing House

图书在版编目(CIP)数据

公共图书馆与中国老年教育/汤更生,全根先,史建桥著. --北京:国家图书馆出版社,2015.8

ISBN 978-7-5013-5656-0

Ⅰ.①公… Ⅱ.①汤… ②全… ③史… Ⅲ.①公共图书馆—老年人—读者服务—研究—中国 Ⅳ.①G259.252

中国版本图书馆 CIP 数据核字(2015)第 181252 号

书　　名 公共图书馆与中国老年教育
著　　者 汤更生　全根先　史建桥　著
责任编辑 金丽萍　王炳乾

出　　版 国家图书馆出版社(100034　北京市西城区文津街7号)
(原书目文献出版社　北京图书馆出版社)
发　　行 010-66114536　66126153　66151313　66175620
66121706(传真),66126156(门市部)
E-mail btsfxb@nlc.gov.cn(邮购)
Website www.nlcpress.com ——→投稿中心
经　　销 新华书店
印　　装 北京科信印刷有限公司
版　　次 2015年8月第1版　2015年8月第1次印刷

开　　本 880×1230(毫米)　1/32
印　　张 7.875
字　　数 250千字

书　　号 ISBN 978-7-5013-5656-0
定　　价 48.00元

前　言

“没有人仅仅因为时光的流逝而变得衰老，只是随着理想的毁灭，人类才出现了老人。”这是德裔美国作家塞缪尔·厄尔曼(Samuel Ullman,1840—1924)的著名散文《年轻》(又译作《青春》)中的一句。塞缪尔·厄尔曼70岁开始写作，《年轻》这篇400多字的短文一经发表，就成为传世之作，也成为那些在年龄上已经不再年轻的中老年人的精神支柱，甚至以此作为自己后半生的生活哲学。

最近在退休一族的圈子里，“无龄感”一词很是流行，且大受欢迎。“无龄感是一种努力逆水行舟的姿态，是自然向上的元生活态度。”年龄是万物之数，于人则意味着历经岁月之长短；年轻是生灵之态，于人则意味着欲望、意念、胆识、气质，体现为坚强的意志、丰富的想象和强烈的情感。年轻，可以是永远。哪怕生命的躯体已经离去，年轻的心以及它的感召力，却可以永生，支撑着自己，也影响着后来者，甚而传承百世千秋。

年龄也许会使皮肤增添皱纹，可是一旦丧失热忱，离开精神的土壤，灵魂上的皱纹就会随即出现。忧虑、恐惧和缺乏信心会使人心灰意冷，意志消沉。所以，60岁的人很可能比16岁的人更有欲望、胆识和气魄。猛然间记起，在我而立之年时，退休的父亲经常笑着对我说的一句话：“我要做一个时髦的老头，年纪越大，越要赶时髦！”当时的我并不解其中滋味，如今方才明白，这原来是一位老人的自我表达和自我激励。

从大学毕业来到国家图书馆工作，至今已有20余年。沉浸于书海之中，每天见到的是川流不息的读者，从20世纪80年代，特别是改革开放以后，“泡”图书馆的读者绝大多数是年轻的求学者，为高考、自考、论文、科研、项目等。近10年来，到图书馆的读者群体发生了明显的变化：老人和儿童的人数越来越多，比例越来越大，频率越来越高。

单就老年读者而言，他们走进阅览室、报告厅、展览厅、培训教室，读书、听讲座、看展览，参与图书馆举办的读书会、公开课、亲子阅读等各种文化教育活动，而且相当热衷。他们在图书馆里的所有选择，都是自由的，自愿的，随心所欲且从其所好的，所以，有一点是毋庸置疑的：图书馆一定给老人们带去了快乐。

这个现象说明一个问题，就是老年人有到图书馆的需求，而且这个需求越来越多、越强烈、越迫切。这一点同样也是毋庸置疑的。需求决定存在，这个需求是刚性的，作为现代公共文化服务体系重要组成部分的公共图书馆，是必须要了解、研究并最大限度地予以满足的。这是公共图书馆的使命和责任，是公共图书馆必然的选择和必须的行动。老龄人群的文化教育需求决定了公共图书馆服务的新方向和新内容，也势必成为公共文化服务效益评价体系中的必要指标。

1999 年中国正式步入老龄化社会。2013 年我国第一部老龄事业发展蓝皮书——《中国老龄事业发展报告(2013)》发布。该报告指出，2012 年我国老年人口数量达到 1.94 亿，老龄化水平达到 14.3%，预计 2013 年老年人口数量突破 2 亿大关，达到 2.02 亿，老龄化水平达到 14.8%。实际情况是，根据国家统计局数据，截至 2014 年年底，60 岁以上人口数量约是 2.12 亿，占总人口的 15.5%，其中 65 岁以上人口数量近 1.38 亿，占总人口的 10.1%。人口老龄化一方面反映出我国经济发展和人民生活水平的显著提高，另一方面也对社会各方面提出了新的要求。各级文化行政部门必须充分认识人口老龄化这一社会经济和人口发展进程中带有全局性和战略性的重大问题，认识到做好老年文化工作的重要性、必要性和紧迫性。

公共图书馆是社会教育的窗口，是公民的终身课堂，承担着提供公共文化教育与服务的职能。面对中国老龄化社会的发展趋势，做好老龄群体文化教育服务工作无疑是拓展和提升图书馆服务领域和水平的一个重要机遇和抓手。2015 年 1 月，中共中央办公厅、国务院办公厅出台了《关于加快构建现代公共文化服务体系的意见》，提出要牢固树立以人民为中心的工作导向，统筹推进公共文化服务均衡发展；

保障老龄群体的基本文化权益,要将老年人作为公共文化服务的重点对象,积极开展面向老年人的公益性文化艺术培训服务、演展和科普活动。

有幸在中国图书馆学会秘书处工作10年,现在又在一线为读者服务,使我深刻地体会到图书馆的变迁是随着社会和读者的需求而发展变化的。日益庞大的老年读者群体,他们来图书馆究竟是为了什么?图书馆能为他们做些什么,或我们是否已经做得够好?图书馆,特别是公共图书馆理应将这些问题提高到学术的层面加以探讨,关注老年人的权益,关注老年人的生活质量,关注老年教育,关注学习型社会建设,进而关注我们这个社会的稳定与健康发展。

对公共图书馆与老龄群体文化教育领域的思考、研究,以及本书的写作,依靠的是一个志同道合的团队。在本书撰写过程中,团队申报的"人口老龄化环境下国家图书馆老年教育服务模式创新研究"科研课题在国家图书馆立项,为我们的调研和探索提供了更好的条件和保障。一个愿望,让大家结缘同行;一份责任,让彼此各尽心力,并将收获和成果聚合一体,期待与更多的同道者分享。具体分工情况是:汤更生负责策划、统稿,并撰写前言、第一章、第三章;全根先负责统稿并撰写第二章;史建桥负责撰写第四章、第五章。另外,田欢撰写了第四章第二节之"教育需求研究"部分,赵磊撰写了第五章第四节之"开设老年图书室"部分;闫征、潘常青撰写了第六章第一节,闫征撰写了第六章第二节,孟锦撰写了第六章第三节。在本书撰写过程中,国家图书馆专职从事老馆员服务工作的张艳霞及湖南省图书馆领导和同仁协助做了大量的调研工作,国家图书馆党委副书记、副馆长刘惠平对本书的撰写提出了许多宝贵的意见,在此一并致谢!

由于几位作者均非专门从事老年教育工作或是研究,本书撰写过程中参阅了大量国内外老年教育、社会教育、终身教育、图书馆读者服务研究成果。有一些引用文献在文中已有注明,有一些则列于参考文献之中。需要说明的是,由于发表于各类报刊的相关论文数量众多,恕未能一一列出。而本书的实证研究,则结合了我们作为图书馆人的亲身感受与体验。

清代桐城派文人刘开在《问说》中说:“君子之学必好问。问与学,相辅而行者也,非学无以致疑,非问无以广识。”又说:“理无专在,而学无止境也,然则问可少耶?”本书的撰写正是出于这样的心境和愿望,我们的疑问也像大幕一样徐徐展开。

无论是60岁,还是16岁,新奇事物对每个人都有吸引力。岂能无动于衷?只要心中存有对未来的好奇心和享受人生乐趣的愿望,并且不停地接收着来自世间的美、希望、鼓励、勇气和力量的信息,你就会永远不老。老年,是人生的一个阶段;老人,依然要年轻地活着。

怎样才能做到呢?这是我们心中的一个永远的“问”。

汤更生

2015年5月20日

目　　录

第一章 绪论

第一节 中国老年教育体系建设的基本内涵

德国宗教改革家马丁·路德(Martin Luther)说:“一个国家的前途,不取决于它的国库之殷实,不取决于它的城堡之坚固,也不取决于它的公共设施之华丽,而在于它的公民的文明素养,即在于人们所受的教育,人们的远见卓识和品格的高下。这才是真正的利害所在,真正的力量所在。”历史表明,一个不重视教育的民族是没有未来的,教育乃是一个民族不断发展的最根本的事业。1965 年,法国成人教育学家保罗·朗格朗(Paul Lengrand)向国际成人教育促进委员会提交了阐述终身教育理念的提案,从此终身教育的思想很快传播到世界各地,被人们广为接受。在世界人口老龄化加速发展、老年教育普遍兴起的形势下,终身教育的理念与老年教育的实践相辅而行,成为新世纪教育领域关注的热点之一。

截至 2014 年年底,中国 60 岁及以上老年人口达 21 242 万人,占总人口比重的 15.5%,其中 65 岁以上人口数量达 13 755 万人,占总人口的 10.1%。我国老年人口已占亚洲老年人口的一半,世界老年人口的 1/5。老年人口总数还将以每年 3.2% 的速度增长,到 2025 年将超过 3 亿人,2040 年将达到 4 亿人。随着人口的快速老化,将会带来一系列的社会问题,也关乎社会的协调和可持续发展。因此,如何通过教育,帮助老年人成功完成社会角色的转变,提高老年人的生活质量,合理开发和利用老年人力资源,就成为十分迫切的重大战略课题。老年教育是成人教育的组成部分,是终身教育的后期阶段。我国的老年教育,从 1983 年山东省红十字会老年大学——我国历史上第一所老年大学成立至今，经过30余年的发展，已积累了丰富的经验，在此基础上进一步构建老年教育体系，乃是大势所趋。

怎样才能构建符合我国国情的老年教育体系？体系是指若干有关事物或思想意识相互联系的子系统共同构成的一个有特定功能的有机整体。所谓体系，就意味着不是一个、单体，而是多个、整体；不是彼此独立、无序，而是彼此联系、有序；不是封闭、单向，而是开放、循环。这些子系统在一定规则的约束下，发挥各自功能；与此同时，子系统之间又保持紧密联系，从而使整个体系得到健康有序的发展和完善。老年教育体系，是以终身教育的理念为指导，遵循成人教育的一般规律，结合老年人自身的特点，为促进全民终身学习、提高老年人的生活品质、实现社会协调发展的目标而建立的一个老年教育理论与实践有机结合的完整系统。

我国老年教育体系的构建，是一个复杂的系统工程，是由多个以老年教育为中心而展开的子系统所构成的体系。这些子系统分工明确，在发挥各自优势和功能的同时，按照社会发展规律和学习型社会建设的要求，不断加强彼此间的沟通与联系，从而为老年人营造良好的学习环境，提高老年人的生活质量，满足老年人的精神需求，为社会的协调和可持续发展提供有力保障。具体说来，我国的老年教育体系应包括以下内容：一是以政府为主导，构建老年教育的制度体系；二是以宣传与传播为手段，构建老年教育的社会支持体系；三是以教学与研究为基础，构建老年教育的学科体系；四是以管理为核心，构建老年教育的教学管理体系。这些体系相互关联、互相促进，是我国老年教育健康发展的根本保障。

一、老年教育的制度体系

老年教育的制度体系建设，必须充分发挥国家与政府的主导作用。国内外的实践表明，如果没有国家和政府的重视与推动，老年教育就难以在区域乃至全国范围内有计划、有系统、成规模地实施。实际上，充分发挥政府的主导作用已经成为世界各国推动老年教育发展的基本经验。我国的老年教育虽然经过30多年已有了长足的发展，但是，从老年教育制度体系构建的角度而论，仍然有一定的距离。具体说来，老年教育制度体系的构建，应主要包括以下几个方面。

1. 老年教育的法制建设

老年教育体系建设作为当前全球面临的重大教育与社会发展课题，无疑也是我国现代化、人口老龄化过程中必须面对的重大现实问题。老年教育制度体系的建设，首先是在经历了一个以老年人需求为导向的，近乎自发、自愿的实践过程后，必然需要以法律法规的方式加以约束和规范，以保证教育实践活动全面、健康、可持续地开展下去。所谓没有规矩不成方圆，只有将老年教育体系的构建纳入到法律保障体系内，构建工作才能更加规范而有序地开展。尤其是在人口老龄化速度加剧、老年教育理念尚未十分普及、民众参与意识不是很高、社会关注程度还不够、各级政府投入极为有限的情况下，以法律、法规的方式对老年教育进行制度化的规范，对各级政府进行强制性的规定，才能切实有效地加快速度，以适应和满足日益增长的老年群体的学习需求。

从国际老年教育的发展情况看，世界各国都十分重视老年教育的法制建设。美国是联邦政府立法，各州及地方政府执行，NGO组织等社会机构协同落实。在它的教育立法中，关于老年教育的内容也很多。较早的法律，如《职业教育法》(1963年)、《高等教育法案》(1965年)、《成人教育法》(1966年)、《终身教育法》(1976年)等，都涉及老年教育的问题。其中《高等教育法》中还提出要在教育行政部门建立管理老年教育的机构，帮助老年人就读大专院校。此外，美国的老年人立法中，也涉及老年教育的内容，如1965年颁布的《老年人法》、1975年颁布的《禁止歧视老人法》等。

英国遵循民主代议制度，中央政府提出基本方向和主张，各地方分别制定具体措施予以执行。如《盎格鲁—法兰西声明》《老年人教育权利论坛宣言》《老年教育宪章》《老年人教育工作手册》等，都有关于老年人教育权利的内容，主张老年人与年轻人一样，可以同等地参与教育学习活动。1983年颁布的《老年人教育权利论坛宣言》中，还提出了具体的老年教育行动建议。

在构建老年教育法制体系过程中，我们的步伐虽然要落后于发达国家，但是在老年教育的法制建设中也已取得了较大的进展。在1994年国家10个部委联合制定的《中国老龄工作七年发展纲要（1994—2000）》提出的老年教育发展目标的统领下，1996年，全国人大颁布了《老年人权益保障法》，提出国家要发展老年教育，鼓励社会办好各类老年学校。1999年10月，全国老龄工作委员会成立，由老龄委统筹全国各地的老年教育问题。2007年5月，国家发布的《国家教育事业"十一五"规划纲要》第一次将老年教育列入国家教育发展规划。2012年12月修订的《老年人权益保障法》第七十条规定："老年人有继续受教育的权利。国家发展老年教育，把老年教育纳入终身教育体系，鼓励社会办好各类老年学校。各级人民政府对老年教育应当加强领导，统一规划，加大投入。"这些法律、法规的颁行，有力地保证了老年教育实施的合法性和持续性，有效地促进了我国老年教育的开展。

但是，相对而言，我国目前颁布的有关老年教育的法律、法规，有些偏于"柔性"，"刚性"显得不足。由于国家的立法资源有限，希望未来能够在高等教育、继续教育等领域的法制化进程中，将老年教育提到更重要的位置上加以研究，进一步确立老年教育的性质和地位，将老年教育的实践和经验提升到理性认识的层面，并最终通过一定的法律程序上升为政策法规，规范、指导和推动老年教育事业。

2. 老年教育的投入机制

我国的老年教育发展历程，几乎与教育改革同步。教育改革的基本经验可以用三句话来概括，就是"教育观念转变是先导，教育体制改革是关键，教育经费投入是保障"。如果把这三句话用于老年教育领域，也是完全合适的。教育改革想要取得成功，离不开经费的保障；老年教育事业的发展，没有经费的保障也是寸步难行。从国外老年教育发展经验看，老年教育的实施几乎都是得到政府的资金支持。如英国地方教育当局提供的成人教育课程，就由英国政府拨款。大多数地方教育当局准许老年学员退减学费，部分老年学员甚至可以全免学费。1963 年日本颁布的《老人福祉法》规定：“明确老年俱乐部作为老人福祉的实施机构，成为财政援助的对象。”只要满足一定条件，都可以从政府老年俱乐部助成项目获得经费资助。而日本老年俱乐部就是一个以娱乐、学习、运动、做义工等为主的老年组织。

我国的老年教育，从 20 世纪 80 年代老年教育初创时还带有自发、随意甚至盲目性，多为零星、单课讲座的形式和以兴趣爱好、休闲娱乐为主要内容的教学活动，发展到今天，老年教育机构数量、规模不断扩大，硬件设施不断改善，当然资金投入也在不断增加。但是，总体而言，国家的投入与需求相比还是有很大距离的，资金短缺问题依然十分严重。虽然《老年人权益保障法》（2013 年）已经规定各级政府要在老龄事业纳入国民经济和社会发展规划的同时，应将老龄事业经费列入财政预算，建立稳定的经费保障机制，同时鼓励社会各方面给予资金投入，但是目前政府对老年教育经费的投入是否能同时到位，到位多少，占老龄事业费总预算的比率等，还是一个不确定因素，因此老年教育经费缺乏稳定的保障仍然是一个重要问题。之所以出现这一问题，一方面固然是因为我国尚处于发展中国家，教育发展还缺乏足够的资金支持；另一方面，也与各级政府责任者对老年教育重视不够有关。2013 年我国教育经费达到 3 万亿元，这在政府行政支出中已经占到很大比例，可是这个经费的分配与使用是否完全合理，是一个值得探讨的问题。从目前的情况看，各级政府对于老年教育的经费投入有待加强。

3. 老年教育的教育机制

老年教育体系建设是一项庞大的社会系统工程，它的构建不仅是教育部门的事，也不仅是政府的事，而是需要由中央政府来主导，地方各级政府及其教育部门积极组织落实，社会各界广泛参与的带有全局性、战略性意义的宏伟事业。只有融合政府、教育部门、公共文化服务机构和社会各界的力量，才能全面、系统、持续地推进老年教育事业健康快速发展。这其中政府的力量是最主要的。积极应对人口老龄化是国家的一项长期战略任务，政府责无旁贷地要发挥主导作用，从国务院到县级以上地方人民政府，从国家机关、社会团体、企业事业单位到基层群众性自治组织和依法设立的老年人组织，各级各类政府及相关机构均应设立执行老年教育体系建设的专门机构，来统一规划和协调管理老年教育事业的各项事务，从而保障老年教育体系建设的有序进行。

纵观世界各国老年教育事业的发展情况，老年教育的机制无不是由政府牵头组织、教育部门与社会各界广泛参与下发展起来的。美国早在 1965 年联邦政府就出台了《联邦的老人教育政策》，确立自 1961 年开始，每隔 10 年召开一次美国白宫老龄会议，为老年教育提供公共政策。2000 年，美国联邦政府又出台《国家老化政策》，并提交了一个名为《美国社区发展：一个有愿景的未来》的报告。与此同时，美国政府还颁布了许多相关法案。据不完全统计，1960 年以后，美国针对老年教育问题颁布的法案高达 20 多种，可以说是世界之最。再如日本的老年教育机构，主要分为四类，分别由福利行政部门、教育行政部门、高等教育机构和民间组织主办。这些老年教育机构各有侧重，各具特色，共同构筑了日本老年教育的完备体系。

我国老年教育从诞生到现在，也已基本形成了富有中国特色的老年教育体系。目前，我国老年教育组织主要有以下几种：一是各级党政机关老干局主办的老年大学；二是企事业单位举办的老年大学教学点；三是部队办学；四是各级文化馆、公共图书馆等公共文化机构办学；五是农村乡镇老龄委、村老人会办学；六是社区老年学校；七是老体协、老科协组织的项目活动；八是家庭自我教育。这些老年教育组织各具特色，对于推动我国老年教育事业的发展做出了自己的贡献。

当前，在我国老龄化程度加深、促进终身学习、建设学习型社会的进程中，我们应该更加注重老年教育体系的进一步完善，充分发挥政府在老年教育资源配置中的独特作用，使各类老年教育组织相辅相成，各有千秋，共成一体。

二、老年教育的社会支持体系

构建老年教育体系，社会各界的广泛支持与参与是不可或缺的组成部分。要做到这一点，首先需要有一个老年教育发展良好的社会环境，而这个良好社会环境的营造，则需要终身学习的理念、老龄人群的权益意识、敬老助老的社会公德等深入人心。也就是说，在建设老年教育体系过程中，我们除了要重视其制度建设，还得努力营造老年教育开展的社会氛围，解决一个思想认识的问题。能够认识到老年教育的重要性，认识到老年教育于国家在促进经济发展、社会进步、和谐社会建设中的重要作用，于个人在促进自我完善、提高生活品质、履行家庭和社会责任中的重要作用。逐步形成全社会关注老年教育的良好氛围，这是我国老年教育体系与学习型社会建设的重要内容之一。因此，政府应该采取有效措施，引导全体社会成员认清老年教育体系的重要意义，将终身学习成为全体社会成员的自觉行动，从而形成尊重老年人学习权利、满足老年人精神需求的社会环境，使"人人是学习主人、处处是学习场所、时时是学习机会"成为一种个人追求，成为一种社会风尚。

我国老年教育经过30多年的发展，老年学校数量不断增多，参与人数不断增长；各级老年协会相继成立，并积极组织老年教育领域问题的专题研讨；各类老年教育的学术论文和著作层出不穷，可谓是态势喜人。然而，总体而言，我们在老年教育的普及、终身教育的宣传方面，还有很多工作要做；在老年教育的实际参与方面，也存在着参与者城市、乡村、职业等背景经历、文化程度、兴趣需求参差不齐、情况各异的现实问题。要启发和吸引更多的老年人参与到老年教育中来，除了在体制上、机制上给予足够的保障外，开展广泛的宣传，激发出自身需求和营造社会良好氛围也十分必要。一方面，要将老年人自身的积极性、主动性调动起来，使他们能够自觉自愿地参与进来。如老年学校可以开展多种文体活动，开办书法、绘画、摄影、电脑培训班，举办书法展、绘画展、摄影展、手工作品展，组织老年人唱歌、跳舞、练太极，参加集体汇演、比赛活动,等等。另一方面,发动各种新闻媒体、广播电视、报刊和网络媒体,积极做好老年教育工作的宣传报道;深入宣传《老年人权益保障法》和国家关于加强老年教育工作的政策和精神,切实提高老年教育的广泛性和普惠性。总之,要采取有效措施,让老年人时时感受到被关注、被褒扬,减少被忽视、被遗忘的感觉,进而逐步增强融入社会、贡献社会的勇气和信心。

三、老年教育的学科体系

老年教育不同于普通教育、高等教育和一般的成人教育,有着自己独特的教育对象、教育内容和教育方式,也已形成了一套较为完善的理论体系,因此,老年教育已经被作为一门独立的学科提出并加以研究和开展。美国在老年教育实践和理论研究方面起步较早,其成果及对世界各国的影响也较大。最早将老年教育作为学科进行研究的是被称为"老年教育大师"的美国密歇根大学的霍华德·耶拉·麦克拉斯基(Howard YaIe McClusky,1900—1982)教授。1970 年,他最先在博士课程中开设了老年教育学研究,探讨教育与老年人的问题;在 1971 年的美国白宫老龄会议上,他提出了老年教育的理念。麦克拉斯基认为:"对于所有年龄组的一切人来说,教育是一项基本权利。它是持续进行的,而且今后将成为老年人获得丰富的和富有意义的生活的途径之一,是帮助他们发挥潜力,并成为改善社会的源泉的一种手段。"这一理念对老年教育的发展产生了巨大影响。1976 年美国《老年教育学》杂志的创刊,标志着老年教育学科建设正式开始。如今,老年教育学科建设在我国也已成为大势所趋。

1. 老年教育理论建设

老年教育的理论研究与老年教育的实践活动相伴而生。一般认为,1973 年诞生于法国的第三年龄大学是世界上第一所老年大学,它也标志着老年教育实践的开端。实际上早在 20 世纪 50 年代,美国的大学研究者开始关注老年人的教育需求并做了专门的调研;与此同时,美国社区成人教育中,就已经开始了对老年人的教育活动。基于老年教育的丰富实践，老年教育理论研究可谓成果丰硕。有学者根据美国心理学家马斯洛的需求层次理论，提出老年教育需求与教育需要理论，认为在现代社会，大多数老年人在拥有了基本物质生活的保障后，还会追求精神生活上的满足。如法国成人教育理论家保罗·朗格朗（Paul Lengrand）就提出了“终身教育”的理念。有学者借用社会学中调适的概念，提出了老年教育社会调适理论，认为老年人通过学习，可以更好地适应社会、适应家庭，从而更好地保障自己的合法权益。有学者还提出了社会互动理论，认为老年人通过个人与个人、群体与群体、个人与群体的接触互动，可以更好地融入社会与家庭，发挥自己的潜能。老年教育理论研究的日渐深入，为老年教育学科体系的构建提供了学术支撑。

2. 老年教育课程设置

老年教育最初是没有专为老年人开设的课程的，直到20世纪50年代初，美国佛罗里达州开办了第一个专为老年人设计的课程，1952年芝加哥大学开设了第一个老年函授课程，同时还开设了退休准备课程，进行退休前教育。老年教育不同于其他教育，没有严格的课程内容要求，具有很大的拓展空间。各国在老年教育实践中，其课程设置均显示出极大的灵活性与多样性。如美国的退休准备课程，是在公民退休前一年半，开始对生活进行全方位的规划和设计，内容包括法律、经济、保险、兴趣爱好、社会保障等各个方面。美国老年教育课程还非常重视老年人力资源的开发，考虑到一部分人的实际需求，帮助20%左右的退休者继续从事各种有偿性的社会服务工作。日本老年教育课程设置也很丰富多彩。据统计，日本各地教育董事会及民政厅开设的老年教育课程中，有60%为通用课，15%为体育和娱乐课；90%为公民和社会生活课，8%为家庭生活课。[1] 多样化的课程，满足了老年人不同的教育需求和学习兴趣。国外老年教育课程设置方面的成功经

1　楚良勋．日本老年教育特点及其对我国老年教育的启示．继续教育研究，2006(4).

验值得我们借鉴。

3. 老年教育的教学方式

老年教育的教学方式可以说不拘一格，千姿百态。以美国老年教育的教学方式为例，有大学、学院以及社区学院提供的老年人进修或旁听大学课程，有老年活动中心以大学为依托举办的暑假老年人进修班，也有社区为老年教育学校提供的学习班级、短期课程和各类以休闲娱乐为主的运动健身项目，等等。此外，老年人还可以自主选择喜欢的体验式教育活动，如老年游学营作为旅游教学的一种形式就颇具特色。在游学营里，老年人可以边旅游边学习，在旅行中学习知识、增长见闻、结交朋友。笔者认为，在我国老年教育实践中，由于参与者一般不以获取学历、学位为目标，大多数老年人主要是为了提高生活质量、满足精神需求、丰富社交活动，应该采取多元化的教学方式，尊重老年人的个性化需求，给他们更多的关怀和体贴、更大的选择余地，使其有更高的参与热情。同时，随着信息技术的日益普及，许多老年人逐渐适应了计算机、互联网等新的学习手段，老年教育应更加重视这些先进的教育技术和途径，使老年教育的服务变得更加便捷、高效，参与面更广，受众人数更多。

四、老年教育的教学管理体系

老年教育作为终身教育的最后一环，有别于其他任何教育类型，受教育者的目的不同，其教学管理当然也就不同。但是，这不等于说老年教育就不需要进行教学管理，不需要进行质量管理。笔者认为，对于需求庞大、发展迅速、参差不齐的我国老年教育发展态势，进行一定的规范约束，实行有效的教学管理，是十分必要的。老年教育的理论跨老年学、教育学和社会学等多个领域，其教育活动实践的复杂性、综合性和交叉性可想而知，这种特质，要求老年教育的教学管理必须达到较高水准才能保证教育活动取得实实在在的效果。因此，必须树立以人为本、以质量为核心的管理理念，健全管理机构，完善教学制度，采取实用和有效的方法和手段保证教学质量，建立质量监控与评估的绩效体系，从而实现对包括了解老年人的教育需求、设置老年人学习课程、进行老年教学活动的评估、实施老年教育活动指导者的在职培训等内容的全面掌控。这是保障我国老年教育事业健康发展的有效手段。

同时，由于老年教育实施机构的多样性、多重性，课程的丰富性，教学方式的灵活性，因而在老年教育的教学管理中，不宜“一刀切”，要根据具体情况，分别对待。许多发达国家老年教育的实践也证明了这一点。如在西班牙，老年大学的教师大多由正规大学的教师兼职。在入学考试时，如果各科成绩优异，学员还可以获得助学金，在顺利完成课程之后，学员可以领到大学毕业证书，因而这类老年大学的教学管理基本与正规高等教育的要求一致。有些国家，老年人可以自由地参加高等院校的课程学习，没有年龄的限制，在毕业时可获得毕业文凭，当然要达到规定的学时和成绩。在老龄化程度较高的瑞典，所有大学都对老年人开放，老年人可以享用校园的各种软硬件资源，相应地对老年学生的要求也比较严格，老年教育与正规教育几乎是融为一体。在芬兰，老年人可以参与大学举办讲座、讨论等，同时可以申请获得相应的学分。一般来说，依托于高等院校的老年教育，其教学管理普遍比较正规，特别是对于学分有严格的要求，同时又有文凭作为教学激励的优势。

至于社区老年教育，则其教学管理相对宽松不少。在美国，依托社区学院提供老年教育，生活在社区的老年人可以完全根据自己的爱好选择诸如成人教育、社区服务、合同培训等课程进行学习，也可以只是选择没有学分的课程，并享受学费减免的待遇。因此这些老年教育模式的教学管理也就比较灵活。而在我国，由于老年大学相对集中于城市，参加者多为文化水平较高的人，数量也较为有限，所以依托社区发展老年教育既是老年教育发展的有效措施，也有着广阔的发展前景。此外，还有一些由老年人自发成立组织开展自我教育，教师由这个群体中具有特殊专长的人自愿担任。这个模式中的教学管理比较宽松随意，教育者和被教育者是彼此熟悉的朋友和伙伴，学习的课程、安排的各项教学活动都比较自由。

总之,我国老年教育体系的构建是一个复杂的系统工程,既要遵循教育的一般规律,参照教育的基本要求,又要把握老年教育自身的特点,开展真正适合老年人需求的教育实践,为提高老年人的生活质量,为促进社会的协调、良性发展做出应有的贡献。

第二节　中国老年教育体系建设的历史条件

中国老年教育的兴起与发展是中国人口老龄化的产物,也是社会发展的必然要求。与发达国家相比,中国人口的老龄化出现稍晚,大约在改革开放之初已有所呈现,到 20 世纪末正式进入联合国所定义的老龄化社会,预计到 21 世纪 30 年代将达到人口老龄化高峰。1983 年,邓小平同志提出了“教育面向现代化、面向世界、面向未来”的要求,成为我国迈向新世纪教育的重要里程碑。也正是在那一年,在山东诞生了我国第一所老年大学。随着人口老龄化程度的逐渐加剧,关注老年人的工作与生活,构建切实可行的老年教育体系已成为一项国家战略。30 多年来,我国老年教育事业已取得了辉煌的成绩,老年教育体系已基本形成,终身教育、学习型社会建设已成为全社会的共识。根据全国老龄工作委员会办公室发布的《2014 年度中国老龄事业发展统计报告》显示,截至 2014 年,全国各类老年大学、老年学校已有 49 289所,在校人数近 587 万;各级老年人协会达 401 100 个,参加人数 4389 万人;其他各类老年社团组织有 37 193 个,参加人数 456 万人。[1]

1　全国老龄工作委员会办公室 . 2014 年度中国老龄事业发展统计报告 . http://wenku. baidu. com/link? url = 8BF7_F-Dk45xtjsFzNQ4C4a7RAqSeNW4Y2R-WuD9iCtRQ__UjYCCVcE_EkIfD4hBZkRYUFLmjjHZD2DrOhJ04avlKHyZmgb4GdOlBF1So07.

一、老年教育发展历程

我国老年教育是以 1983 年 10 月创办的山东老年大学作为起始标志的。从那时起，为了使老年人能够在退休后更好地生活与学习，老年教育事业逐渐兴起。大体说来，我国老年教育发展至今，可以分为 3 个阶段。

1. 开创阶段

从 20 世纪 80 年代起，随着我国政治体制改革的推进，1982 年出台并实施了新的离退休制度，领导干部职务的终身制被废除，大批老干部、老同志离开了原来的工作岗位，回到家庭，进入社会。于是，中国第一所老年大学应运而生。1983 年 9 月 17 日，经山东省教育厅批准，山东省红十字会老年人大学（1986 年更名山东老年大学）正式开学，开辟了我国老年教育的新纪元，也标志着中国老年教育事业正式兴起。此后，随着大批社会企事业单位离退休人员的增加，使得以离退休干部为主体的老年教育逐渐扩展到全社会的老年教育，老年大学在各地相继成立。1984 年中国第一所民办老年大学——广东岭海老年大学成立；1987 年，中国第一套老年大学教材出版发行。1988 年，中国老年大学协会成立，促进了各地老年大学的兴办。自 1985 年至 1990 年，全国老年大学（老年学校）从 60 余所增加到 2300 余所，学员人数从 4 万人增加到 22 万人。我国老年教育从无到有，全国老年教育网络初步形成。

2. 探索阶段

20 世纪 90 年代，我国老年教育进入探索阶段。1992 年邓小平南方谈话以后，我国掀起了新一轮改革大潮，政治体制改革、经济体制改革继续深化，社会人口的老龄化也在加速，离退休老人数量不断增多。1994 年 12 月，国家 10 个部委联合制定的《中国老龄工作七年发展纲要（1994—2000）》提出了老年教育发展的目标。其中第十八条至第二十条提出，要实现老有所为，发挥老年人作用；实现老有所学，保障老年人受教育的权利，不断提高老年人的素质；实现老有所乐，丰富老年人文体生活。第二十三条提出，要根据我国实际情况，针对人口老龄化中的重大课题，在深入开展调查研究的基础上，用5年左右的时间提出具有科学性、可操作性的治理我国人口老龄化的综合对策建议，并出版一批老龄问题研究的专著。这一纲领性文件，促进了我国老年教育的迅速发展。

1996年，全国人大颁布了《老年人权益保障法》，规定国家发展老年教育，鼓励社会办好各类老年学校。该法第一条就明确了制定本法的宗旨，是为了保障老年人合法权益，发展老龄事业，弘扬中华民族敬老、养老、助老的美德。第二条定义了老年人是指六十周岁以上的公民。第三条明确了老年人依法享有从国家和社会获得物质帮助的权利，有享受社会服务和社会优待的权利，有参与社会发展和共享发展成果的权利。第四条则将积极应对人口老龄化定位为国家的一项长期战略任务。1999年10月，全国老龄工作委员会（简称老龄委）的成立充分体现了国家的高度重视，全国各省、自治区也相继成立了老龄工作机构，倡导和普及老年教育的理念，指出老年人参与老年教育，是融入社会、参与社会的需求，能使老年人的自身素质得到提高，能够更有尊严地生存和发展。从此，在各级老龄委的统筹下，全国各地有组织、有计划地开展起老年教育的宣传推广、办学实践和理论研究等工作。

3. 发展阶段

进入21世纪以来，随着我国正式迈入老龄化社会，老年教育事业更加受到重视，国家出台了多项政策法规，保障老年人受教育的权利，有效地促进了老年教育事业的迅速发展。2000年，中央做出了《关于加强老龄工作的决定》，标志着老年教育进入了新的发展阶段。2001年5月，江泽民同志在亚太经合组织人力资源能力建设高峰会上首次提出“构筑终身教育体系，创建学习型社会”。此后，党的十六大报告中提出“形成全民学习、终身学习的学习型社会，促进人的全面发展”（2002年）；十六届三中全会通过了《中共中央关于完善社会主义市场经济体制的决定》明确提出了“构建现代国民教育体系和终身教育体系，建设学习型社会”（2003 年）；中组部、文化部、教育部、民政部和全国老龄工作委员会办公室联合下发了《关于做好老年教育工作的通知》，各地政府有关部门也纷纷制订了老年教育发展规划（2003 年）。2006 年，《中国老龄事业发展“十一五”计划纲要（2006—2010 年）》提出了到 2010 年老年大学和老年学校要在现有基础上增加一万所的具体指标。这一年，国务院首次发布了《中国老龄事业的发展》白皮书，指出发展老年教育是提高老年人精神文化生活水平的必然要求。2007 年 5 月，国家发布了《国家教育事业“十一五”规划纲要》，第一次将老年教育列入国家教育发展规划。2011 年 6 月教育部公布的《国家“十二五”教育规划》中，再次强调了要大力发展老年教育，在我国已经初步建成老年教育体系的基础上，进一步提高老年教育的质量。[1]

以 2005 年 5 月 13 日西藏老年大学的成立为标志，全国 31 个省（市、自治区）、香港、澳门两个特区、台湾省，都已办了老年大学。随着老年教育事业的蓬勃发展，我国老年教育研究工作也在迅速展开。1980 年，《全球教育展望》第四期发表了我国第一篇介绍老年教育的文章《世界正在重视老年人的教育》（黄志成撰）。1981 年，由中国老年学学会主办的我国第一本老年学杂志——《中国老年学杂志》出版。1984 年中国老年教育协会成立，1988 年中国老年大学协会成立，此后各地相继成立了各种形式的老年教育研究机构，为促进老年教育的理论与实践的发展做出了重要贡献。老年教育领域的国际交流逐步展开，1989 年 11 月召开的老年教育国际研讨会通过了《武汉宣言》；1995 年、2002 年分别在北京和武汉举行了第三年龄学习国际研究会（TALIS）国际研讨会，来自欧美和日本等国家老年大学的办学经验有效地推动了我国老年教育向科学化、规范化方向发展。2003 年，中国人民大学率先设立了老年学专业，专门招收培养硕士和博士研究生，老年教育是老年学研究的重要课题。盘点 30 多年来老年教育领域的

---

1 董之鹰．试析我国改革开放以来老年教育的发展历程．社会科学管理评论，2009(1)．

研究成果,已出版专著30余部,发表学术论文6000余篇,其中还有相当数量的博士与硕士学位论文。数据显示,关于老年教育的学术论文呈现出逐年增长的趋势。

当然,总体而言,我国老年教育离一个成熟独立的学科体系还有相当距离。当前老年教育研究所面临的问题,主要表现在以下几个方面:一是研究内容虽然反映了国内老年教育发展形势,但是仍滞后于国际前沿的研究;二是研究方法趋于多样化,但是实验、实证类研究仍显不足;三是研究队伍逐步壮大,但是研究者的能力和水平参差不齐,且新生代科研人员持续性参与者不多;四是关注老年教育研究的期刊数量较多,但是核心期刊关注度不够。

二、老年教育发展现状与不足

我国老年教育经过30多年的探索和实践,已经从自发走向自觉,从随意性向科学化、系统化、规范化方向发展。随着全社会对人口老龄化趋势及对国家出台的针对老龄人群的政策和法律法规的认识更加清晰,以政府为主导的各级各类机构贯彻落实的力度不断加大,对老年教育的资金投入不断增加,以老年大学为代表的老年教育机构数量、规模在不断扩大。老年教育所需的硬件设施得到明显改善,教学活动的形式和内容也有很多创新,对老年人的吸引力和影响力得到提升。与此同时,随着老年教育的发展和离退休人员数量的不断增加,加入老年教育的队伍也越来越多,学历知识水平越来越高。不过,就目前我国老年教育总体状况而言,它与我国学习型社会建设、终身教育体系建设还有一定的差距。

目前,我国60岁以上的老年人口总量达2.12亿,占总人口的比例为15.5%。如此庞大的社会群体,其生存与发展状况不容忽视。并且,这个群体的成员有着丰富的社会阅历和实践经验,如果能通过老年教育的途径,给予他们应有的重视和尊重,将他们的智慧和活力充分保护、调动起来,同时有组织、有计划地创造机会、搭建平台,使他们的聪明才智得以施展,那么,这个群体对社会的实际贡献将是不可低估的，对促进社会协调、可持续发展具有重要意义。中国已经进入一个全民学习、终身学习的时代，老年人口比重加大使得老年教育在学习型社会构建的过程中起着至关重要的作用。当然，老年群体也只有不断地在教育中充电、更新，才能跟上时代的步伐，在构建学习型家庭和学习型社会中发挥应有的作用。因此，发展老年教育是创建学习型社会的必要条件，也是终身教育体系和学习型社会成熟度的重要标志之一。

我国老年教育体系建设中，老年大学无疑是主体，也是关注度和投入最多的。但是，老年大学主要集中在城市，参与者机关或事业单位的离退休人员居多，且文化水平相对较高。而在农村的老人和退休在城镇社区的老人的教育发展则更需给予重视，加大投入力度。从老年人的实际需求情况看，社区老年教育因其便利、亲和力好、可及性高、成本低，以及灵活多样的教育内容和形式，正受到越来越多老年人的青睐，而且一些地区的统计数字显示，参加社区学习活动的老年人在数量上已经远远超过在老年大学接受正规课程的老年人，社区老年教育正逐步成为发展最迅速、最重要的老年教育形式。

目前，我国老年教育的组织形式，即办学形式，主要有以下几种：一是党政机关办学，由各级党政机关老干部局等机构主办老年大学，提供管理和经费支持；二是企事业单位办学，由企事业单位承担办学主体，或独立办学，或与所属上级机关的老年大学建立长期稳定的合作关系，利用本单位资源，开办老年大学固定的分校区或教学点；三是部队办学，由全军各级干休所主办老年大学等，开展部队离退休干部的文化教育活动；四是公共文化机构办学，由各级文化馆、公共图书馆等公共文化服务机构主办老年大学，或定期组织老年培训班、讲座等，面向社会开放；五是农村办学，多由乡镇老龄委、村老人会为主体，利用当地远程教育网络、电视进行教学；六是社区老年教育，或依靠广播电视大学，开展非学历教育；七是主题项目教育，各机构与老体协、老科协及相关文艺演出团体合作，组织老年人参加文化体育项目活动，或组织专项教育活动。八是家庭自我教育，即老年人在家庭通过网络、电视参加老年学习。从老年教育实践来看,老年大学、企事业单位办学与社区老年教育,是老年教育的主要组织形式。

我国老年教育的领导模式也各不相同。老年教育作为终身教育的一部分,随着教育对象从最初以离退休老干部为主,逐渐转向社会大众老年人群体,其教育组织管理机构和领导模式也相应地发生着转变,各地区的情况也不尽相同。就老年教育的管理机构而言,由于老年大学起初的创办目的是为离退休干部提供一个学习交流、发挥作用的场所,所以,根据当时干部管理的归属制度,老年大学的政府主管机构多为当地老干部局,承担老年教育的管理决策、组织实施和统筹协调等职责,如聘请老年大学校长,拨付运行经费等。随着大量的社会老年人参加老年大学的学习,对老年教育的管理职能也逐渐由各级老干部局转移到党政各部门成立的联合机构或社会机构,如全国老龄工作委员会成立后,各地老龄工作委员会相继成立,之后隶属其下的老年教育委员会应运而生,成为老年教育的管理机构,实际上是在老年大学的上一级设了一个主管机构。农村的老年教育也由当地的老龄工作委员会负责指导。就老年教育主管机构的领导模式而言,一般是由主管机构或老年大学的行政管理者履行领导职责。有的地方由负责当地老龄事业的党委主管领导(一般是党委副书记或者常委)担任老年人教育委员会主任,办公室设在同级的老年大学,老年大学的校长由委员会聘任;有的老年大学的校长直接由现任党政领导兼任;有的是由离退休或已经离开党政岗位的老领导担任老年大学校长。

从目前老年教育的管理和领导机制来看,政府教育行政主管部门直接参与老年教育管理并发挥领导和指导作用的情况几乎不存在,只是在一些有关涉及老年人的政策性文件和教育规划中才能看到教育部门的名字。但高等学校举办以本校退休教师和职工为基本对象的老年大学的虽然数量不多,但也不乏其例。如已有 20 多年校史的复旦大学老年大学。即便如此,这些高校主办的老年大学与欧美高校的老年大学也是有巨大区别的。在我国,由党委政府主办的各级老年大学是主力军和骨干,带动全国老年教育的发展。在欧美各国,老年(第三年龄）教育由高校开办，各高校老年大学是主体和骨干。应该说，欧美高校老年大学几乎一开始就是面向社会的，并随着老龄社会教育的发展而不断发展壮大，因此自觉性、规范性和规模化等都远高于我们。我国高校办老年教育的原本就很少，而且在开办之时都是为本校的离退休教师、职工服务的，是关起门来不对外，所以规模自然不大，学员数量不多，影响也不大。这其中肯定有我国的“终身教育”理念、教育改革、教育的社会责任等许多深层原因。但是，笔者认为，基于中国的国情，高等学校参与到老年教育中来并成为一支重要力量，为高校服务社会开辟新的发展空间，这一问题值得深入探讨和研究。

当前，我国老年教育存在的不足之处主要有以下几个方面：一是缺少法律制度的有力保障。我国老年教育法制建设方面虽然已取得了较大的成绩，如 1994 年国家制定了《中国老龄工作七年发展纲要（1994—2000）》，1996 年全国人大颁布了《老年人权益保障法》，1999 年成立了全国老龄工作委员会，2007 年国家发布了《国家教育事业“十一五”规划纲要》，第一次将老年教育列入国家教育发展规划，但是至今没有一部专门的《老年教育法》。二是老年教育覆盖面较小。我国老年教育发展到今天，主要还是针对少数老年人的教育，与全部老年人口相比，参与老年教育活动的老年人的文化程度相对较高，尤其是在正规老年大学学习的老年人，学员中大专以上学历的比例较高，学员的年龄也相对较低，身体状况较好。三是老年教育机构分布不均。研究表明，老年大学在经济发达城市和经济不发达城市、沿海与内陆、中部与西部之间分布颇为不均。在经济最为发达、老龄化速度较快的城市，如上海、北京、广州、天津等地，已基本建立起中心城市区、县乡镇、居委会、村四级老年教育网络，而一些偏远的、经济发展较为落后的地区，建立老年大学较为困难。与沿海地区相比，内陆地区老年教育发展落后，与东部地区相比，中西部地区老年教育还存在较大差距。四是老年教育发展资金短缺。目前，我国政府对老年教育经费的投入尚没有列入财政预算之中，而是采用基金等其他变通的方式，办学经费紧张的状况比较突出。老年教育经费保障不解决，势必会大大制约老年教育的健康发展。

三、巨大需求与发展机遇

老年教育的群体需求，是指老年人作为一个社会群体对于教育的需求。所谓老年人，是指生活在一定时间、一定地域、年龄序列排在较高层次的，以个体为基础组合而成的社会群体。关于老年人的年龄界限，历史上曾有过不同的区分标准。世界上最早提出老年人年龄界限的是瑞典人口学家 G. 桑德巴格(Gustav Sundbarg)。1900 年，他在提出人口再生产类型的标准时，以 50 岁的界限来划定老年人。此后，许多国家都将 50 岁或 55 岁作为老年人的年龄界限。第二次世界大战后，随着生产力的发展和科学技术的进步，医疗卫生条件明显改善，人们的生活方式也发生了变化，随之而来的生育率降低、人口平均寿命明显延长，老年界限也随之提高。波兰人口学者 E. 罗赛特(Edward Rosset)提出以 60 岁作为老年人口的起点年龄。1956 年联合国出版的《人口老化及其所带来的经济和社会问题》一书中，提出以 65 岁为老年人口的起点年龄。而 1982 年在维也纳召开的联合国老龄问题世界大会通过的《维也纳老龄问题国际行动计划》，又确认以 60 岁为老年人口的起点年龄。目前，世界各国大多以 60 岁或 65 岁作为老年人口的起点年龄。《中华人民共和国老年人权益保障法》规定，老年人是指 60 周岁以上的公民。本书所讨论的老年教育问题，也主要以 60 岁以上的老年群体为对象。

60 岁以上的老年人，一般都离开了原来的工作岗位，退休回到家庭，其工作与生活发生了较大的变化，同时身体的机能也有所退化，因而会面临许多的问题。具体说来，主要有以下几个方面：一是家庭和社会地位的变换。老年人在家庭的父母或祖父母的角色虽然没有变，但却成了“全职”的了，其他家庭成员对他们的期待和要求有所变化；在社会地位上，由管理者和指导者而变为社会中普通的一员，由培养和训练年轻人工作的教育者，而变为社会中的影响者；在人际关系上，由工作单位中与他人的上下级关系而变为单纯的人与人之间的互助关系;等等。二是如何看待和评价自己的人生。人到老年,自然便觉得今后的人生比过去的时间要短得多;同时,经历过的成功和失败,以及由此在关于职业、为人处世、婚姻、育儿等方面都积累的经验和汲取的教训,老年人应该如何审视、评价,在未来的日子里又该如何借鉴。三是开始理智地对待死亡问题。老年人在正视并总结自己人生的同时,对于必将来临的死亡问题能否保持冷静而乐观的态度也是摆在面前要回答的问题。

研究表明,人到了老年,虽然身体机体处于急剧衰退之中,视听觉和其他感觉能力都有不同程度的下降,记忆能力也在逐步减退,思维过程已趋向缓慢,对外界的反应能力和自身灵敏度都有所下降,而且还容易患上诸如心脑血管等方面的疾病,学习能力肯定不如从前,但是,这并不说明老年人就没有学习的愿望,失去了学习的能力。实践证明,只要学习内容和方式适应老年人自身的特点和专长,老年人不仅能够学习,而且还可以取得较好的学习效果。他们可以通过学习,在应用以往工作和学习经验的基础上,获取更多的知识,培养和发展自己的兴趣爱好,在不断地取得收获的喜悦中增强自信心,在改善心理状况的同时延缓衰老过程。因此,积极开展丰富多样的老年教育以满足老年人的不同需求就显得尤为必要。通过开展老年教育活动,让老年人在活动中接触更多的朋友,以交流思想观点,探讨人生追求的意义,可以避免老年人因退休而引起的心理空虚,而且也有利于激发老年人的生活热情,提升他们的生活质量,促进社会代际良性互动。

我国老年人口数量十分庞大。大体而言,女性老年人口略多于男性老年人口,60 岁以上、80 岁以下的老年人口、农村老年人口是其主体。并且,老年人口受教育程度整体偏低。根据 2005 年相关统计,老年人口中,未上过学的比例高达 42. 35% ,具有小学文化程度的为 37. 86% ,具有初中文化程度的为 12. 17% ,高中及以上文化程度的仅为 7. 65% ,而 80% 以上的老年人口仅为小学及以下文化程度。就健康状况看,老年人口的健康水平整体较高,而又以男性老年人口、城市老年人口的健康水平相对更高。从地域差异看,农村老年人口的自理水平相对较差。家庭供养、劳动收入、离退休金与养老金是老年人口生活的主要来源。老年人口收入水平、医疗保障水平整体偏低,女性老年人口和农村老年人口相对更低。从家庭成员构成看,老年人口有配偶比例较高,但也存在一定比例的无配偶老年人口。2005 年的统计数据表明,老年人口中有配偶的比例达到了 70.2%,但是没有配偶的老年人(丧偶、离婚、未婚)比例在四分之一以上。我国老年群体的这种复杂多样性,不仅没有降低老年群体的教育需求,反而为老年教育的开展带来了许多值得研究的课题。[1]

正如前文所述,我国老年教育的发展尽管存在着诸多的不足,需要不断加以提高和完善,但也面临着前所未有的发展机遇。随着我国经济的持续发展,综合国力的日渐提升,社会民生的不断改善,国家对于老年人的生活状况、教育也越来越重视。2002 年 10 月,党的十六大报告中提出:"形成全民学习、终身学习的学习型社会,促进人的全面发展。"2003 年 10 月,十六届三中全会通过了《中共中央关于完善社会主义市场经济体制的决定》,其中明确提出要"构建现代国民教育体系和终身教育体系,建设学习型社会"。"终身教育""学习型社会"建设,正在成为全社会的共识。2010 年 3 月,我国政府公布了《国家中长期教育改革和发展规划纲要》,制定了今后 10 年我国教育改革和发展的战略目标——基本实现教育现代化,基本形成学习型社会,进入人力资源强国之列。[2] 这是 3 个相互联系的目标。而建立人力资源强国,需要从 3 个方面着手:一是延长国民受教育年限;二是培养一批杰出人才;三是提倡终身学习,形成学习型社会。其中,发展老年教育作为终身教育的重要组成部分,具有十分重要的战略地位。

党的十八大以来,在以习近平同志为总书记的党中央领导下,"全

1 国务院全国 1% 人口抽样调查领导小组办公室,国家统计局人口和就业统计司. 2005 年全国 1% 人口抽样调查资料. 北京:中国统计出版社,2007.

2 顾明远. 实现教育现代化的宏伟蓝图. 北京师范大学学报:社会科学版,2010(5).

民阅读”“书香社会”建设正在各地广泛开展。2015 年年初，习近平总书记在新年贺词中指出：“我们要满腔热情做好民生工作，特别是要做好扶贫开发和基本生活保障工作，让农村贫困人口、城市困难群众等所有需要帮助的人们都能生活得到保障、心灵充满温暖。”也就是说，民生工作不再只是解决民众的温饱，还要关注他们的精神生活。而老年人正是特别值得关注的社会群体。习近平总书记还率先垂范，将读书视为“一种生活方式”，屡屡强调读书的重要，“读书可以让人保持思想活力，让人得到智慧启发，让人滋养浩然之气”。李克强总理也连续两年把“全民阅读”写入了《政府工作报告》。在 2015 年“两会”结束时的记者招待会上，他说：“就我个人的经历来说，用闲暇时间来阅读是一种享受，也是拥有财富，可以说终身受益。我希望全民阅读能够形成一种氛围，无处不在。我们国家全民的阅读量能够逐年增加，这也是我们社会进步、文明程度提高的十分重要的标志。而且把阅读作为一种生活方式，把它与工作方式相结合，不仅会增加发展的创新力量，而且会增强社会的道德力量。”

我们相信，在党和政府的关心与支持下，在社会各界的热烈响应与广泛参与下，我国老年教育必将迎来前所未有的发展机遇，老年教育事业一定会进入快速发展的轨道。

四、台湾地区的老年教育

20 世纪 60 年代，随着台湾各地出口加工区的建立、高科技技术的发展，以及台湾经济的整体转型，台湾正式步入了经济起飞时期。科技的进步、经济的发展以及医疗卫生水平的提高，使台湾地区生活水平得到大幅度提高，人均寿命也不断延长。根据台湾地区行政主管部门的统计资料，1985 年台湾地区 65 岁以上的老人只有 97 万人，占总人口的 5%；1993 年老年人口达到 149 万，占总人口的 7. 1%，正式迈入世界卫生组织所制定的老龄化社会标准；2006 年老年人口为 228

万，占总人口的10%；2013年4月，老年人口达262万人，占总人口的11.27%。[1] 随着老年人口比例的日渐提高，台湾从20世纪80年代起，就意识到促进老年教育、推动终身学习社会建设的重要性，并制定了多项“政策法规”，仿效西方发达国家的成功经验，建立了较为完备的老年教育体系。

台湾地区老年教育的发展，大致经历了以下3个发展阶段：其一，从1978年至1980年，以宗教团体为主，发起尊老敬贤爱心服务，其标志是1978年“青藤俱乐部”的成立，它是台北市基督教女青年为发扬尊老敬长美德、加强老年人福祉而创立。“青藤俱乐部”提供有系统的老年教育活动，揭开了台湾地区老年教育的序幕。其二，1980年至1990年的台湾老年教育，具有福利性质。而1980年颁布的“《老人福利法》”，则是台湾地区老年教育的基础。以1982年高雄市政府社会局、高雄市基督教女青年会联合举办“长青学苑”（即“老人大学”）为发端，发展成为由政府主导的老年人教育机构。[2] 其三，1990年起以终身教育为取向的老年教育。随着各地老年大学的兴建，台湾当局开始推动终身教育的实施，使老年教育走向制度化、规范化、系统化，逐渐形成了办学主体多元化，政府部门、民间团体、高等院校共同推进的老年教育发展格局。

1. 老年教育政策法规

为了推动老年教育的有序开展，从20世纪80年代起，台湾先后出台了许多“政策法规”，主要有：“《老人福利法》”（1980）、《台湾省设置长青学苑实施要点》（1987）、《老人教育实施计划》（1989）、《发展与改进成人教育五年计划纲要》（1991）、“《迈向学习社会白皮书》”（1998）、“《终身学习法》”（2002）、“《迈向高龄社会老人教育政策白皮书》”（2006）等。其中，“《老人福利法》”“《迈向学习社会白皮书》”

1 齐伟钧主编．海外老年教育．上海：同济大学出版社，2014：145.

2 高进来．台湾地区老人教育的实施概况//老人学习与生涯发展．高雄：丽文文化公司，1996：253—254.

“《迈向高龄社会老人教育政策白皮书》”等，对于台湾地区老年教育的发展起到了至关重要的作用。而1999年颁布的“《教育基本法》”第四条规定：“人民无分性别、年龄、能力、地域、族群、宗教信仰、政治理念、社会地位及其他条件，接受教育之机会一律平等。”[1]这就确立了老年人的受教育权。

台湾的“《老人福利法》”颁布实施至今已30余年，先后经历了多次修改。1980年颁布的“《老人福利法》”第九条指出：“地方政府应视需要设立并奖助私人设立以举办老人休闲、康乐、文艺、技艺、进修及联谊活动为目的的文康机构。”第二十四条规定：“有关机关、团体应鼓励老年人参与社会、教育、宗教、学术等活动，以充实老人的精神生活。”[2]显示了对于老年人及其相关问题的重视。1997年，此“法”进行了全面修改，不仅将老年人的定义由70岁提前至65岁，还开始注重老年福利机构工作人员的专业素养。2007年修改后的“《老人福利法》”规定：老年教育的主管部门为教育机关，行政主管部门主管老年人权益与保障，教育主管机关则主管老年教育、老人服务人才的培养，以及高龄化社会教育诸事宜。同时规定行政当局应提供教育与退休准备服务，研发适合老龄者的课程与教材，并将社会行政部门开展的老年教育分为休闲活动与教育两部分，对两者提出不同的对应措施。“《老人福利法》”的颁布实施，对于台湾地区老年教育的发展至关重要。

2002年，台湾地区颁布了“《终身学习法》”，规定由行政当局主管部门规划终身教育的实施。该法第三条提出广设社区大学作为社区居民终身学习之教育机构。2007年颁布的“《老年福利法》”明确将老年教育划归教育主管机关负责后，台湾教育主管部门逐年增加了老年

1 台湾“教育基本法”. http://www.360doc.com/content/10/1012/14/1989814_60366776.shtml.

2 台湾“老人福利法”. http://www.chinalawedu.com/news/1200/23155/23157/23192/23214/2006/4/pa3833205043242460024350-0.htm.

教育预算,地方教育机关也给予一定的经费支持老年教育。此外,台湾老年教育经费还通过其他途径筹集。如在老人教育开办之初,由地方政府采取“公办民营”方式,给民间非营利团体一定的补助,由它们进行办理。在师资培养与管理方面,重视专业化发展,要求从业人员有相关的资质证明,由教育部门牵头,委托专业学术团体依据各地方政府进行创新活动,培训社区种子讲师与老年教育企划师。

2006 年 11 月,台湾地区颁布了“《迈向高龄社会老人教育政策白皮书》”,全面描绘了老年教育的政策蓝图,探讨了迈向高龄社会的挑战、老年教育发展现状、老年教育政策规划与实施,以及老年教育政策行动方案。“《白皮书》”还提出了台湾地区老年教育政策的四大期望:①保障老年人终身学习的权利,使老年人享有终身学习的机会;②促进老年人身心健康,使老年人享受健康快乐的生活;③尊重老年人的自主权,满足老年人追求理想生活的权利;④鼓励老年人参与学习活动,增进代际交流,树立老年人的生活自信,实现自我存在的价值。台湾教育主管部门负责人杜正胜在序言中说:“人口结构高龄化,是开发国家无可避免的趋势。我们冀望借由本‘白皮书’的公布,确保老人教育权的落实,并促使高龄者成功适应老化,让社会大众了解老化的正面意义。”[1]

2. 老年教育运行模式

台湾地区老年教育实施机构,大致可以分为三大体系,即社会体系、家庭体系与学校体系。在这里,主要介绍社会体系中的“乐龄学习中心”与学校体系中的乐龄大学。

“乐龄学习中心”始设于 2008 年,积极利用社会资源,以推动当地的社区学习活动。“乐龄学习中心”的基本理念,是“以高龄者学习为中心,提供近便性学习资讯连接网络”。申请“乐龄学习中心”与社区中心的机构有很多,由非营利组织、学校、政府部门、社区大学和老人

1 台湾教育主管部门. 迈向高龄社会老人教育政策白皮书,2006. http://www.doc88.com/p-991525615774.html.

会等。在运行过程中,注意将现有的教育体系与社会福祉、卫生部门行规单位联合,有效地统合当地教育资源,创设便捷的学习场所,并提供多样化的教学课程。截至 2015 年 4 月,台湾共有“乐龄学习中心”315 所,大部分设于中小学,还有设于乡镇公所文康中心、大学院及民间组织等。[1] 其课程内容十分丰富,课程设置也比较系统。[2] 有一些课程,还结合当地社区特点——如台南白河镇“乐龄学习中心”的“荷染与荷陶创作研习”、新北市莺歌镇“乐龄学习中心”的陶艺课程——因而颇受欢迎。“乐龄学习中心”还举办志愿者培训课程,志愿者中有许多是老年人。“乐龄学习中心”自成立以来,以其独特的运作方式,极大地促进了台湾老年教育的发展。

从 2008 年开始,台湾当局鼓励高等院校开设乐龄大学。乐龄大学最初称为“大学办理短期寄宿学习”,为期一至二周,第一年共有 13 所大学参与。2009 年改为“乐龄学堂”,共有 28 所大学参加。2010 年起改称“乐龄大学”,规定凡是公立大学和私立大学均可申请,得到批准后便可让老年人到校就读。台湾教育主管部门给予每个班一定的经费补助,招收年龄 55 岁以上的老人,每班为 20 至 30 人,以日间开设为原则。截至 2012 年,台湾共有乐龄大学 97 所,开设 106 个班,学员 3180 人。[3] 乐龄大学所设课程,有老龄化相关课程、健康休闲课程、生活新知课程、学校特色课程等。乐龄大学的教师以承办学校的教师为主。

台湾地区老年教育的办学模式十分灵活,主要有:①以休闲旅游学习为主的教育模式;②以社区为主体的教育模式,这是老年人最便捷、也是最容易取得成效的老年教育模式;③家庭共学的学习模式,这

---

1 马英九. 台湾不用怕人口老化. http://www.taihainet.com/news/twnews/twdnsz/2015-05-04/1409346.html.

2 胡梦鲸. 台湾乐龄学习的现状——以乐龄学习资源中心为例//“内政部”2010 年度社区关注点的乐龄学习参观会议手册. 嘉义:台湾乐龄发展协会,2010:20.

3 台湾教育主管部门. 乐龄学习网. http://moe.senioredu.moe.gov.tw/.

是老年教育不可或缺的一环;④把学习送到家的学习模式,如成立行动式老年学校、鼓励在家教育、设置网络老年大学、推动远程教学等;⑤以举办各种活动和博览会为主的教育模式,让老年人走出家门,更多地参加社会活动;⑥以现代科技为主体的教育模式,让老年人了解最新的科技发展状况;⑦高等院校开办老年教育的教育模式,这是台湾普及与提升老年教育的重要策略;⑧结合服务与学习的教育模式;等等。灵活多样的老年教育模式,是台湾地区老年教育迅速发展的重要因素。

台湾地区老年教育课程十分丰富,可以满足老年人的不同需求。台湾地区老年教育的课程设计,以休闲娱乐为主,兼顾老年人的心理卫生教育、生命关怀、预防保健等。根据台湾教育主管部门2007年调查情况,台湾社区大学提供的课程有信息学习、休闲学习、医疗保健、生命教育等;而以家庭为核心进行的老年教育,主要是促进家庭成员特别是代际融洽相处,让他们一起参加活动,为家中的老人营造良好的生活环境,安排好退休后的生活。当前台湾老年教育的课程设计具有这样一些特点:一是由地方政府、民间团体提出相应的学习内容,满足老年人的精神生活需求;二是为老年人提供志愿服务知识与技能方面的课程,让身体健康的老年人获得服务社会机会;三是从健康老化的角度,安排退休前的准备教育,例如理财、退休生涯规划、老年身心保健、老年家庭生活适应等;四是在学校和社区中采取老化教育、祖孙活动、经验传承等形式,促进老人与家庭成员间的和谐相处。

3. 老年教育主要特点

目前,台湾老年教育发展良好,并形成了自己的特色。概括起来,其特点主要有以下几点:

一是政府重视,措施得力。从20世纪80年代起,台湾地区制定了多项"法律""法规",推动老年教育的开展。从"《老人福利法》""《终身学习法》",直到"《迈向高龄社会老人教育政策白皮书》",这些"法律""法规"自成体系,且操作性强。尤其是将老年教育与老年福利相结合,运作理念以福利为主,采取以经费支持老年学习活动的方式，争取老年人的积极参与，确保老年教育的顺利开展。而在实践过程中，又采取灵活多样的形式，课程内容丰富，引导老年人用新的观念对待老年化问题，并通过加强社会、学校和家庭教育的一体化，促进老年人参与社会活动，增进老年人的心理健康。

二是注重老年教育师资培训。老年教育不同于普通教育或校外青少年教育，教育过程要符合老年教育特点。这就需要有一支专业老年教育队伍。在 2006 年 11 月颁布的"《迈向高龄社会老人教育政策白皮书》"中，明确提出老年教育专业人员素质培养的重要性，老年教育机构应培训各种专业人员，包括提升学习实务的规划者、推动者、资讯辅导者和评鉴者等，使其具备有关老年人生理心理的基本概念、老年人学习的特性、教育设施、环境以及支援服务等方面知识，以增进老年教育服务品质。[1] 2012 年 5 月颁布的《乐龄教育人员培训实施计划》主要是针对讲师、专职计划管理人员、自主学习团体带领人和导游解说人员，规定参加培训的人员必须经过 3 个阶段的培训，共 108 个小时，由教育主管部门最后颁发专业人员证书。2013 年，又将培训时间由 108 个小时增加至 126 个小时。[2]

三是开办退休前教育，促进老年人力资源开发。老年时期出现的生活问题，有很多与中年或是更早的生活习惯有关。因此，中年时期如能培养正确的退休态度，进行退休前的教育，对于退休以后的生活会有所帮助。台湾地区的一些有关老年教育的"法律""法规"，如"《老人福利法》"等，比较重视退休前的教育，行政当局还补助退休前教育，帮助老年人实现角色的转换。与此同时，他们还重视老年人力资源的开发。如"乐龄学习中心"就开设志愿者培训课程，对完成志愿者课程的老年人颁发志愿者证书。这些措施不仅获得了广泛的社会支持，还提高了老年人参与社会活动的积极性。

1　台湾教育主管部门．迈向高龄社会老人教育政策白皮书，2006. http://www.doc88.com/p－991525615774.html.

2　齐伟钧主编．海外老年教育．上海：同济大学出版社，2014：157.

四是重视发展社区老年教育。老年人退休以后,其生活环境基本以所在的社区为主。老年人是否愿意参与学习活动,固然与其个人健康状况、课程内容有关,另一方面与其参加的便利性密切相关。为了促进广大老年人参与学习,台湾地区在老年教育实践中,十分重视社区老年教育资源的利用,并在教育政策上予以支持,以实现老年教育服务的便利性,提升老年人参与学习活动的意愿。"《迈向高龄社会老人教育政策白皮书》"指出:为提倡在地化的理念,应该鼓励各有关机关单位在社区中设置老年教育的据点,以确保老年人学习的便利性。

台湾地区老年教育也有一些有待改进之处,如老年教育实施计划之仍不完备、老年教育理论研究相对滞后、老年教育经费未能妥善规划、老年教育资源需有效整合等。不过,总体而言,台湾地区老年教育有许多成功的经验,形成了政府、社会、学校共同参与的良好的发展格局。

第三节　老年教育的理论探索与发展模式

老年教育的理论研究与老年教育实践活动是同步展开的。虽然一般将1973年诞生于法国的世界上第一所老年大学——第三年龄大学作为老年教育实践的开端,但对老年教育的理论研究是早于这个时间出现的。应该说,最早进行老年教育实践和理论研究的是美国。20世纪50年代,美国社区成人教育活动中就已包含了对老年人的教育,之后,佛罗里达州开办了第一个专为老年人设计的课程。芝加哥大学不仅开设了第一个老年函授课程,而且还与密歇根大学同时开设了退休准备课程。从此开启了以老年人为主要对象的课程设置。老年教育实践的兴起和发展,必然带动理论研究的关注与繁荣。老年教育的概念有狭义和广义之分。狭义老年教育,是指老年学校专门组织的非学历性质的教育教学活动,即老年学校教育,如老年大学;广义老年教育,是指老年群体根据个人的需求自愿自发地学习,或有组织地参加各种教育教学活动，即老年社会教育，如老年人通过广播、电视、网络和书籍报刊等，或通过图书馆、文化馆、博物馆等公共机构提供的资源，参与学习、培训、活动等，提高生活品质，贡献社会发展。本书讨论的是广义的老年社会教育。

一、老年教育理论研究

老年教育理论的内涵涵盖了老年教育的学科建设、需求理论、教育权利理论、教育模式等方面，既有基础理论的研究，也渗透着教育实践层面的研究，二者密不可分，融为一体。

1. 老年教育学科建设

世界上最早将老年教育作为学科研究的，是美国密歇根大学的麦克拉斯基教授，他以自己的特殊贡献被后人称为老年教育大师。1970年，麦克拉斯基开设了老年教育学研究博士课程，致力于教育与人及其晚年生活问题的研究。1971 年他提出了老年教育的理念，认为教育是所有年龄人的一项基本权利；是持续进行的，并且将成为老年人获得丰富的、有意义的生活的途径之一；是帮助他们发挥潜力，并成为改善社会的源泉的一种手段。这一理念对老年教育的发展影响很大。1976 年，美国《老年教育学》杂志的创刊标志着老年教育学科建设正式开始。美国洛杉矶南加州大学教授大卫·皮特森（D. A. Peterson）认为，老年教育学是由成人教育学和社会老年学两个学科发展而成的交叉学科，研究内容包括两大部分：一部分是教育与人类晚年期生活，老年人学习的动机、方法、方式，老年人智力功能等基础理论研究；另一部分是老年人的教育需求、课程设置、教学活动评估、培训老年教育工作者等实践性研究。欧洲各国从 20 世纪 70 年代开始对老年教育理论展开研究。亚洲的日本，专家学者也于 1971 年提出了《高龄者学习活动促进方案》，并为文部省所采纳，从 1973 年度起正式编制预算，对各地老年教育的开办费用做长期性补助，也就是列入政府预算和长期规划之中。

老年教育不同于成人教育。虽然老年教育是成人教育的后期教育阶段,但成人教育多指岗位在职人员的继续教育,而老年教育则是帮助已经离开工作岗位的老年人顺利完成社会角色转换、建立新的家庭和社会的生存状态、实现健康、成功的圆满人生的教育活动。老年教育学研究的主要问题有:一是老年教育学的学科性质,其定义以及学科体系的建立、结构框架等;二是测验的编制与发展,关于老年人的认知功能与学习能力的研究;三是老年教育的策略研究,即如何提高老年人的学习意愿,需要发展哪些策略来消除阻碍老年人参与学习的因素,等等。

2. 老年教育需求理论

老年教育的需求研究是开展老年教育的必要前提。如果没有老年教育的现实需求,所有的实践和研究都将失去意义。在老年教育需求研究方面,美国麦克拉斯基教授根据马斯洛需求理论而提出的"五种需求"——应付需求、表现需求、贡献需求、影响需求和超越需求——的观点较有代表性。一是应付需求,是指老年人应对或适应因年龄原因而带来的生理、心理、生活、经济收入等各种变化的需求,主要体现为老年人生理需求的满足;二是表现需求,是指老年人为弥补年轻时的兴趣或嗜好,科学安排个人、家庭和社会生活,追求自在、休闲以及参与社会活动,实现自我表现的需求,主要体现为老年人安全需求、社交需求和尊重需求的满足;三是贡献需求,是指老年人往往有利他的欲望,通过给予而充实自己,提高自信心,增进自我价值,主要体现为老年人实现自我认可的尊重需求的满足;四是影响需求,是指老年人希望以自己的能力影响社会,包括参与各种团体、社区、机构等,主要体现为老年人自我价值的实现的需求满足;五是超越需求,指老年人希望更深入地了解生命的意义,超越因年老而带来的生理限制,这一需求的满足,既是老年人更高层次的满足生理需求和自我价值的实现需求,也是所有教育需求的起点与归宿。

麦克拉斯基的研究成果,为如何开展有针对性的老年教育、如何开发老年人的潜能提供了有益的启示。总之,老年教育必须考虑到老年教育的实际需求,从老年人口特点出发,基于老年人的需求,开展真正契合老年人参与意愿和参与能力的老年教育。

3. 老年社会学理论

老年期的社会学理论对老年教育理论研究具有重要的参考价值。社会学研究方面,美国社会学家卡明和亨利于20世纪60年代提出了“脱离理论”。这一理论认为,随着年龄的增长,人的行为开始向内收缩,脱离他们在整个成年期所从事的社会活动。这种脱离被认为是自然的,因为老年人身心衰弱,不宜于继续担任角色,而应该脱离社会,这既有利于老年人,也有利于社会。有些学者则相反,提出了“活动理论”。这一理论认为,老年人应积极参与社会,只有参与,才能使老年人重新认识自我,保持生命的活力。还有的学者提出了“连续性理论”。这一理论的重点,是在于解释老年人晚年生活的差异性,认为老年期的生活方式在很大程度上会受到中年期生活方式的影响。中年期开朗活跃者,老年期也会积极投入社会活动;中年期沉稳内向者,老年期一般不会热衷参与社会活动。美国学者罗斯则提出了“老年亚文化群理论”。认为只要同一领域成员之间的交往超出和其他领域成员的交往,就会形成一个亚文化群。老年人口群体正是符合这个特征的一种亚文化群体,因而宜把老年人作为一个特殊的社会群体来认识。

4. 权利理论

老年教育首先诞生于西方发达国家,自然受到人权理论的影响,普遍将老年人的受教育权作为其享有的一项基本人权。特别是第二次世界大战后,随着世界人权运动的发展,西方发达国家在老年教育发展过程中,越来越重视将开展各种老年教育活动作为实现老年人受教育权、保障老年人人权的重要手段。英国的法律就十分重视老年人的教育权利,如《盎格鲁—法兰西声明》《老年人教育权利论坛宣言》《老年教育宪章》《老年人教育工作手册》等,都有重视老人教育权利的内容,主张老年人与年轻人一样,可以同等地参与教育学习活动。1971年的美国白宫老龄会议提出:教育是每一人的一项基本权利,它是老年人获得丰富而有意义的生活的途径之一。我国《教育法》《老年人权益保障法》也规定中国公民、老年人有受教育的权利。

5. 福利理论

目前,世界上许多国家都把发展老年教育作为一项社会福利事业,纳入到社会经济发展战略当之中。在政府的社会政策和财政支持下,各国开展了各种形式的老年教育活动。如美国相关教育法律规定,老年人进入各类高等教育机构学习者可以免费、减免或奖助,长者游学营的经费由老人所在州和联邦财政补助。英国政府则鼓励非政府组织和民间团体开展各种有益于老年人的教育活动,并设置专门的资金给予保障和相应的补贴。日本的老年教育更是其福祉政策的延伸,也是一种福祉教育。为了促进社会福祉服务的多样化与专业化,政府颁布了《社会福祉士及介护福祉士法》(1987 年)和《社会福祉士及介护福祉士法改正》(2007 年),规范专业福祉人才的培养。我国政府在全国各地创办老年大学,不断改善老年教育的基础设施和师资环境,实际上也是福利理论的具体体现。

6. 终身教育理论

根据国际 21 世纪教育委员会的定义,终身教育(Lifelong Education)是指"与生命有共同外延并已扩展到社会各方面的连续性教育"。也就是说,是生命全过程的教育,"随着人的生命现象的出现而出现,随着生命的消失而结束的教育"。[1] 终身教育理论由 18 世纪法国思想家尼古拉·孔多塞(1743—1794)最早提出后,英国成人教育委员会主席史密斯的《1919 报告书》、法国成人教育家朗格朗所提出的"终身教育提案"(1970 年)、联合国教科文组织出版的《学会生存》(1972 年)等,均强调了终身教育的基本理念。终身教育理论主张教育贯穿于人生的每个阶段,并且包括社会的每一个成员。而不是仅限于学校某一特定阶段的活动,也不是一部分人拥有的特权。我国于 1993 年 2 月发布的《中国教育改革与发展纲要》首次提出"终身教育"概念。1995 年 3 月颁布的《中华人民共和国教育法》,将终身教育制

1 联合国教科文组织总部中文科译. 教育——财富蕴藏其中. 北京:教育科学出版社,1996:58.

度确定为教育基本制度之一。

7. 社区发展理论

社区是老年人参与社会活动的重要场所。社区发展理论认为,社区作为社会的基本单元,社区教育是社区发展和社会发展的基本内容。1915 年,美国社会学家法林顿在《社区发展:将小城镇建成更加适宜生活和经营的地方》一文中,首次提出把城镇建设作为社区发展的目标。1960 年,联合国出版《社区发展与经济发展》一书,将社区发展作为一种教育与组织的行动过程,强调社区发展的重点是人的因素,是人的培养、发展和教育。1968 年,美国学者哈钦斯提出了学习型社会的概念。此后,构建学习型社会逐渐成为国际主流的教育思潮。特别是从 20 世纪 90 年代起,西方发达国家学习型社会的建设进入了具体实施阶段。我国学者也将社区发展作为社区教育的重要理念之一,学习型社区建设的广泛展开,对于老年教育的发展起着积极的推动作用。

8. 以人为本理论

以人为本理论认为,老年人参加各种教育活动的目的,重在获得自我精神的满足和内心境界的升华,老年教育活动更要注重老年人自身的主体性培养和潜能的发挥。在具体教育实践中,其学习方式、内容以及组织等各个方面,都要尊重老年人自己的意愿,其他社会力量在老年教育活动中起到的只是一个辅助和支持的作用。以人为本理论在老年教育发展过程中还强调要保障每一位社会成员的教育权利,应依据对当地居民所做的需求评估有针对性地提供教育活动,以保证效果。社区发展理论与以人为本的核心理念一脉相承,体现在教育目标、教育内容、教育形式上,要为人的全面发展提供环境和条件。既能满足人的基本学习需要,提高人的素质和生活质量,又能充分发挥人的潜能,促进人的价值的自我实现。可以说,以人为本的社区教育理论顺应了社会多元化和民主化的发展趋势,充分体现了老年人个体发展与社会发展的统一。

总之,老年教育理论自诞生以来,随着老年教育实践在世界各地的广泛开展，其理论日益丰富、完善、深化。老年教育理论研究的基本内容，则是探索老年人的个体发展、老年人与社会共同发展，以及如何改善老年人的生活等。

二、老年教育的基本模式

目前，世界老年教育发展呈现出多样化趋势，有多种不同的发展模式。其中，又以老年大学（第三年龄大学）[①]、社区老年教育最为重要。此外，还有函授、远程和网络老年教育，以及各类非政府组织或民间组织开办的老年教育等。

1. 老年大学（第三年龄大学）

以法国为代表的欧洲国家一般将老年学校教育称为第三年龄教育，其教育实体称为第三年龄大学。所谓"第三年龄"，指的就是处于退休阶段的60—75岁的老年人。1973年，皮埃尔·维勒斯（Pierre Vellas）教授在法国图卢兹大学创办了世界上第一所第三年龄大学。此后，欧洲一些国家也相继开办。1975年，欧洲的几所第三年龄大学共同创建了国际第三年龄大学协会（AIUTA），由皮埃尔·维勒斯教授担任第一任主席，总部设在巴黎。根据国际社会界定，第三年龄教育是为了不断提高退休老年人的生命质量和生活质量，对60—75岁的老年人进行新知识和新技能方面的教育。目前，承担第三年龄教育的实体——第三年龄大学已普及到世界160多个国家和地区。而AIUTA则是世界各国老年大学和学术机构组成的非政府组织，是一个老年大学的工作网络，其宗旨是为了推动世界各地第三年龄大学的发展，促进国际间的交流与合作。我国老年大学自20世纪80年代诞生以来，发展迅速，已成为老年教育事业发展的一支生力军。

---

① 从1973年法国创办第三年龄大学（University of Third Age，简称U3A）以来，国际上许多国家和地区均沿用这一名称，本书根据中国人习惯，一般采用老年大学名称。

2. 社区老年教育

有学者指出，社区老年教育就是在社区范围内，老年人在相互交往过程中为了学习而自愿结合在一起而开展的老年教育活动，是借助各种优势资源为老年人提供的一种服务。社区老年教育是实施老年教育最有效的手段，也是社区教育的有机组成部分。国外社区教育模式大体有两种：欧美各国的社区教育模式和东南亚国家及地区的社区教育模式。前者以社区教育与社区发展互动中的关联形态为依据，又可分为四种，即社区组织教育模式、社区发展教育模式、社区行动教育模式和社会行动教育模式；后者则强调将社区发展与社区教育紧密联系在一起，物质建设与精神建设相联系，寓精神建设于物质建设之中。

目前，中国社区教育模式也可概括为四种：一是以区或街道（镇）为主体的地域型模式，在城市一般以政府或街道办事处（镇政府）为主体，在农村则以县、乡镇、村为主体，社会各界共同参与社区教育的管理，基本组织形式是社区教育委员会；二是以学校为主体的辐射型模式，以学校为中心协同所在社区单位和学生家庭联合管理社区教育；三是政府机构与社区合作办学模式，政府统筹、社会参与、学校自主、辐射社区，形成开放式纵横交错的体制；四是社区学校（院）实体型的体制模式，以正规形式的社区学院或者非正规的社区学校、社区教育中心、社区学习中心等实体来满足社区老年人学习需求。

三、其他老年教育模式

世界各国老年教育模式十分丰富。其中，许多国家均借助于高等学院独特的教育资源开展老年教育，成效显著。美国高等院校从19世纪后期起就开始为老年人提供一些课程。1967年，全美共有一千多所四年制高等院校为老年人提供教育活动。美国退休学习协会（后更名为终身学习学会）成立于1962年，学会的运作完全依赖高等院校，施教场所在高等院校，并由高等院校提供相当于大学水平的课程，与高等教育机构是学习伙伴关系。德国的老年教育可以追溯至20世纪50年代。德国教育界于1979年、1981年、1984年召开三次国际研讨会，探讨德国高校面向老年人开放的可能性与可行性。从 1979 年起，德国许多高校开设了专门为老年学习准备的课程。在瑞士，有 21 所第三年龄大学依托于高校，兴办的各个项目得到正规大学的协助与支持。[1] 这样的例子，不胜枚举。

函授、远程和网络老年教育也占有一席之地。如在瑞典，许多老年人通过大学开办的网上老年大学接受教育，老年大学生在高校中占有相当高的比例。在爱尔兰，AONTAS 老年学习网是为老年人提供的一个充满活力、积极而有效的网络空间。福利行政部门创办的老年教育，以日本最为典型，也是日本老年教育的一大特点。非政府组织或民间组织投资开办的老年教育，在许多国家非常普遍。如在英国和澳大利亚，一些老年学校的房屋租金、设备及主要活动经费，都来自慈善彩票事业捐赠，学员只要缴纳少量费用，就可以参加学校组织的任何白天的学习活动。许多国家的公共图书馆等公共服务机构也提供多样化的老年教育服务。如美国克利夫兰公共图书馆于 1946 年成立了“长寿并乐在其中”图书馆俱乐部，被认为是美国第一个针对老年人举办的非正式教育类图书馆计划。此外，老年人自发组织开展的各种教育活动，也是老年教育的一种发展模式。

世界各国开展的多样化老年教育模式，为中国老年教育事业的发展提供了有益的借鉴。

1　齐伟均主编．海外老年教育．上海：同济大学出版社，2014：58.

第二章　公共图书馆与老年教育的历史渊源

第一节　公共图书馆与社会教育

鸦片战争以后，随着中国逐步沦为半封建、半殖民地社会，近代西方资本主义国家的思想文化也渐次传入中国。而社会教育也作为近代社会“开民智”“作新民”的重要内容，受到有识之士的广泛关注。“社会教育”概念的使用，从官方来看，最早应该是在1912年民国政府成立之初蔡元培出任教育部长。由于他曾留学德国，德国是社会教育的发源地，他深知社会教育在德国的发展和影响，故在教育部特设社会教育司，由著名学者、维新运动的代表人物夏曾佑任司长。一般认为，蔡元培最早从德国把社会教育的概念引入到中国。

实际上，“社会教育”这一概念是从日本传入中国的。甲午战争以后，我国学界开始大量翻译日本书籍，许多西方学术名词都是由日文翻译过来。近代最早的教育刊物《教育世界》于1902年7月刊登了《家庭教育法》，其中就有“社会教育”一词。该文写道：“人生自幼至长，学校教育以外，更赖几种教育，此几种教育总名曰家庭教育，故广义之家庭教育中，社会教育与幼稚园教育，皆含蓄焉。”[1]这里将社会教育与幼稚园教育并提，同属于家庭教育。此后，一些刊物陆续刊载有关社会教育的文章，社会教育的观念也随之在社会萌芽与传播。

民国时期，尽管中国社会饱受战乱之苦，民生凋敝，但是，在民国政府的积极提倡和推动下，在一大批有识之士的奔走呼号下，社会教育事业还是取得了很大的发展，在中国近代史上留下了光辉的一页。

1　家庭教育法．教育世界，1902(29).

在国民政府的支持下，在社会各界的广泛参与下，社会教育可以说在中国社会遍地生根，开花结果。参与社会教育的机构十分广泛，而作为社会公共文化的重要阵地，公共图书馆在其中扮演了其他机构无可替代的角色，对于中国由传统社会向现代社会转型发挥了重要的作用。

一、近代社会教育发展历程

中国近代的社会教育，虽然其概念出现较晚，但就其实践而言，则可以追溯至甲午战争后中国社会掀起的“开启民智”的强烈诉求。以此为发端，中国近代的社会教育经历了以识字教育为主的萌芽时期、以通俗教育为主的确立时期、以平民教育为主的发展时期和工农教育、民众教育的分化时期。民国时期社会教育的开展，对于推动中国由传统社会向现代社会的转型和近代教育文化事业的发展起了重要作用。

1. 识字教育

早在洋务运动时期，郑观应、郭嵩焘等资产阶级改良派就提出了“启发民智”的思想。甲午战争失败后，在资产阶级改良思潮的推动下，清政府意识到“民智”的重要，出于维持其统治的最高目的，为了缓和社会矛盾，决定在推行“新政”过程中，进行识字教育运动，以普及基本的文化知识。为了进行识字教育，当时学部还专门编辑了国民必读课本与简易识字课本。对于编辑这样的课本，学部有明确的宗旨。学部一个奏折写道：“此项课本，关系极重。为人心、风俗之本原，教育普及之枢纽，实不可稍缓之举。”其目的，就是要使那些“年长失学之愚民，与寒酸之家，力不能入初等小学堂者之子弟”“藉以谋生，不至流于邪僻”。[1] 这一时期识字教育为主的社会教育，是在清政府主导之下进行的。1909 年，清政府又颁布了简易识字课本，是为近代由政府组织人员编辑成人识字课本、公民课本之滥觞。同年，清政府还颁布了

1 教育杂志，1909(2).

《简易识字学塾章程》。

2. 通俗教育

中华民国南京临时政府成立后，在教育部专门设立社会教育司，由其负责社会教育事务，通俗教育是其职责之一。这一时期，在社会教育司筹划下，教育部颁布了不少社会教育法令和章程。1912 年 2 月，教育部成立不久，即通电各省，号召兴办社会教育。当时任职教育部社会教育司的鲁迅先生在《教育部通电各省都督筹备社会教育》电文中说："惟社会教育，亦为今日之急务，入手之方，宜先注重宣讲。"[1]同年，教育部又召集临时教育会议，商讨社会教育事宜。这时的通俗教育，与民众识字教育密切相关。1912 年冬教育部颁布的《读音统一会章程》，以及次年审定国音、制定注音字母，成立读音统一会，都是为了普及民众的基本文化知识。1918 年，教育部公布了注音字母，1919 年又成立了国语统一筹备会。这些措施的实施，为社会教育的开展奠定了良好的社会基础，同时它本身又是社会教育的重要内容。

这一时期社会教育的发展，以通俗教育为主要内容。1912 年教育部成立不久，便在北京成立了通俗教育调查会。1915 年 7 月，在教育总长汤化龙的推动下，成立了通俗教育研究会，下设戏曲、小说、讲演三股，"以研究通俗教育事项、改良社会、普及教育为宗旨"，[2]并颁布了《通俗教育研究会章程》。此后，民国教育部又相继颁布了一系列通俗教育规程，诸如《通俗教育研究会章程》《通俗教育演讲所规程》《通俗教育演讲规则》《通俗图书馆规程》《图书馆规程》《露天学校简章及规则》等。通俗教育研究会的创办以及上述章程的颁布，有力地推动了这一时期社会教育事业的开展。[3]

1　教育部通电各省都督筹备社会教育．教育杂志，1912(10).

2　舒新城编．中国近代教育史资料(下册)．北京：人民教育出版社，1981：812.

3　施克灿，李凯一．江湖与庙堂：北洋政府时期社会教育的路径选择——以通俗教育研究会为考查对象．清华大学教育研究，2012(5).

3. 平民教育

五四运动以后，随着各种新思想、新文化的传播，各种社会文化机构的渐次建立，社会教育得到了广泛的重视，以平民教育为主体的社会教育得到了较大的发展。同时，由于北洋政府统治时期政局不稳，战乱不断，社会教育的发展也遇到不小的阻力，由政府推动下的社会教育事业进展不大。与此前由政府主导的识字教育及通俗教育相比，这一时期的社会教育，主要是在教育团体和教育家的组织和推动下开展起来。在当时，许多青年知识分子投身其中，在各地开办业余学校，为工人、农民补习文化。革命领袖毛泽东于 1917 年 11 月在湖南长沙第一师范学校开办了工人夜校；1919 年 3 月，邓中夏等发起组织了平民教育讲演团。北京高等师范学校平民教育社、北京大学平民教育讲演团等，是当时宣传、研究与实行平民教育的著名团体。此外，还有中华平民教育促进总会。这一时期平民教育的目标，主要是打破贵族垄断教育的特权，使平民能够享受教育的权利，获得基本的文化知识。

4. 民众教育与工农教育

从 1927 年国民党发动北伐战争，直到 1949 年中华人民共和国成立，中国社会经历了土地革命战争、抗日战争和解放战争。在国难当头、内忧外患、民族存亡的关头，长期处于社会底层的工农大众迅速觉醒，逐渐走上历史的舞台。国共两党由于各自所秉持的主义不同，在社会教育实践中也打下了历史的烙印。

(1)民众教育

民国时期，南京国民政府在北伐战争时期以及此后时局相对稳定的情况下，发起了民众教育运动。“唤起民众”也是孙中山先生的遗言。国民政府成立以后，即将民众教育作为社会教育的一项重要工作。如何“唤起民众”？可以说“民众教育便是这种课题的唯一答案”。[1] 1931 年，由国民党中央训练部拟订的《三民主义民众教育具备的目标》中指出：“现在所谓民众运动，不是民众自己的运动，而是我们

1 陈礼江著．社会教育的意义及事业．南京：正中书局，1937：8.

教育民众的运动，总要把民众教育好了，民众运动才名副其实，而民众教育又是真正的建设的民众运动。现在正值训政时期，训政重在训字，训就是教育，训政的对象是民众；所以训政可说就是民众教育。”[1] 同时，它还将民众教育与实现三民主义的目标结合在一起，认为“民众教育的宗旨对于长年失学者施以最低限度的国民教育，使能完成三民主义”。1932 年 7 月，国民政府教育部颁布了《修正各司分科规程》，1933 年 4 月国民政府又公布《修正教育部组织法》，规定由社会教育司掌管“民众教育事项”。这些法令的颁布，进一步确立了社会教育的管理体制。抗日战争爆发后，社会教育基本处于停滞状态。

（2）工农教育

民国时期，由共产党组织领导的工农教育作为社会教育的一种特殊形式，在各革命根据地得到较大发展。1934 年 1 月，苏维埃共和国临时中央政府主席毛泽东在第二次全国苏维埃代表大会上所做的报告中指出：“苏维埃文化教育的总方针在什么地方呢？在于以共产主义的精神来教育广大的劳苦民众。”他提出要“使文化教育事业为革命战争与阶级斗争服务”，苏维埃文化建设的中心任务，“是厉行全部的义务教育，是发展广泛的社会教育，是努力扫除文盲，是创造大批领导斗争的高级干部”。[2] 由此可见，社会教育是苏维埃文化教育事业的中心任务之一，其基本工作是要扫除文盲，其目标是宣传共产主义理想。与此同时，工农教育还作为一项社会教育制度得到实施。1933 年 4 月，江西苏区人民委员会规定，在省、县、区、市设教育部，下设普通教育科和社会教育科，后者负责管理俱乐部工作、地方报纸、书报阅览所、革命博物馆及巡回讲演等。[3] 当时工农教育形式多样，有业余补习学校、夜学校、半日学校、识字班，以及俱乐部、工农剧社、阅报处、识字

1　中华民国史档案资料汇编（第五辑第三编：教育）．南京：江苏古籍出版社，1994：700.

2　中央苏区教育资料选编．江西赣南师专教育教研室，1980：1.

3　江西省教育厅．江西苏区教育资料选编．南昌：江西教育出版社，1960：101.

牌、墙报等。

总之,中国近代社会教育的产生与发展,并非历史发展的偶然,而是近代中国社会发展变化的必然产物。近代经济的发展为社会教育提供了物质基础,同时提出了社会教育需求,因而成为其产生和发展的根本动因;在民族危亡、国难当头的时刻,一大批有识之士呼吁、呐喊,各种救亡图存的爱国思潮推波助澜,民主政治的开始兴起与得到推进,促使社会教育从理论迅速走向实践;而近代学校教育的兴起与发展,则为社会教育的开展奠定了坚实的基础。同时,有限的教育资源、民众普遍的贫穷,使学校教育受到很大的局限,而社会教育则成为必要的补充。总体而言,中国近代的社会教育,由于政府的相对重视和社会各界的广泛参与,成为教育事业的重要组成部分,促进了社会教育文化事业的发展。

中国近代社会教育事业的发展,可以说是丰富多彩而又颇为曲折。大体而言,它突破了传统教育观念,教育日渐向社会公众普及。其主要表现有:①扩大了教育的内涵。正如蔡元培所说:"照现在教育状况,可分为三个范围:一是家庭教育,二是学校教育,三是社会教育。"[1]②教育目的不仅仅是人才培养。正如梁启超所说:"风气同时并开,民智同时并启,人才同时并成。"[2]③教育对象不仅仅指青少年。正如晏阳初所说:"平民教育运动不论男女、老幼、贫富、贵贱皆有参加的机会。"[3]④教育内容较为广泛,"开启民智"成为重点。⑤社会教育机制初步建立,各类社会教育机构与设施相继建立,如图书馆、博物馆、展览馆、动植物园、科学馆、美术馆、体育场、阅报处等。民国时期社会教育的广泛实践,为新中国教育文化事业的迅速发展奠定了基础。

---

1 高平叔编. 蔡元培教育论著选. 北京:人民教育出版社,1991:451.

2 梁启超著;黄坤评注. 新民说. 郑州:中州古籍出版社,1998:2.

3 马秋帆,熊明安编. 晏阳初教育论著选. 北京:人民教育出版社,1993:8.

二、图书馆参与社会教育

中国近代图书馆是在古代官府藏书与私人藏书楼基础上，在近代西方思想文化影响下涌现的新生事物。图书馆的诞生，是人类文明进步的重要标志。图书馆的职能，则随着社会的发展而不断变化。“近代图书馆区别于封建藏书楼的最大不同在于，它在继承藏书楼文化保存功能的同时，开展了前所未有的社会普及教育”。[1] 图书馆面向全社会开放，从而成为社会教育的重要阵地。中国近代图书馆的产生以及图书馆参与社会教育，经历了一个曲折发展的过程。

1. 朦胧的社会教育意识

鸦片战争以后，国门洞开，西方资产阶级思想文化逐渐开始传播，一批先进的知识分子意识到启迪民智、兴办图书馆的重要。林则徐的《四洲志》、魏源的《海国图志》、陈逢衡的《英吉利纪略》、姚莹的《康輶纪行》、徐继畬的《瀛环志略》等，都对西方国家图书馆发展情况有所介绍。如林则徐辑译的《四洲志》中提到丹麦“国都设立书馆一所，贮书四十万部。此外，尚有大书馆二千五百所”；而美国，仅纽约州，“书馆万有一百三十一所”。[2] 魏源编纂的《海国图志》中，对英、法、奥地利、西班牙、美国等图书馆藏书与管理情况也有所描述。

19 世纪 70 年代以后，代表资产阶级利益的早期维新派人物，如王韬、郭嵩焘、薛福成、郑观应、马建忠等，皆曾游历欧美、日本，宣传资产阶级思想文化，号召学习西方创办图书馆的做法，倡导开设公共藏书楼。王韬在考察大英博物院之后写道，“都中藏书之库林立，咸许人人而览观”“都中人士，无论贫富，入而披览诵读者，日有数百人”。[3] 郑

1　李剑桥，司梦荣．图书馆功能及演化．山东大学学报（哲学社会科学版），1994（3）．

2　林则徐．四洲志//王锡祺编．小方壶斋舆地丛钞再补编（第十二帙），上海著易堂印行．

3　王韬著．漫游随录．长沙：岳麓书社，1985. 84—135.

观应在《盛世危言·藏书》一文中，高度评价了图书馆的社会教育作用。他说："藏书之为益多，而广置藏书以资试诵试读者之为功大也。"在他看来，建立公共藏书楼，不仅可以普及文化，还有助于富国强兵。[1]虽然当时中国还没有出现"图书馆"一词，但是，郑观应对于图书馆社会教育功能的认识，实在是难能可贵。

2. 新式图书馆的创办

1895年，甲午战争以中国大败而告终，中国面临被列强瓜分的危险，民族危机异常深重。随着维新运动的兴起，一大批进步思想家呼吁社会变革，教育救国的社会思潮也随之涌现。资产阶级启蒙思想家严复提出了"鼓民力、开民智、新民德"的主张，认为"三者皆今日至切之务"，而"三者又以民智为最急"。[2] 在他翻译的《天演论》中，提出了"物竞天择，适者生存"的思想，在当时起到了振聋发聩的作用。而以康有为、梁启超为代表的维新派，也在他们的著述中大肆宣传图书馆的社会作用。1895年，康有为在《公车上书》中论述图书馆的作用时说："其每岁著书，美国乃至万余种，其属郡县，各有书藏，英国乃至百余万册，所以开民之智者亦广矣。"[3]他呼吁清政府建立倡办公共藏书楼。他说："一人独学，不如群人共学；群人共学，不如合什百亿兆人共学。学则强，群则强，累万亿兆皆智人，则强莫与京。"[4]梁启超也在《清议报》撰文，列举图书馆的八大功能，积极倡导建立图书馆。[5] 民国初年，他还担任过国立京师图书馆馆长。

除康有为、梁启超外，当时还有不少维新派也有类似看法。1896年，李端棻倡办建立京师大学堂，各省、府、州、县在设立学堂的同时，

---

1 郑观应著．盛世危言．郑州：中州古籍出版社，1998：91.

2 丁守和主编．中国近代启蒙思潮（上卷）．北京：社会科学文献出版社，1999：174—175.

3 中国史学会主编．戊戌变法（第二册）．上海：神州国光社，1953：148—149.

4 李希泌，张椒华编．中国古代藏书与近代图书馆史料．北京：中华书局，1982：90.

5 梁启超．论图书馆为开进文化一大机关．请议报，1899－06－10（17）.

还应广设藏书楼,为好学之士提供读书场所。[1] 不仅如此,他们还身体力行,在他们设立的学会中成立藏书楼。至 1897 年,维新派在全国各地共成立学会 87 个、藏书楼 51 所。[2] 学会藏书楼一改传统藏书楼不开放或只为少数人开放的先例,面向社会公众开放,体现了早期图书馆践行社会教育之职能。

1904 年,徐树兰在浙江绍兴创办了古越藏书楼,这实际上是中国近代第一所公共图书馆。作为地方乡绅,徐树兰对图书馆社会教育作用有独到的见解。他说:"窃维国势之强弱,系人才之盛衰;人才之盛衰,视学识之博陋。涉猎多则见理明,器识闳则处事审,是以环球各邦国势盛衰之故,每以识字人数多寡为衡。"[3] 1904 年,湖南图书馆、湖北省图书馆成立,是为省一级公立图书馆之始。1906 年,在端方等五大臣出洋考察回来的报告中,其中就有奏请设立图书馆一项。1909 年 9 月,随着国立京师图书馆的正式筹办,中国近代图书馆在国家层面正式登上历史舞台,图书馆社会教育职能也得到广泛展开。

3. 社会教育随图书馆而发展

中华民国成立以后,民国政府即把图书馆纳入到整个社会教育体系之中,规定由教育部负责全国图书馆工作。蔡元培在担任教育部长期间十分重视图书馆工作,要求各地纷纷建设图书馆。教育部社会教育司专门负责宗教、礼俗、图书馆、美术馆、博物馆、通俗教育、讲演会等事项,由夏曾佑担任司长。在社会教育司,鲁迅是第一科科长,直接负责图书馆工作。作为推行图书馆事业建设与发展的行政机关,社会教育司的设立,为图书馆事业的发展提供了可靠的组织保障。这一时期,各种图书馆、博物馆、广智馆等科学普及场所的建设成为当时的一

1 李希泌,张椒华编. 中国古代藏书与近代图书馆史料. 北京:中华书局,1982:95—99.

2 胡俊荣. 晚清西方图书馆观念输入中国考. 图书与情报,1999(4).

3 李希泌,张椒华编. 中国古代藏书与近代图书馆史料. 北京:中华书局,1982:112—113.

种社会时尚。

20 世纪前半叶，中国图书馆事业大体经历了 3 个发展阶段：一是从 1904 年古越藏书楼、湖南图书馆、湖北省图书馆等的创办，到 1919 年“五四运动”发生之前，图书馆事业尚处于萌芽时期。二是从 20 世纪 20 年代到 30 年代“新图书馆运动”时期。由于受传统藏书楼的影响，新式图书馆无论从办馆思想抑或服务方式都还存有一些藏书楼的痕迹，五四运动后随着民主和科学的思想启蒙，图书馆推行了以普及图书馆服务大众、服务平民为宗旨的“新图书馆运动”。三是从 30 年代开始，抗日战争、解放战争时期，图书馆事业处于萧条、停滞不前时期。

民国时期图书馆履行社会教育职能，主要是面向民众普及知识文化，提高民众的知识水平。对于图书馆的社会教育职能，在当时颁布的有关教育或图书馆各种规章中均有明确规定。如 1912 年颁布的《京师图书馆暂定阅览章程》规定“凡中国官私通行图书、海外各国图书，皆为观览之类”“无论士农工商军界暨女学界，皆得入览”。[1] 1915 年 10 月，民国政府教育部颁布的《通俗图书馆规程》提到：“各省治、县治应设通俗图书馆，储集各种通俗图书，供公众之阅览。”[2] 在政府大力倡导下，图书馆在社会教育方面取得了不少成效。

另一方面，从事图书馆工作的人也主动把社会教育作为自己的使命。1917 年 1 月，蔡元培出任北京大学校长。他除了延揽多方名师，还十分重视图书馆建设。1920 年 10 月他在欧美考察期间发表演说：“况图书馆之用，不仅限于一隅。譬如北京大学图书馆，不惟北大学生可用，北京人及各省人亦可用。即诸位回国时或外国人欲

---

1 李希泌，张椒华编．中国古代藏书与近代图书馆史料．北京：中华书局，1982：199—200.

2 李希泌，张椒华编．中国古代藏书与近代图书馆史料．北京：中华书局，1982：184.

研究任何问题，亦可径往参考。”[1] 1919 年，时任北京大学图书部主任（馆长）的李大钊说：“现在图书馆已经不是藏书的地方，而为教育的机关”“图书馆与教育有密切的关系，和社会教育更有关系。”[2] 在这里，李大钊明确提出了图书馆的社会教育职能：图书馆是一个教育机关。而从事图书馆研究的学者对此也多有论述。马宗荣说：“图书馆在教育上占重要之位置，已允为各国教育家所公认”“就社会教育上说，图书馆的效果其最著者，当推国民图书馆。”[3] 著名图书馆学家杜定友认为：“近代图书馆，非特为社会教育的中心点，而且为一切教育的中心。”[4]

总之，图书馆社会教育职能的履行与开展，有力地推进了中国社会的进步，并为当代图书馆开展社会教育活动积累了丰富的经验。直到今天，当代图书馆工作者仍然秉持这一优良的传统。

三、近代图书馆的社会教育实践

中国近代图书馆自诞生之日起，可以说就承载着社会教育的重大使命，承担着教育大众、启迪民智、富国强民的殷殷期许。正如刘国钧在《美国公共图书馆之精神》一文中所说：“盖学校之教育止于在校之人数，图书馆之教育则偏于社会；学校之教育迄于毕业之年，图书馆之教育则无年数之限制；学校之教育有规定课程为之限制，而图书馆之教育则可涉及一切人类所应有之知识；学校教育常易趋于专门，而图书馆教育则为常识之源泉。夫一社会之人，在学校者少；人之一生，在学校之时少。然则图书馆教育，苟善用之，其影响于社会于人生者，且甚于学校。而学校中所培养训练之成绩，转将赖图书馆教育之维持而

1　蔡元培著．蔡元培全集（第四卷）．北京：中华书局，1984：59.

2　李希泌，张椒华编．中国古代藏书与近代图书馆史料．北京：中华书局，1982：167—171.

3　马宗荣著．现代图书馆序说．北京：商务印书馆，1933：1.

4　杜定友著．图书馆与成人教育．北京：中华书局，1933：158.

不坠。则图书馆在教育上之价值有时竟过于学校也。”[1]

维新派代表人物、启蒙思想家梁启超更是与图书馆有着不解之缘，他民国初年曾担任国立京师图书馆馆长。对于图书馆的意义与功能，他有深刻的认识。1898 年，他在《论图书馆与开进文化一大机关》一文中，认为图书馆有八大功用：（一）图书馆使现在学校教育之青年学子，得辅助其知识之利也；（二）图书馆使凡青年志士，有不受学校教育者，得知识之利也；（三）图书馆储藏宏富，学者欲查故事，得备参考也；（四）图书馆有使阅览者，随意研究事物之利也；（五）图书馆有使阅览者，于顷刻间，得查数事物之利也；（六）图书馆有使人皆得用贵重图书之利也；（七）图书馆有使阅览图书者得速知地球各国近况之利也；（八）图书馆有不知不觉使养成人才之利也。[2] 在这里，梁启超虽然没有明确提出社会教育的概念，但是，他对于图书馆功能的认识，显然已包含了社会教育的意义。

在图书馆作为社会教育的重要机构这一思想指导下，图书馆工作较之传统藏书楼也有很大的不同。正如严文郁在《中国图书馆发展史（自清末至抗战胜利）》一书所指出，近代图书馆在以下几个方面显示出其崭新的一面：一是由重收藏改为重利用；二是由少数人的专利趋于大众所共有；三是经营方法由简单趋于复杂；四是图书馆学由机械性趋于专门，由技术性趋于学术性；五是图书馆之间相互的关系，由散漫趋于联系。[3] 图书馆与传统藏书楼在实际工作中，表现出很多不同之处，切实发挥了教育民众、启迪民智的作用。

首先，在图书馆藏书建设方面，除了政府的调拨与出版社的呈缴，其图书采购不再限于珍本、秘本、孤本钞本等，而考虑到社会民众一般

---

1 刘国钧．美国公共图书馆之精神//刘国钧图书馆学论文选集．北京：书目文献出版社（今国家图书馆出版社），1983：11.

2 严文郁著．中国图书馆发展史：自清末至抗战胜利．新竹：枫城出版社，1983：14.

3 严文郁著．中国图书馆发展史：自清末至抗战胜利．新竹：枫城出版社，1983：45.

性阅读需求。以徐树兰创办的古越藏书楼为例,其创办宗旨是“存古、开新”,即“学问必求贯通,博求古今中外是也。往者士夫之弊,在详古略今;现在士夫之弊,渐趋于尚今蔑古。其实不谈古籍,无从考政治学术之沿革;不得今籍,无以启借鉴变通之途径”。[1] 古越藏书楼在藏书方面,不仅收集古今图书,而且还收藏东西方书籍。著名图书馆学家刘国钧说:“图书馆既为公开之机关,而人所读之书籍又可影响其思想与行为,则其因读物选择之适当,而提高此社会教育程度、道德标准或培养群众知识,指挥社会趋势亦固其所。若其供给社会上人现代知识,裨不致落于时代之后,而能有适当应付现代问题之能力,则其于社会进步之功又甚大矣。”[2] 由此可见,图书馆进行社会教育,落实到了馆藏建设这一图书馆基础业务之中。

其次,创制了多部新式图书分类法,改变传统的文献组织模式,充分考虑广大读者的阅读需求,为他们提供便捷服务。图书的分类编目,主要是为了读者的使用,为了节约读者的时间。编制中国近代第一部新式图书分类法——《仿杜威书目十类法》的图书馆学家沈祖荣,在《图书馆编目之管测》一文中指出,图书馆编制目录,把馆内所有图书用最便捷的方式陈列在读者面前,可以帮助读者,“免得多费时光,减少找书的繁难;目录不在编得怎样繁多,重在编得适用不适用;图书目录,就是把钥匙交给读者,使之自由开库取宝,有‘予取予求’的方便”。[3] 杜定友是著名的图书分类专家,也是我国最早提出“分类学”概念的学者。他认为:“图书分类法是指导读书的钥匙。分类法统一

1 李希泌,张椒华编. 中国古代藏书与近代图书馆史料:春秋至五四前后. 北京:中华书局,1982:113.

2 刘国钧. 近代图书馆之性质及功用//刘国钧图书馆学论文选集. 北京:书目文献出版社(今国家图书馆出版社),1983:3.

3 沈祖荣. 图书馆编目之管测//丁道凡主编. 中国图书馆界先驱沈祖荣先生文集(一九一九—一九四四年). 杭州:杭州大学出版社,1991:45.

了,有了这一把钥匙,就可以开全国各宝库——图书馆”。[1] 民国时期编制的几乎所有的分类法,以及多种索引,可以说都是为了图书馆馆藏如何方便快捷地为读者所用。

第三,在图书馆馆藏的借阅方面,也是采取了多种措施,为便于读者利用图书、充分发挥图书馆社会教育职能服务。许多图书馆尝试进行开架阅览,充分向读者开放,方便读者取阅。李大钊说:“旧图书馆采用文库式,取书的手续非常麻烦。阅书的人不能亲自拿书,只能在目录里查出书名填在单子上叫管理员拿来;若是拿来的不合用,又要按从前手续去换,徒劳往返,浪费时间。”[2] 他在担任北京大学图书馆馆长不久,便拟定了《修正图书馆借书规则》,并在《北京大学日刊》上公布。他还对图书馆的借阅制度进行完善,有效地提高了图书的利用和周转率。同时,他还做出了延长开馆时间的决定。至1921年,当时社会上许多图书馆已部分或全部采取开架阅览,以方便读者利用馆藏图书。刘国钧认为,图书馆要“以用书为目的,以诱导为方法,以养成社会上人人读书之习惯为指归”。[3] 图书馆为方便读者利用图书的种种努力,正是其履行社会教育职能的体现。

第四,民国时期的中国图书馆,仿照西方各国图书馆,普遍开展了参考咨询服务。刘国钧说:“十九世纪后半叶,现代图书馆运动初起之时,参考事业还没有人注意;在一九零零年以前,图书馆学杂志中关于参考部的讨论,仍寥寥可数;直到二十世纪初,参考事业才成为图书事业的重心。”[4] 主持国立北平图书馆日常工作的副馆长、图书馆学家袁同礼认为,参考咨询工作是图书馆推动学术研究的重要工作。特别是

1 杜定友. 新图书分类法刍议//钱亚新,白国应主编. 杜定友图书馆学论文选集. 北京:书目文献出版社(今国家图书馆出版社),1988:61.

2 刁勇. 李大钊:“中国现代图书馆之父”. 中国社会科学报,2013(9).

3 刘国钧. 美国公共图书馆之精神//刘国钧图书馆学论文选集. 北京:书目文献出版社(今国家图书馆出版社),1983:12.

4 刘国钧. 近代图书馆之性质及功用//刘国钧图书馆学论文选集. 北京:书目文献出版社(今国家图书馆出版社),1983:64.

在各院校和研究机构尚未健全的情况下，国立北平图书馆在这方面应该发挥更大的作用。为此，他专门在阅览部下设参考组，负责参考咨询工作。1934 年，又在大阅览室增设咨询处，由参考馆员担任咨询服务。因有专人负责此事，参考咨询业务得到迅速发展。这一时期的参考咨询业务主要有三种方式，即口头回答咨询、函件回答咨询和委托代编专题书目。图书馆参考咨询业务的开展，是图书馆践行社会教育职能的又一形式。

最后，民国时期，许多图书馆还开展展览业务。文献展览既是图书馆揭示馆藏的一种重要形式，可以促进馆藏的有效利用，同时也是图书馆履行社会教育职能的重要途径。以国立北平图书馆为例，在袁同礼主持馆务期间，先后举办了各种性质、各种专题的展览十余次。值得一提的有：1931 年江淮等地发生严重水灾，该馆联合营造学社、西北科学考察团、清华大学图书馆等单位及一批专家学者，于 9 月举办了筹赈水灾图书展览会，为期 2 天，平均每天接待 1300 余人次；1933 年 10 月，举办舆图、版画展览，展品 818 种，分舆图、版画、佛经道经三部分；1933 年 12 月，与中德文化协会合作，举办德国印刷展览会；1934 年春，举办戏曲音乐展览会；1935 年 5、6 月间，举办美国印刷展览会；1936 年 8 月，与中国科学社等团体合作，举办科学仪器照片展览会；等等。[1] 这些展览主题多样，内容丰富，使图书馆的社会教育功能得到进一步拓展，同时也扩大了图书馆的社会影响。

综上所述，民国时期由于社会教育制度的确立，加之国家重视社会教育，教育家、图书馆学家的大力推动，图书馆在当时条件许可的情况下，最大限度地发挥了其社会教育职能，对于普及科学文化、启迪民智，促进社会教育事业的发展，做出了重大的贡献。民国时期图书馆社会教育职能的实施，为新中国图书馆事业的健康发展、社会教育职能的履行提供了宝贵的经验。

1　李致忠主编．中国国家图书馆馆史(1909—2009)．北京：国家图书馆出版社，2009：89—90.

第二节　公共图书馆与老年读者服务

一、公共图书馆与老年读者

根据目前考古学家的发掘成果,我们已知世界上最早的图书馆在美索不达米亚,即亚述巴尼拔图书馆。它是现今已发掘的古代文明遗址中保存最完整、规模最宏大、书籍最齐全的图书馆,比古代埃及著名的亚历山大图书馆还要早400年,世界史上第一部伟大的英雄史诗《吉尔伽美什》就收藏于此。然而,无论是东方还是西方,古代文明中各类文献收藏机构均不是我们现在所说的公共图书馆。那么,公共图书馆的概念又是什么呢?根据1974年国际标准化组织颁布的国际公共图书馆标准规定,公共图书馆是指那些为一些团体和地区免费或者少量收取费用的图书馆。而在我国,公共图书馆主要指由国家和地方政府出资、为全体社会大众服务的公益型文化组织。根据公共图书馆这一定义,其历史可以追溯至19世纪中叶,是由欧美资本主义文明发展较早的国家率先倡办,大致到19世纪末20世纪初逐渐传播到世界各地。

公共图书馆之所以与其他图书馆不同,究其根本属性,一是它的经费直接来源于国家财政和地方财政拨款,二是它主要的活动内容和用户范围具有普遍性,适应任何群体的各种需要。公共图书馆是国家和地方文化事业中不可或缺的一环,其服务对象包括老年人、儿童等各年龄段和工人、农民、学生等各类人群,较其他图书馆更为宽泛。而且,公共图书馆所提供的服务是公益性质的,免费或只收取少量的费用。公共图书馆所提供的服务,可以分为基本服务与辅助服务两类。所谓基本服务,是指公共图书馆必须开展的基本服务项目,如提供阅读条件和文献满足公民学习需求、保障公民获得基本信息;所谓辅助服务,则是在做好基础服务的前提下,开展多样化的新型信息服务和特色服务，以满足公众不断发展的知识需求，适应变化的社会形势。[1]

公共图书馆为老年读者提供服务，既是为了保障公民平等获取信息的权利，又是受其性质所决定，是图书馆社会教育的重要组成部分。1994年联合国教科文组织发表的《公共图书馆宣言》明确指出："每一个人都有平等享受公共图书馆服务的权力，而不受年龄、种族、性别、宗教信仰、国籍、语言或社会地位的限制。"有学者认为，公共图书馆制度是政府为保障公民的信息获取自由而选择的一种制度安排。读者权利是在图书馆环境下的公民基本权利的体现，是作为公民的读者利用图书馆过程中所应享有的基本权利。"公民的信息权利，是国家的（法律）制度所确认和赋予的，为了保障公民的信息权利的实质性实现，政府必须做出相应的制度安排，设立并发展公共图书馆制度，就是政府为了保障公民的信息权利而选择的一种制度安排"。[2] 老年读者享受公共图书馆提供的文化服务，是他们所拥有的基本权利。

二、国外公共图书馆的老年读者服务

公共图书馆在其发展早期，无论是东方还是西方，发达国家还是发展中国家，对于其服务对象，都没有做明确的年龄上的区分。从20世纪中叶起，主要是在第二次世界大战以后，随着各国经济迅速复苏以至腾飞，西方发达国家逐渐向老龄化社会过渡。由人口的老龄化而引起的一系列社会问题日渐受到重视，反映到公共图书馆领域，老年读者也被作为一个特殊的社会群体受到关注，一般是将其作为弱势群体中一个重要部分。借助于发达的公共图书馆事业，人们开始对老年读者服务进行专门的研究，制定了相应的政策法规，开展专门为老年读者提供的相应的服务。

有着全美第五大公共图书馆之称的纽约布鲁克林公共图书馆，自

1　汪东波著．公共图书馆概论．北京：国家图书馆出版社，2012：206.

2　蒋永福，黄丽霞．信息自由、信息权利与公共图书馆制度．国家图书馆学刊，2005(1).

1974 年起就开展了专门针对老年读者的服务项目，其服务范围和内容，不仅包括为老年读者提供传统的图书借阅、信息咨询等，还通过一些读书活动和影视欣赏手段，将服务范围更加扩大，甚至将老年人俱乐部和疗养院等老年人较多的组织机构都列为其服务对象。有时候，由于老年读者无法亲自到图书馆，公共图书馆工作人员还要走出去，为他们提供便捷服务。针对老年读者生理和心理特点，国外公共图书馆还进行深入研究，以便为他们提供相应的服务。美国马里兰大学 David Piper 等人通过对马里兰州公共图书馆老年读者服务的调查，发表了《老年人群体的信息需求、行为、态度、消遣和娱乐》一文，提出了为老年读者服务的七项准则。[1] 瑞典国立图书馆通过调查老年人的阅读倾向，为老年人编制图书目录以供参考，并对偏僻地区的老年读者由流动图书馆为其提供服务，[2] 等等。国外公共图书馆为老年读者提供文化服务的有益经验，值得我们借鉴。

进入 21 世纪以来，随着世界上许多国家逐渐迈入老龄社会，公共图书馆为老年读者提供服务的问题得到前所未有的重视。2000 年，国际图联颁布了《图书馆为医院病患、老年人及长期护理机构的残疾人服务指南》，将老年人作为弱势群体的一部分提出来，以便引起图书馆工作者的关注。与此同时，美国、英国、日本、加拿大等许多国家也相继提出了老年读者服务的相关对策。如美国图书馆协会制定了《图书馆为老年人服务指南》(Guidelines for Library Services to Old Adults)，这个指南作为美国各大州的规范性图书馆指导性文件，具有很强的约束性。英国图书情报专业人员协会制定了《对老年人的图书馆和信息服务指南》(Library and Information Services for Older People)，将老年人进行归类管理，并制定了具体的细则，如对积极型老年人、不积极型

1 张晖．美国公共图书馆老年读者服务的启示．图书馆学刊，2010(8)．

2 瑞典的老年社会保障制度．http://www.h160.com/indes.php? option = com_content&view = article&id = 464:ruidian&catid = 34:policy-and-regulation&Itemid = 69.

老年人、不能到馆型老年人，要分别采用相应的服务方式。该指南还提出，要充分满足老年读者的需求，应用现代化的技术和手段为老年读者提供服务。[1] 这些服务指南都是基于各国图书馆界丰富的理论与实践经验所提出，具有很强的指导性。

三、中国公共图书馆的老年读者服务

中国公共图书馆诞生于清末民初，一百多年来，始终秉承“传承文明，服务社会”之宗旨，开展多种形式的社会文化服务，在推动我国传统社会向现代社会转型以及社会主义文化建设中，发挥着无可替代的作用。作为社会群体的重要组成部分，老年读者一直是公共图书馆服务的主要对象之一。特别是改革开放以来，随着人民生活水平的普遍提高，人们越来越重视精神文化生活，老年读者已成为公共图书馆稳定的、数量庞大的读者群体。有调查显示，目前老年人阅读的渠道，主要有邮局订阅、到图书馆阅览、到书店或书报亭购买、上网阅读、到社区文化中心阅读等。其中，到图书馆阅读的老年读者占老年读者总数的三分之一。[2]

进入21世纪以来，随着老龄化进程的加快，对于老年人的各项权利保障以及为老年人提供公共服务已成为社会各界普遍关注的重大问题。2011年9月，国务院公布了《中国老龄事业发展“十二五”规划》；2011年12月，国务院又公布了《社会养老服务体系建设“十二五”规划》（征求意见稿）；2012年2月，中共中央办公厅、国务院办公厅印发了《国家“十二五”时期文化发展改革规划纲要》。这些纲领性文件，对于保障老年人群体的权益做出了具体的规划。2013年7月1日起实施的《中华人民共和国老年人权益保障法》规定：每年农历九月

1　李素萍．探讨21世纪公共图书馆为老年人服务的构想．云南图书馆，2002(3)．

2　段阿力．公共图书馆开展老年读者服务的实践与思考——以安徽省图书馆和合肥市图书馆为例．合肥：安徽大学，2013：1.

初九为老年节。老年节写入法律,这是我国政府对尊老爱老传统文化的肯定,更是社会对老年人重视与关爱的体现。

在新的形势下,公共图书馆作为公益性社会教育性机构,如何做好老年读者服务工作,也是一个十分值得关注的问题。从20世纪80年代开始,图书馆界就对于老年读者的阅读心理、使用特点进行了研究,提出了许多为老年读者服务的对策与建议。2010年7月23日,中共中央政治局就深化中国文化体制改革研究问题进行第22次集体学习。时任总书记的胡锦涛同志在主持学习时发表了重要讲话,指出要加快构建公共文化服务体系,按照体现公益性、基本性、均等性、便利性的要求,坚持政府主导、加大投入力度、推进重点文化惠民工程,加强公共文化基础设施建设、促进基本公共文化服务均等化。[1] 胡锦涛同志的讲话,为公共图书馆如何更好地开展社会公共文化服务提出了指导性的原则。公共图书馆作为社会公共文化服务体系的重要组成部分,理应遵循上述原则。

新中国成立以来,我国图书馆界在老年读者服务方面,已经制定了多部法规、标准及服务规范,老年人的阅读权利受到充分的尊重。其中,全国性的法律法规,有2012年文化部委托中国图书馆学会草拟的《中华人民共和国公共图书馆法(征求意见稿)》;全国性的标准,有2008年住房和城乡建设部、国家发展和改革委员会发布的《公共图书馆建设标准》(建标108—2008);2012年国家质量监督检验检疫总局、国家标准化管理委员会发布的《公共图书馆服务规范》(GB/T 28220—2011)。此外,还有许多地方性的法规与行政条例,如2001年湖北省人大常委会发布的《湖北省公共图书馆条例》,2002年河南省人民政府发布的《河南省公共图书馆管理办法》,2002年北京市人大常委会发布的《北京市图书馆条例》,2009年山东省人民政府发布的《山东省公共图书馆管理办法》等。至于地方性标准和规范,有1997

1 胡锦涛. 推动社会主义文化大发展大繁荣. http://news.xinhuanet.com/politics/2010-07/23/c_12367399_2.html.

年辽宁省文化厅发布的《辽宁省公共图书馆文明服务规范》,2008 年江西省文化厅发布的《江西省公共图书馆服务标准(试行)》等。

这些图书馆服务法规、标准和规范的发布与实施,一方面说明随着社会的进步,社会公众越来越重视文化知识,追求精神生活,老年读者越来越多地走进了图书馆,老年读者作为一个不可忽视的群体越来越多地参与到大众文化生活之中;另一方面,公共图书馆在开展社会公共文化服务过程中,已充分认识到人口老龄化所带来的压力,正在主动地适应变化的社会形势,积极为老年读者提供便捷的服务,为他们提供终身学习的舞台,使图书馆成为"没有围墙的大学"。从这些图书馆服务法规、标准和规范的内容看,基本上都体现了公共图书馆对于老年读者群体的重视,并在具体实践中进行标准化管理。同时,公共图书馆在开展老年读者服务中,经常将老年人笼统地归入"老弱病残"行列,对于老年读者服务的系统性和具体方式研究不够,有待改善与提高。

不过,应该看到,多年来,公共图书馆在老年读者服务方面已取得了许多宝贵的经验,值得总结和推广。如上海市黄浦区广东街道图书馆在 1982 年成立了上海市第一个老年读书会,浙江省平湖市图书馆在 1985 年建立了老年读书会并活跃至今,河北省张家口市图书馆设立了专门的老年阅览室、上海市徐汇区天平街道 1996 年设立了老年图书馆。[1] 各地公共图书馆在具体工作实践中,也开展了多种形式的老年读者服务方式,如优惠服务、优先服务、上门服务、委托代借、服务理念和服务态度等。如首都书馆等单位,还专门为老年读者提供阅读辅助设备,如提供老花镜、放大镜,有的还有老年读者专用桌椅、坡道、防滑条、医疗箱、便民箱、轮椅等。[2] 有的图书馆结合许多老年读者特

1　肖雪,周静. 老龄化背景下我国公共图书馆老年服务状况的调查与分析——基于内容分析法的实证研究. 图书情报知识,2013(3).

2　首都图书馆多措并举服务老年读者. http://www.bj.xinhuanet.com/bjfs/2010-06/28/content_20179608.htm.

点，提供大字阅读设备、电子助视器、电子读屏软件。2011 年上海市图书馆还启动了“上海无障碍数字图书馆”建设。这些服务方式的实施，为老年读者利用公共图书馆提供了极大的便利。

公共图书馆在老年读者服务研究方面，也取得了许多有价值的研究成果。如有学者根据老年读者的阅读类型，将其分为以下几种类型：一是娱乐休闲型。这类老年读者，一般退休后在家休养生息，对图书馆的报纸书刊带有一定的兴趣，并不定期地前往阅览，基本属于消遣娱乐型；二是专业研究型。这种类型的老年读者目标很明确，就是利用自己的业余时间完成本专业或者感兴趣的领域，通常是到图书馆查阅相关资料；三是应用性。这种类型的老年读者利用自己手中的工具和资料，主要用来解决生活中或工作中出现的一些问题。[1] 不过，总体而言，我国公共图书馆在为老年读者服务方面，仍有大量的问题需要深入研究，对老年读者服务的区别化、人性化服务，更是有待提高。

1　冷选英．老年读者的阅读心理．科技情报开发与经济，2006(21)．

第三章　海外老年教育及其借鉴意义

第一节　英国的老年教育

英国是世界上最早完成工业化的国家,也是世界上最早进入老龄化社会的国家之一。早在1951年,英国超过65岁的老年人就已占总人口比例的10.9%。[1] 进入21世纪以来,英国的人口老龄化程度发展迅速。2000年,其老龄化水平已达到20.8%;截至2010年年底,英国65岁及以上的老年人口数量已达到1030万,在总人口中的比例达到17%,而85岁以上的高龄老年人口数量增长至140万,占总人口的2.3%;预计到2035年,英国65岁以上人口在总人口中的比例将达到23%,85岁以上的高龄老年人口将增长至350万,在总人口中的比例达到5%,人口老龄化与高龄化的程度进一步加深。[2]

二战以后,随着社会的逐步稳定,经济的快速增长,国民生活水平不断提高,以及社会向人口老龄化、高龄化发展,英国逐步建立起一套较为完善的社会保障制度。而老年群体作为社会的重要部分,也享有较完备的社会保障。以老年教育为例。英国的老年教育不仅起步早,而且有一系列法律保障,其老年教育自成体系。英国的老年教育,主要有全国性和地方性两类。全国性的老年教育机构有地方教育当局(Local Education Authorities,简称LEA)、高等教育机构、开放大学、第三年龄大学等。英国的第三年龄大学,是专为老年人提供的教育组

1　Phillipson. Ageining and Social Policy:Acritical Assessment. Aldershot,1986(5).

2　王莉莉,吴子攀. 英国社会养老服务建设与管理的经验与借鉴. 老龄科学研究,2014(7).

织，是英国老年教育的重要力量。此外，还有一些地方性质的机构或组织也都投入到老年教育之中。

一、老年教育的法律保障

英国的老年教育之所以能健康发展，首先得益于其较为完善的法律保障。英国是世界上民主代议制度的发源地之一，其历史甚至可以追溯至13世纪，其标志就是英国议会的形成。民主代议制的特点，就是由公民以选举的形式选出立法机构成员，并代表其在立法机构中行使权力，制定和批准法律、法规。因此，英国的法律、法规，不是由中央政府来制定和颁布。教育的法律、法规也是如此。英国涉及老年教育的法律、法规很多，如《老年人教育权利论坛宣言》《老年教育宪章》《老年人教育工作手册》等，这些法律、法规形式，规定了英国老年教育的基本方向。

以社会服务法为例。英国最早开始参与社会服务起始于《济贫法》时代。1834年，英国通过了《济贫法修正案》，规定从1835年7月起，一律停止对济贫院外所有壮年男子的救济，受救济者必须是济贫院中的贫民。贫困院为贫困者提供大量的食物和工作，受救济的是没有经济来源的儿童、老年人和残疾人。二战结束后，英国开始建立各项社会保障制度，虽然还没有专门的《社会福利服务法》，但是在《国民卫生法》和《社会救助法》中，都对社会服务有所涉及。这样延续了一段时间。在当时，英国社会服务职能主要由内务部、卫生部、住房部、教育和科学部等共同行使，地方政府的社会服务机构也是各行其是，互不统属。1970年，英国通过地方当局社会服务法，规定地方当局必须建立独立的社会服务委员会，任命一名主任负责管理当地的社会服务。在新建立的社会服务部门中，专门设有社会工作专业服务组和培训研究机构，其职能已涉及老年教育。[1]

1 王莉莉，吴子攀．英国社会养老服务建设与管理的经验与借鉴．老龄科学研究，2014(7).

英国的法律,十分重视老年人的教育权利。如《老年人教育权利论坛宣言》《老年教育宪章》《老年人教育工作手册》等法律、法规中,对于老年人的教育权利都有明确的规定。并且,英国的老年教育不仅重视退休后老年人的教育权,还重视临退休前老年人,为这些人将来适应退休后的生活做准备,给予教育辅导。1983 年,英国政府颁布了《老年人教育权利论坛宣言》,不仅提出为即将退休的老人提供教育渠道与机会,还鼓励雇主、企业联盟、地方政府教育机构、劳工教育协会、大学推广中心、成人及继续教育部门,为老年人提供学习机会。[1] 此外,英国还特别强调弱势老年人的学习权利,要求为有家庭负担的老年人、独居老年人以及居住偏远的老年人提供教育机会,制定了适合老年人参加远程教育的具体办法。

与此同时,英国的教育政策也积极普及老年教育。在老年教育政策普及方面,中央政府要求地方政府及其他提供老年教育的机构制定具体实施方案,争取让老年人有更多的机会参与老年教育。1983 年颁布的《老年人教育权利论坛宣言》中,对于老年教育提出了具体建议,内容包括:①由地方政府开设高龄教育课程;②成人教育为高龄者开设适合他们学习的课程;③学校、成人中心、照护中心等各类学习场所,要提供适合高龄者的服务项目;④成人教育、健康、社会服务与志愿组织等社会机构,要相互协作,各个社区都能提供老年人学习机会,解决他们的交通问题;⑤采取多种形式,吸引高龄者参与老年教育,感受学习的价值。

为了让更多的老年人参与老年教育,英国政府还提出了老年教育经费补助与学费减免办法。英国政府强调,国家的教育经费必须在各年龄群体之间公平分配,以促进老年教育的健康发展。此外,他们还对老年人群的个体差异、心理需求与学习偏好进行研究,以开展有针对性的老年教育服务。总体而言,英国的老年教育政策比较适合老年人的学习需求和学习方式,有效地克服了老年人在学习过程中可能遇

1　娄峥嵘. 国外老年教育政策的分析与启示. 继续教育研究,2012(8).

到的一些困难，为老年教育的健康发展提供了良好的机制保障。

二、老年教育机构

英国的老年教育制度，可以分为普通成人教育和老年教育两类。普通成人教育，不受年龄限制，向所有成年人提供，老年人可以像普通成年人一样就读；而老年教育，则是专门针对老年人实施的教育，与普通成年教育不同。老年教育的提供机构，由高等教育机构、继续教育机构、地区教育局与志愿团体等组成。

1. 高等教育机构

英国高等教育的历史十分悠久，一直可以追溯至中世纪时期建立的牛津大学（创建于1167年）、剑桥大学（创建于1209年）。英国高等教育非常发达，在25万平方公里领土中，共有90多所大学、123所学院、50所高等教育学院。[1] 英国高等教育主要通过传统大学的全日制教学提供老年教育，由高等教育基金委员会划拨经费。与世界上许多国家一样，英国的高等教育也是以高中毕业的年轻人为主要对象，其入学制度、授课形式及教学内容基本上都是专为青年学生而设计，并不适合老年人特殊的社会和学习需要。不同之处是，英国高等教育十分重视并奉行机会均等原则，提倡每一个学生都公平享有接受教育的机会与权利。

20世纪中期以来，由于生育率降低，适龄学生人数减少，人口老龄化趋势的发展，以及终身教育理念的不断普及，英国许多大学开始面向成人群体包括老年人开放。英国大学参与老年教育、为老年人提供学习机会的方法主要有：①提供长期业余就读；②让老年学员以非注册学生身份旁听课程；③开办以老年学员为对象的非学历继续教育；④作为社区服务，为本地区的第三年龄大学提供支持。

不过，从实际情况来看，老年人就读高等教育课程的人数比例不

1 英国高等教育体系及学位制度. http://www.cscse.edu.cn/publish/portal0/tab118/info3683.htm.

高。情况较好的是开放大学。1969 年,为了向成人提供广泛的高等教育机会,英国成立了著名的开放大学[1]。开放大学的教育对象是 18 岁以上的任何成人,这便为老年人接受大学的完全教育提供了宝贵的机会。根据相关资料,开放大学里,每 5 个学生当中就有 1 人年龄是在 50 岁及以上的高龄学习者。[2] 老年学生的比例如此之高,是由于开放大学能够适应老年群体的特点,为他们提供便利的学习机会,如学生入学无任何先决条件或要求、课程也没有限定完成的时间、学生可随意选读任何喜爱的科目、课程可采用远程教学形式、学费低廉等。

2. 继续教育机构

英国的继续教育,属于其教育体系的重要组成部分。在英国,继续教育通常是指学生在 16 岁离校之后所接受的教育和培训。英国法律规定,学生年满 16 岁(相当于中学毕业)即可以离开学校,参加工作。但是,除了进入高等学校,仍有相当多的人会选择继续教育。英国各地共有 600 多所学院提供继续教育,大部分继续教育课程由政府负责制定。根据相关资料,大约 40% 的中学毕业生会选择进入公立继续教育学院或者私立继续教育学院学习。继续教育学院不仅招收中学毕业生,还面向社区提供教育及培训服务。

英国政府还制定了督学制度,以保证继续教育的教学质量。1992 年,英国颁布了《继续教育和高等教育法案》,对继续教育概念做了重新界定。自 2006 年起,英国教育标准办公室对继续教育学院、成人及社区学习机构等教育机构进行监督检查。督导工作以《继续教育和技能培训共同督导框架》为依据,其督导范围几乎包括整个 16 岁以上学习者的教育与训练活动。督导评估结果还发布质量报告,分为 4 个等级,分别为优秀、良好、满意与不足。除了这 4 个等级的评价,还有"总体效能等级",具体内容为:提高的能力;学习者的成效;教育机构的质

---

1 Open University of United Kingdom,又称空中大学、公开大学。

2 宋其辉. 英国老年教育研究. 比较教育研究,2008(5).

量;领导和管理。[1]

英国继续教育系统吸引了众多的成年学习者。不过,从《1992 年进修及高等教育法》颁布以来,英国继续教育系统的发展也受到一定的政策限制,继续教育拨款委员会的拨款资助对象,限制在第二附件课程①、正规课程和基本技巧课程。由于这一原因,英国继续教育机构也将其发展重点集中在能得到继续教育拨款委员会拨款的课程上。这些课程多以职业训练为主,更受在职学员的欢迎。[2] 受继续教育拨款委员会的拨款机制影响,这些机构开设的针对老年学员的课程日渐萎缩。

3. 地区教育局

英国全称是大不列颠与北爱尔兰联合王国,其领土由英格兰、苏格兰、威尔士、北爱尔兰 4 个部分及大伦敦地区组成。各个组成部分既有共同的政治经济制度与历史文化传统,又有着不同的区域特点。在教育体制方面,英格兰和威尔士、苏格兰、北爱尔兰属于 3 个不同的公共教育系统,它们各有自己的法律,行政管理也各具特色。

英国地区教育局在维持和提升老年人生活品质方面扮演着多重角色。除社会服务、房屋和交通等诸多方面外,教育也是社区支持老年人生活的一个极重要的方面。地区教育局保证为没有就读资格认证课程或其他职业训练课程的成人提供足够的教育进修机会,其中就包括为老年人提供教育。

英国地方教育当局提供的成人教育课程,主要通过以下途径为老年人学习提供方便:一是主要在老年人居住区域的某一固定地点(如图书馆、教堂)上课;二是课程范围主要是非资格认证性质的课程,包

---

① 第二附件课程指《1992 年进修及高等教育法》第二附件内包括的课程,这些课程多与职业训练或就业资格获得有关。

1 Ofsted. Common Inspection Framework 2012 Consultation Document. http://www.ofsted.gov.uk/resources/common-inspection-framework-2012.

2 宋其辉. 英国老年教育研究. 比较教育研究,2008(5).

括艺术工艺、工商管理、信息科技、个人创业、运动健身等，几乎所有课程都向老年学员开放；三是大多数地方教育当局准许老年学员退减学费，部分老年学员甚至可以全免学费。

地区教育局提供的成人教育由英国政府拨款。该笔拨款只属普通教育预算，并没有特别注明用作成人教育用途。除了非第二附件教育外，地区教育局同时提供继续教育基金委员会资助的正规课程，以及由社会资助、有特定目标的其他课程。这些正规课程可与主流教育体系中的进修及高等教育相衔接。地区教育局提供的课程吸引了大量的老年人就读。据英国教育就业部统计资料，1997—1998 年，就读地区教育局提供课程的人数为 106 万，其中老年人约占三分之二。[1]

4. 社会志愿团体

社会志愿团体为老年教育提供服务，主要由各类慈善组织承担。英国慈善组织的历史，可以追溯至 12—13 世纪。1601 年，英国女王伊丽莎白颁布了《慈善法》，规定了慈善组织的范畴以及慈善组织所具有的公益性、慈善性和民间性等原则，提出了政府支持慈善事业的法律框架。在英国，凡是在慈善委员会登记的公益性组织，都受《慈善法》约束，被称为慈善组织。目前，为老年人提供养老服务的慈善组织有关心老年人协会（Age Concern）、全国照顾老年人学会（The National Corporation for the Care of Old People，简称 NCCOP）、帮助老年人协会（Help the Age）等。除了慈善组织，还有一些非正式的服务提供者，总数达数百万，其中大部分是女性。

英国志愿团体主要通过以下途径为社会提供学习机会：一是让义工从经验中学习，并通过组织特别的活动，增强他们的价值观念；二是为义工、委员会成员和职工提供培训，教导他们如何领导和运作一个志愿团体；三是为会员提供正规或非正规的教育和培训课程。[2] 有许多不同的志愿团体提供教育和培训课程，部分团体还以提供教育和培

1 王旭．英国老年教育及其对我国的启示．教育研究，2007(5).

2 宋其辉．英国老年教育研究．比较教育研究，2008(5).

训为其主要目标。而在提供老年教育方面,最具代表性的志愿团体,则是以老年学员为服务对象的第三年龄大学。

三、第三年龄大学

第三年龄大学(University of the Third Age 简称,U3A/UTA)起源于法国。法国也是世界上最早进入老龄化社会的国家。世界上第一所第三年龄大学由法国学者皮埃尔·维拉斯(Pierre Vellas)教授于1973年在图卢兹大学创建。之所以称为"第三年龄大学"是基于这样一种年龄框架概念:它将人的一生划分为4个阶段:儿童及青少年期;职业及谋生期;退休期;依赖期。其中,"第三年龄",指的是退休期。由于第三年龄大学对老年人的价值进行了有益的尝试与探索,这种方式很快就被广泛地传播到其他国家。世界上建立第三年龄大学的国家,除法国外,还有比利时、瑞士、波兰、意大利、西班牙、美国以及加拿大的魁北克等地区。[1] 目前,世界范围内的"第三年龄大学"已普及到160多个国家和地区。

相对于欧洲一些国家而言,英国的第三年龄大学成立并不算早。1980年3月,皮特·拉斯莱特(Peter Laslett)撰写了一篇名为"英国之老年人教育"(The Education of the Elderly in Britain)的文章,对于英国第三年龄大学的创建有着深远的影响。同年,他与同事尼克·康尼(Nick Coni)前往法国,对老年人护理进行了深入的研究,回国后也再度强调第三年龄大学的理念。1981年,皮特·拉斯莱特草拟了一份剑桥第三年龄大学的章程,即"剑桥第三年龄大学:目标、原则与制度形成"(The University of the Third Age in Cambridge: Objects, Principles, and Institutional Form)。以该章程作为指导原则,在皮特·拉斯莱特和尼克·康尼努力下,当年成立了英国第一所第三年龄大学。英国第三年龄大学的创建对世界老年教育产生了重大影响。它是由老年人

---

1 Windell R, Thompson J. An International Perspective on The University of the Third. Education Gerontology, 1995.

自发成立、自行组织、自助分享的志愿者团体,是一种自主自助的教育形式。目前,英国各地共建有 500 多所第三年龄大学,老年学员多达 15 万人以上。[1]

1981 年皮特·拉斯莱特草拟的剑桥第三年龄大学章程,其中包括了 8 项目标、19 项原则,对于英国老年教育的发展产生了深远的影响。章程提到,第三年龄大学是由一群想要学习,并且有愿望去帮助别人学习的老年人组成。换言之,在这里教的人也同时被鼓励去学习,学的人也要求尽可能担任教的责任,有能力协助第三年龄大学的运作,而且学员仅需付少量的费用。该章程所说的 8 个目标如下:

(1)以现有宪法为前提,从长久来看,使大多数的英国社会大众尊重老年人。身为老年社会的一员,我们发现自己有义务跟所有的,包括发展中国家分享我们的经验,甚至跟全世界的人分享。

(2)使英国的老年人在晚年认识到他们智力上、文化上以及美学上等诸多方面的潜能,而且深知他们自己对社会的价值,并且摒除他们认为的因年龄增长而智能下降的错误观点。

(3)这些退休人员之间相互利用彼此的知识、经验来学习,继而在智力上、文化上以及美学上得到继续发展,从而轻松度过晚年生活。英国也能够提供为实现上述目标而设计的方案。

(4)设立这种机构的目的是教与学者之间没有明显的界线,在那里尽可能所有的活动皆采取自愿性。

(5)组织各种机构的用意在于学习的追求、技能的获得、兴趣的培养,对他们本身而言,没有资格限制,也没有个人的成就认证和奖励。

(6)动员更多老年人成为第三年龄大学学员,继而满足英国大多数老年人的教育需求,而并非是想要帮助那些想要从事大学研究的老年人。

(7)在一个老年社会的发展过程中,要担任起研究英国老年教育的地位以及方法的演进。

1　王旭. 英国老年教育及其对我国的启示. 教育研究,2007(5).

(8)在英国各个角落存在的类似于第三年龄大学机构,我们应该积极鼓励他们兴办,并且跟他们合作努力。[1]

为了推动第三年龄大学的发展,1982 年他们还成立了第三年龄信托基金。该信托基金为英国数百所第三年龄大学提供多种支持服务,包括法律顾问、资源中心、年会、暑期课程、主题内容网络和计算机培训等。信托基金的经费来源,主要是会员上缴的会费,会费数额按学生人数而定,上缴会费的标准是每个学生 2 英镑。该信托基金不接受联合政府或地区政府的资助,但是接受外界财政或非财政上的赞助,平时由规模较小的全国总办事处运作,由全国执行委员会负责监控;全国执行委员会由第三年龄大学会员于周年大会上选出。该委员会承担部分领导角色,如协助新的第三年龄大学成立、支持相关研究,并推动公众对第三年龄大学活动的认知。

英国第三年龄大学的课程设置较为灵活,基本可以满足不同学员的需要。只要老年学员对某一学习主题感兴趣,就可开设相应的课程。英国第三年龄大学比较有代表性的课程有:教育旅行、瑜伽、太极拳、肖像画、时事讨论、水彩画、诗歌欣赏、音乐欣赏、社会心理学、参观艺术馆、乡间步行、剧本阅读与欣赏、针线手艺、艺术史、电脑、游泳、投资论坛、法语、德语、西班牙语、幼婴护理、室内保龄球、桥牌、艺术、创造性写作、历史、口语、家庭、地方史、政治、社会学、生活史写作、文学、绘画与素描、哲学、戏剧、其他社会科学和自然科学课程。另外,还有一些娱乐休闲型课程,如保健、棋牌等。这些课程组成了国家课程网络体系,以提供信息交流。课程设置还考虑到不占用周末时间,以便给老年人充足的休闲时间,非常人性化。

在教育实践中,第三年龄大学还非常注重小组学习和分享型学习。老年学员基于共同的学习兴趣而形成一个个不同的学习小组,小组里所有的学员都是平等的、互助的。例如,某位老年学员在交流中谈到希腊历史,引起其他学员的兴趣或关注。于是,他便在不经意之

1 齐伟钧主编. 海外老年教育. 上海:同济大学出版社,2014:30.

间成了这个研讨希腊历史学习小组的“组长”。他可以向小组学员提出若干课题,学员们分头研究,并将研究结果提交给学习小组,最后轮流进行讲解,从而实现研究成果或心得体会的共同分享。实际上,无论是“组长”还是“组员”,他们都是生平第一次有这种共同研究与学习的经历,从而充分体验到学习带来的乐趣。

为了解决许多老年人行动不便、学习困难的问题,第三年龄大学还普遍开展远程教育,利用互联网等现代化手段,满足不同居住区域和不同文化层次老年人的学习需求。他们建立了“课程网络”,让有特色课程的学校向其他准备开设同类课程的学校提供经验和建议。他们在课程中提供网络搜索的提示,以方便学员在网络上查询更为详细的资料。他们还以区域为单位,组织“课程网络学习日”,为各大学如何开好某一项课程提供深入交流的平台。又如威尔斯第三年龄大学可以通过电子邮件解答学员提出的问题;东阿伦第三年龄大学也拥有自己的网站,向学员提供学习小组活动,活动内容十分广泛。通过利用网站,吸引了越来越多的老年人参与到学习中来。

总体而言,英国第三年龄大学是一个自主的自助组织,每项活动均由学员自己计划和进行,其课程也是非正规的自助学习,鼓励具备专业知识或技能的学员与其他学员分享知识。英国每所第三年龄大学的课程种类和数量各不相同,根据其具体情况而定,每个地区的第三年龄大学行政管理和研习小组活动也是由义工负责。因此,第三年龄大学都没有学历要求,也不给学员颁发学历证书。

英国第三年龄大学的成功经验,为世界上许多国家和地区所效仿。

第二节 美国的老年教育

美国作为世界上最发达的国家之一,进入老龄化社会已经有半个多世纪。1950 年,美国 65 岁及以上人口总数就达 1227 万,占总人口的8.1%，已经进入老龄社会。2010年，美国65岁及以上人口总数更是达到创纪录的4026万，占人口总数的13%。[1] 由于老年人口的持续增加，美国的人口老龄化趋势日趋严重。与这一社会发展态势相适应，老年教育也开始受到重视，并被作为成人教育的重要组成部分。

美国的老年教育一直走在世界前列。第二次世界大战以后，随着老年人口的急速增长，美国政府逐渐加快了老年教育的发展步伐，颁布了许多法令、政策，采取了一系列措施，促进老年教育的广泛开展，其发展经验为世界上许多国家和地区所效仿。

一、老年教育立法

美国的老年教育立法，经历了一个由草创到成熟、完善的过程。虽然没有一部专门的老年教育法，但是，以保障老年人的学习权利为立法目的的多部法律，对于美国老年教育的发展提供了有力的保障。

1. 立法历程

美国老年教育的相关法律、法规，追溯其历史渊源，从草创到逐步完善，大致经历了4个时期：

一是草创期(18世纪前期至19世纪)。17世纪初，美国成人教育开始出现，当时主要是师徒制，教授一些职业技能。1727年富兰克林(Benjamin Franklin)创办的容托(Junta)，对美国成人教育的发展影响深远。起初，美国的老年教育寓于成人教育之中。1870年，美国历史上第一所高龄者俱乐部在波士顿成立；1874年，肖托夸(Chautauqua)运动产生。这是19世纪70年代至20世纪20年代在美国非常流行的成人教育运动，它寓宗教教育、热门话题演讲与休闲娱乐为一体，主要在农业地区，为社区提供娱乐与文化教育，成员包括演说家、教师、音乐家、艺人、牧师和其他各方面专家。

---

1 Werner C A. The Older Population: 2010, Current Population Reports, Special Studies, C2010BR-09, U.S. Government Printing Office. Washington DC: U.S. Census Bureau, 2011.

二是发展期(20 世纪早期至 1969 年)。这一时期,美国先后出台了多部成人教育与职业教育法律、法规,不少与老年教育相关。其中,1917 年颁布的《史密斯—休士法案》规定联邦和州可支持夜校教学,开启了美国政府介入成人教育的历史,老年教育也真正进入发展时期:1943 年,纽约成立了第一所高龄中心;1949 年,美国教育委员会成人教育部成立老龄教育委员会;1951 年,美国成人教育协会成立,老龄教育委员会归其管理,[1] 出版了探讨老年教育方案的专著——《老年教育手册》;50 年代中期,佛罗里达州开设了第一个专为老年人设计的课程;60 年代中期,美国成立了退休人员协会,老年教育政策法规相继出台。

三是蓬勃发展期(1970—1990 年)。这一时期,有大批研究和发展老年教育的机构和团体活跃在美国老年教育领域,如“美国退休学会”“社区学院开设的老年课程”“美国高等教育老年人学会”“老年人寄宿所”“世代合作组织”“代际学习中心”等。以 1970 年肯塔基大学向老年人提供免费课程为开端,许多大学开设了适合老年人学习的免费课程,到 1993 年,有 11 个州还制订了相关的政策。在老年教育立法方面,先后颁布了《国内志愿服务法》(1973)、《综合就业训练法》(1975)、《禁止歧视老人法案》(1975)、《终身教育法》(1976)、《就业年龄歧视法案》(1978)、《职业培训综合法案》(1982)等法律。

四是稳步发展期(1991 年以后)。这一时期,美国老年教育发展较为迅速,成立了“老年资讯服务中心”“高龄者网站”“老年人寄宿所学会网络”“创造性退休中心”等全国性的老年服务机构。与此同时,各州政府也出台了一些成人教育政策,与老年教育相关的,多要求州立高等教育机构为就读的老年人减免学费,或取消和削减老年人的教育费用。进入 21 世纪以来,美国推行国家老龄政策,修订了《老年人法》,关注生活在社区的老人,提升全民关心老人的公共意识。

1　韩树杰. 美国老年教育的成功经验及其启示. 湖北大学成人教育学院学报, 2006(2).

2. 立法内容

美国没有专门的老年教育法律，相关内容主要在教育立法、老年人立法及其他法案中。

美国教育立法中老年教育的内容，主要反映在《职业教育法》(1963 年)、《高等教育法案》(1965 年)、《成人教育法》(1966 年)、《终身教育法》(1976 年)这四部法律中。其中 1965 年颁布的《高等教育法》共有八编，其立法宗旨是：“为了强化我们的学院和大学的教学条件，并对接受高等教育的贫困学生提供了经济资助。”[1] 关于老年教育的规定有：在教育内部建立管理老年教育的机构，帮助老年人就读大专院校；各州政府及地方政府鼓励学校和非营利组织办理适宜老年人的各项文化、培训与休闲教育等活动；开设老年人衰老与健康、就业与退休调适的相关课程；各州政府预算为部分老年人提供全额或部分减免费课程，并给予一定的优惠。

美国一些老年人立法中，也涉及老年教育的立法内容，主要体现在《老年人法》(1965 年)、《禁止歧视老人法》(1975 年)中。1965 年颁布的《老年人法》提出了基于年龄为标准的联邦补助金项目，启动了许多老年人项目，包括营养教育、送餐、交通、地区项目发展、法律帮助和研究以及老年教育。1975 年颁布的《禁止歧视老人法》，明确支持老年人参与各种教育培训活动，凡由政府部门出资办理的各项学习训练活动和社会福利活动，必须保障 65 岁以上的老年人留出一定比例的名额。[2]

此外，还有一些法律，如《国内志愿服务法》(1973)、《综合就业训练法》(1975)、《就业年龄歧视法案》(1978)、《职业培训综合法案》(1982)等，也都涉及老年教育的相关规定。总之，美国老年教育立法方面可以说是有一套较为完备的法律体系做支撑，从而有力地保障了老年教育的健康发展。

1　殷超．试析 1965 年的美国《高等教育法》．沧桑，2012(3)．

2　李志宏．美国老年人立法考察报告．http://www.shrca.org.cn/3194.html.

3. 立法特色

美国老年教育的相关立法,有一些特点值得关注:一是注重保障老年人的学习权利;二是以成人学习者(包括老年人)为中心,尊重学习者的多样性、主体性、平等性;三是学习内容的生活化和学习形式的多样化;四是地方分权的教育管理体制,即以州为主体,州、地方、联邦共同负责的管理体制;五是老年教育实施机构的多元化,既有各类学校,又有负责老年活动的非营利性机构,还有一些负责老年教育的营利性机构;六是多渠道的资金来源,无论是联邦还是各州的老年教育立法,由中央政府、地方政府、社会各界与个人共同筹措老年教育资金;七是具有完备的师资培养制度,可以满足了老年教育的不同教学需求。

二、老年教育机构

美国的老年教育具有悠久的历史,其教育机构可以分为三类:政府举办的老年教育、高等院校提供的老年教育和社区提供的老年教育。

1. 政府提供的老年教育

美国老年教育之所以发展良好,与政府部门的大力支持是分不开的。美国政府对于老年教育的支持,主要通过以下途径:

一是成立老年教育组织。1949 年,美国全国教育联合会成人教育部成立了第一个全国性的老年教育组织——老化教育委员会。1951 年,美国成立了成人教育协会,并将老化教育委员会纳入其中。此后,各种各样的老年教育组织相继成立,美国老年教育因此而迅速发展。

二是制定政策。1965 年,美国联邦政府出台《联邦的老人教育政策》,规定从 1961 年以后,每隔 10 年召开一次美国白宫老龄会议,为老年教育提供公共政策。2000 年,美国联邦政府又出台《国家老化政策》,并提交了一个名为《美国社区发展:一个有愿景的未来》的报告。2004 年,又成立了全国各州老化联盟,主要职能是重视被遗弃的老人,并为老人提供需要的帮助。

三是颁布法令。美国政府在老年教育方面还颁布了许多相关法案。据不完全统计,1960年以后,美国对待老年教育问题颁布的法案高达20多种,可以说是世界之最。通过各种法令,确保老年教育权益受到保障。

2. 高等院校提供的老年教育

美国高等院校从19世纪后期起就开始为老年人提供一些课程,到1967年,全国共有一千多所4年制高等院校为老年人提供教育活动。美国高等院校从事老年教育形式多样,不拘一格。大体说来,有以下方式:

一是推广或继续教育。这种形式较少根据老年人的知识结构、知识水平进行课程调整,所提供课程与在校学生一样,多为专业性课程,也不是专为老年人提供,提供组织机构也较为懒散。

二是由退休学习协会利用高等院校资源进行老年教育。美国退休学习协会成立于1962年,参加人员主要以退休者为主,1972年更名为终身学习学会。由退休学习协会开展的老年教育,其运作完全依赖高等院校,由高等院校提供相当于大学水平的课程。在具体运作上,又可区分为两类:①机构取向的退休学习协会,其课程的设计与组织的运行由高等院校继续教育部门负责。学期开始时,高等院校组织人员先去了解老年人的需求,然后再决定开设什么课程,教学主要采取专题讲座与学员讨论相结合的方法。学员结束所学课程后,方可离校。这类教学形式参加者较少。②成员取向的退休学习协会,其独立性较强。由于这类协会多是按照创建者起初的计划书与热忱所成立,并随着学员的兴趣和要求而发展,协会的事情都由学员自己规划、执行与评价,参加这类协会的成员较多,他们也能发展自己的社交网络。

三是老年人暑期学校。老年人暑期学校创建于1985年,主要是为老年人提供满足心中体验大学生活的愿望。其课程时间,一般是夏季2—6周,秋季、冬季3天至一周不等。开设的课程主要有艺术欣赏、音乐欣赏、文学、当今潮流、政治等,由大学教师主讲,每节课1小时,有时也会根据教学内容有所变动。

3. 社区提供的老年教育

美国社区提供的老年教育形式多样,且各具特色。其中,社区学院、老年人中心和一些民间机构值得一提。

美国很多社区都有自己的社区学院,并提供老年教育服务。社区学院由于经费比较充裕,有条件聘请专业人员来为老年人设计课程,能够满足他们的学习需求。美国中央政府对于全国社区学院没有统一的要求和管理,由州及地方领导负责,其教育内容和形式颇具地方特色。社区学院多为两年制,课程主要有退休指导教育、高中教育、职业培训、老年人基础教育和继续性的专业教育等。社区学院的教学方式也较为灵活。

美国的老年人中心也提供富有特色的老年教育。美国第一所老年人中心成立于 1943 年,名为威廉赫逊社区中心。这是一种专为老年人提供服务与活动的多功能场所,由政府提供经费建立,其服务内容主要有:教育活动、就业指导、健康知识、交通协助、送餐与营养教育、社会志愿工作服务等。2003 年,美国已超过 20 000 多个老年人中心。[1]

除社区学院和老年人中心外,还有一些民间机构进行老年教育活动,其开展教育的场所多是借助社区图书馆、博物馆等。随着互联网的普及,远程教育方式也经常采用,教学方式的创新层出不穷。

三、老年教育特点

美国老年教育自创办以来,经过不断的发展、完善,形成了良好的教育体系,课程安排十分丰富,教育形式灵活多样,在老年教育领域可以说独具特色。概括起来,美国老年教育主要有以下特点。

1. 有力的法制、政策保障

面对人口老龄化所带来的诸多挑战,美国立法机构和政府部门出台了一系列法律法规和政策措施,为老年教育的开展提供有力的法制

1　黄福顺主编. 高龄学习. 台北:五南图书出版有限公司,2004:25.

和政策支持。从法律层面来说，主要有《美国老年人法》《老年人权益保障法》《美国老年人福利法》《老年人教育法》《美国老年人就业促进法》《禁止歧视老人法》等。此外，美国联邦政府和各州政府还为老年人参加教育活动提供诸多的政策便利。

2. 多元化的教育机构

美国老年教育机构众多。美国老年教育中心由地方政府统一管理，联邦政府给予一定的帮助，如在资金和设备上，用于支持除社会公共服务、低收费或免费餐饮服务以外的所有文娱教育活动。一些地方还允许高龄老人免费选修大学日常课程。与此同时，高校、企业、劳工组织、银行、教堂、博物馆、医院以及娱乐中心等也都向老年人提供各种优惠条件。

3. 丰富多彩的课程设置

美国老年教育课程丰富多彩，充分考虑到老年人的实际需求。如对面临退休职工的教育，一般在职工临退休前三五年进行，退休前一年半再进行生活设计，其课程内容涉及经济、法律、社会保障、保险、生活习惯、兴趣及将来行动等方面。美国老年教育还非常重视老年人力资源的开发，有20%左右的退休人才继续从事各种有偿性的社会服务。此外，美国老年教育还重视死亡教育，包括死亡的本质及意义，对死亡及濒死的态度、处理与调适，使老年人能平静地面对由身体机能减退、年老病痛所带来的困境。

4. 灵活多样的教育模式

美国老年教育在教育模式上可以说不拘一格，灵活多样，且具有针对性。具体说来，主要表现在两个方面：一是既有正规教育，又有非正规教育。大学、学院以及社区学院允许老年人进修或旁听大学课程，属于正规教育形式。非正规教育形式，如老年活动中心以大学为依托举办的暑假老年人进修班，社区为老年教育学校为老年人提供的学习班级、短期课程，以及各类以学习，休闲娱乐为主的运动健身项目，等等。二是教学方法相对独立，各具特色。老年人自主选择教育活动，有助于培养他们的独立思考能力。值得一提的是，美国老年游学营作为旅游教学的一种形式，颇具特色。在老年游学营，老年人可以边旅游，边学习，在旅游中学习知识、增长见闻、结交朋友。

总之，美国由于法制健全、政策重视、社会广泛参与，已成为世界上老年教育最发达的国家之一，其成功的经验值得我们借鉴。

第三节　日本的老年教育

根据1956年联合国经济和社会理事会委托法国人口学家皮撤(B. Pichat)撰写了《人口老龄化及其经济社会后果》一书，其中提出："65岁以上老年人口所占比例达7%—14%以上的国家为老龄化社会，而这一比率达到14%的国家则认为进入了老龄社会。"此书的出版，也标志着社会老年学的诞生。1970年，日本65岁以上老年人比例达到了7.07%，表明其已步入老龄化社会；1996年，日本老年人口比率达到14%，正式成为老龄社会。2012年10月1日，日本老年人口比率已达到24.1%，几乎每4人中就有1名老人。预计到2015年，日本65岁以上的老人比率将达到26%，到21世纪中叶将达到40%左右，即每2.5人中就有1位老人。另外，根据世界卫生组织公布的卫生保健资料，日本已连续20余年是世界上最长寿的国家，其男性和女性平均寿命分别为79岁、86岁。[1]

人口的老龄化，势必会给日本社会的健康发展带来诸多困境。老年人口在吃、住、行等日常生活，以及医疗、教育、娱乐等方面的特殊性和弱势性，要求政府、社会予以关注，并提出相应的对策。为此，日本立法与政府部门制定了多部法律，采取了多种措施，在社会各界广泛参与下，形成了较为完备的老年教育体系，其成功经验值得世界各国借鉴。

1　日本人平均寿命连续20年居全球第一．http://japan.xinhuanet.com/jpnews/2013-05/17/c_132388734.html.

一、立法与政策保障

进入老龄化社会以来，日本立法与政府部门出台了一系列关于老年人福利、权益保障的法律和政策措施，并多次予以修正。

1. 有关老年人的法律

早在 1963 年，日本就制定了《老年人福利法》。该法规定，老年人福利的基本理念是尊敬老人、促进老年人的自觉和确保老年人参与社会的机会。老年人福利设施，包括了老年人福利设施工作所、老人休息之家、老年人俱乐部等。从 20 世纪 80 年代起，日本先后出台了多部法律、法规，积极应对老龄化社会的到来，主要有《老人保健法》（1983 出台，1985 年生效）、《年金修改法》《长寿社会对策大纲》（1986）、《实现老龄福利社会措施的原则和目标》（1988）、"高年龄者保健福利十年战略"（1989），等等。1992 年，根据修改后的《老人保健法》，日本政府又制定了"老年人家访看护"制度。这些法律的颁布实施，标志着日本老年保障体系已基本形成。

值得一提的是，日本关于老年人的法律，特别重视老年人的就业、人力资源的利用。如 1986 年颁布的《长寿社会对策大纲》强调，为了充分发挥人们一生中形成的各种能力和创造性，提倡老年人就业和参加各种社会活动，并在高龄者学习与社会参与体系中提出了需要完善终身教育体制的意见。2001 年日本政府内阁批准的《老龄社会白皮书》提出，为了缓解未来社会保障开支的增加，建议为老年人自立创造条件，以便扩大老年人的就业机会。

日本老年人权益的法律保障，还与日本退休制度相关联。1971 年颁布的《老年人就业稳定法》可以说是日本老年人就业的中心法，旨在保护老年人的就业。1986 年该法经过修正，将退休年龄从 55 岁延长至 60 岁，并把"企业在设定退休年龄时，不得低于 60 岁"定为企业的雇佣义务。2006 年，厚生省又将退休金的支给年龄提升至 65 岁。由于从 60 岁退休至退休金支给之间产生了 5 年的空白期，企业的雇佣义务又被改为"要保证员工的就业机会到 65 岁为止"。2013 年 4 月，这一法律又进行修改，将企业的雇佣义务定为“有意愿工作到65岁的员工，该员工到65岁为止的就业机会一定要得到保证”。[1]

2. 老年教育政策

日本政府一直重视老年教育，制定了多项政策，推动老年教育实践。1959年，日本鹿岛县社会福利协会创办了第一所老年大学。1965年以来，文教部要求各都道府县都开办“老人学校”，遍及城市与乡镇。1971年，日本社会教育审议会提出，要将老年期的教育作为终身教育的重要一环，在社会教育中加以强化。20世纪90年代，日本政府在制定老年教育政策的同时，更侧重于老年人力资源的开发，如《高龄者能力开发情报中心运营事业》（1991）、《为了促进高龄者的生存意义的就业支援事业》（1999）等。1993年，日本各级政府开始对“长寿学园事业”予以补助，并把老年教育正式纳入政府事物管辖范围。日本高龄人口数量庞大，是日本老年教育重视老年人力资源开发的内在原因。

日本政府推行老年教育政策，与“终身教育”理念的普及密切相关。最早将“终身教育”引入日本的是波多野完治。1967年，他发表了被认为是日本第一篇有关终身教育理论的文章——《社会教育的新方向》。[2] 1971年，日本社会教育审议会提出了《社会教育如何适应社会结构急剧变化》的咨询报告，以政府文件的形式提出了“终身教育”概念，1981年其咨询报告首次采用“终身学习”表述。1988年，日本文部省把社会教育局改为终身教育局，开设了终身学习振兴课与专修学校振兴室，发表了《我国的文教政策——终身学习的新发展》白皮书，明确指出教育改革的基本任务是建立终身学习社会。1996年6月，日本文部省发表了《我国的文教政策——终身学习社会的课题与展望——多样化和高度化的发展》，这一白皮书再次将终身学习作为其

1　宋强，祁岩．日本老年人力资源开发实践及启示．中国人力资源开发，2013（19）．

2　持田荣一等著；龚同等译．终身教育大全．北京：中国妇女出版社，1987：81.

政策的中心内容。

日本老年教育政策还与其福祉教育政策，以至其福祉政策的终极目标——保障老年人生活“老有所依，老有所学，老有所养，老有所乐”密切相关。日本所谓“福祉”的意义一是幸福，依靠公共援助、服务，达到生活上的安定和富足；二是通过公共关怀，社会成员平等相处的生活环境。日本老年人福祉政策起源于1961年实施的《国民年金法》，确立了养老金政策，使老年人退休后有了基本生活保障。1963年，日本政府又制定并实施了《老人福祉法》，把老人福祉从社会福祉中独立出来，开启了日本老人福祉的法制化道路，并将每年的9月15日定为日本的“敬老日”。此后，日本老年福祉政策不断得到完善。

老年教育是福祉政策的延伸。日本的福祉教育，大体可分为一般福祉教育与专业福祉教育两类。一般福祉教育，以培养人们的福祉素养为目标，认为福祉素养和爱心应作为人们的基本修养，其做法包括教导年轻人爱护老年人，到老年之家进行志愿服务等。日本《高中学校学习指导要领》之福祉篇，内容包括老年人福祉制度、老年人福祉援助技术、社会福祉实习、福祉信息处理等。在专业福祉教育方面，日本政府于1987年颁布了《社会福祉士及介护福祉士法》，2007年又颁布了《社会福祉士及介护福祉士法改正》，对专业福祉人才的培养进行了规范，旨在促进社会福祉服务的多样化与专业化。福祉教育政策的实施，为日本老年福祉事业培养了一大批专业人才。

二、老年教育机构

日本老年教育最早是由一些民间的社会团体组织和提供。日本每个地区都有董事会，属于民间机构。这些董事会是老龄教育的发起者和创办者，它们为老龄人提供了各种学习和娱乐的机会，开设各类学校和学习课程。[1] 20世纪70年代以来，随着日本政府开始介入并

1 楚良勋．日本老年教育特点及其对我国老年教育的启示．继续教育，2006(4).

资助老年教育，主办高龄者大学、老年学院、老年体育大学、老年福利大学、长寿大学等，日本老年教育得到迅速发展。目前，日本老年教育机构主要有四类，分别由福利行政部门、教育行政部门、高等教育机构和民间组织主办。

1. 福利行政部门

福利行政部门实行的老年教育，主要由厚生劳动省主导。早在20世纪70年代，随着日本老龄化社会的来临，厚生省就出台了大量以高龄者为对象的福祉政策。1973年还被称作日本的“福祉元年”。此后，厚生省又制定了《高龄者保健福祉推进十年战略》，积极为老年人提供发挥其经验和能力的学习与社会环境。2001年，厚生省与劳动省合并，成立厚生劳动省，成为日本负责医疗卫生和社会保障的主要部门。厚生劳动省设有11个局、7个部门，负责国民健康、医疗保险、医疗服务提供、药品和食品安全、社会保险和社会保障、劳动就业、弱势群体社会救助等。因此，由厚生劳动省提供的老年教育有明显的福祉性质。

日本厚生劳动省提供的老年教育实施机构主要有：

（1）乐生学园。1954年由小林文成在长野县伊那市公民馆开设，这也是日本老年大学的雏形。乐生学园的教师都是高龄老人，也是著名的文化人、学者、记者等。其学习目标为：通过学习，使老年人成为与年轻人可以沟通的人；在家庭中，成为开朗、受人爱戴的老人；同时，老人能自觉地具备对家庭、对社会有益的人。为了保持健康，他们学习与老年病相关的知识，研究老年人的心理；研究历史上老年人的生活；学习先进国家的社会保障，为推进老年福祉政策而努力；为了适应现代社会，促进老年人不断学习，祈愿老年人健康幸福。

（2）老年俱乐部。老年俱乐部的成立比乐生学园稍早，它是1951年在社会福祉协会指导下由高龄老年人自发创立，以娱乐、学习、运动、做义工等为主要内容，其成员原则上为60岁以上的老人。1962年，成立了全国老年俱乐部联合会。1963年，日本《老人福祉法》规定：“明确老年俱乐部作为老人福祉的实施机构，成为财政援助的对象。”只要满足一定条件,都可以从政府老年俱乐部助成项目获得经费资助。受此影响,老年俱乐部在各地纷纷成立,原有的一些敬老会等地方组织也开始改为老年俱乐部。随着日本社会老龄化的进一步发展,老年人的人力资源开发得到重视,老年俱乐部的功能也发生了变化,开始重视发挥老年人的经验和知识优势,提倡老年人参与社区志愿者活动和各种创造性的活动。目前,日本老年俱乐部的数量十分庞大,会员达数百万。

(3)老年大学。1959 年,日本第一所真正意义上的老年大学由鹿岛县社会福利协会创办。日本的老年大学,根据所属的行政机构,可以分为福祉行政系列和教育行政系列两类;从面向学员对象的区域来说,又可分为广域型和地域密集型两类。福祉行政系列的老年大学由各地方自治体福祉科负责,由社会福祉协议会管理;教育行政系列的老年大学由各地方自治体教育委员会管理。但是,从讲座内容和对高龄者的定义看,两者没有多大差别。1986 年由名古屋社会福祉协会开办的名古屋老年大学,始建于名古屋教育馆内,现已迁至老年大学专用校舍,其教育宗旨为“构建高龄者的人生价值,培育社区活动的核心人才”。该大学通过“教养讲座”“专业讲座”和举办各种活动等,为老年人提供了学习、娱乐和参与社会活动的机会。

(4)银色人才中心。银色人才中心的前身,是 1975 年创办于东京都江户川区的高龄者事业团。1980 年,日本劳动省为了给有工作意愿的高龄者提供当地临时性的、短期的工作,设立了这一机构,其成员原则上为退休人员,实行会员制。银色人才中心原则上设在全国的市町村,是支撑国家和地方公共团体高龄化社会对策的重要组织之一。该中心除了提供相关的工作信息,还通过组织志愿者活动,为各种高龄者提供参与社会活动的机会,鼓励他们为社会做出贡献。1986 年,根据《高龄者雇佣安定法》,银色人才中心成为合法的公益法人。目前,日本约有银色人才中心 1300 家。

2. 教育行政部门

日本教育行政部门介入老年教育,是在 20 世纪 60 年代中期。

1965年,联合国教科文组织提出了生涯教育的理念,日本文部省开始将这一理念引入其教育政策,要求各道府县选择具有体表性的城市和乡村陆续开办"高龄者学校"(老年学校),并提出了相应的资助政策,有意识地与福祉行政部门管辖的以娱乐休闲为主的老年俱乐部相区别。1971年召开的日本社会教育审议会强调应把老年期的教育作为终身教育的重要一环,在社会教育领域中加以强化,并开展有针对性的老年教育。20世纪70年代,日本文部省在对一些地区老年社会教育调查研究的基础上,提出了老年教育工作改进意见,同时"高龄者教室"开始出现。1978年,对于促进高龄者发挥其知识技能、提供志愿者活动机会的"高龄者人才活用事业"给予资助。1986年6月,日本内阁会议发布了《长寿社会对策大纲》,以建设丰富多彩充满活力的长寿社会为目标,提出要完善终身教育体制,促进高龄者参与社会活动。1996年7月,日本政府又颁布了《高龄社会对策大纲》,此后又多次加以修改,其主旨是"为充分发挥高龄者的意愿和能力扫除障碍",强调建设终身学习社区,促进高龄者参与社会活动。目前,由日本教育行政部门提供的老年教育实施机构,主要是长寿学院、高龄者教室和公民馆等。

3. 高等教育机构

随着终身教育概念的普及与人口老龄化程度的加深,日本高等院校也纷纷为老年人提供受教育的机会。高龄者到高等院校接受教育的途径主要有公开讲座、放送大学、旁听、科目选修、函授教育等。公开讲座是高等院校利用其人力、物力资源,为一般民众提供讲座的学习机会。公开讲座大致可分为两类:一是举办研讨会和演讲等短期性课程;二是举办半年到一年的连续性课程,深入学习一个专题。高等院校提供的公开讲座是高等教育机构提供社会服务的一种形式,收取学费一般不高,许多私立大学不收学费。讲座的内容,有语言教学、文化艺术、日常生活技能等。公开讲座的名称有多种,如"开放大学""开放中心"等。其中早稻田大学的"开放中心"还引入了独立的学分制度。

日本的放送大学是基于电视、广播和网络技术开展学习的远距离函授教育，是文部科学省、总务省设立的正规大学，始建于1983年。1985年4月，正式录取了首批本科生，目前设有学士和硕士课程。设立放送大学的目的，是为成人提供广泛的高等教育机会。放送大学的学生年龄，从十几岁到90多岁都有，因而不完全是老年教育机构。根据相关资料，放送大学的学生中，年龄在50以上的约占学生人数的41%。[1] 放送大学的教学方式有二：一是通讯教学，学员通过全国免费播放的课程自己学习；二是面授教学，学员到设在各地的学习中心学习，由老师亲自授课。放送大学的特点是较为灵活，不论何时、何地、何人，均可参加学习，因而颇受欢迎，缺点是一些高龄老人去参加面授教学有点困难。

4. 民间机构组织

日本民间机构提供的老年教育，可以老人寄宿所为代表。老人寄宿所是世界上最大的高龄者教育旅游的非营利组织，主要开展将旅行与学习相融合的生涯学习活动。这一教育形式1975年由美国人马丁·诺顿（Knowlton M.）与毕安可（Bianco D.）共同策划创办。他们以60岁以上的高龄者为对象，利用暑假期间空出的学生宿舍为参加者提供住宿，同时创造各种各样的学习机会。1981年，美国老人寄宿所开发举办海外项目。日本的老人寄宿所，起初就是作为美国老人寄宿所的海外项目协作团体成立的。1986年，在大阪成立了“老年人国际交流协会”，1988年更名为“老人寄宿所协会”。2000年，该协会正式以非营利组织法人的身份，致力于以高龄者为对象的生涯学习事业。日本老人寄宿所的活动内容非常多样，除了举办各种讲座、发行会刊，还组织高龄者参加运动、野外生活、与晚辈进行代际交流等，以满足他们多样化的需求。老人寄宿所的缺点，是学费比较昂贵，有时其参与者仅限于社会地位较高的高龄者。由民间机构提供的老年教育还有老年人网站俱乐部，使高龄者可以通过网络“空中学习”。

---

1 黄富顺主编. 各国高龄教育. 台北：五南图书出版股份有限公司，2007：127.

三、老年教育特点

日本是世界上老年教育开展较早、比较发达的国家之一。其老年教育特点主要有:

1. 教育机会均等

日本老年人享有与其他社会成员一样的教育权利,这是由一系列法律所保障的。日本宪法第二十六条规定:"全体国民,按照法律规定,都有受教育的权利。"这是日本老年人教育权利最根本的法律保障。为了确保老年人真正享有终身教育的权利,日本政府数十年来采取了多项措施,以推进老年教育事业的发展。由政府举办的老年教育,是其老年教育的重要力量。尤其是随着终身教育理念的普及,各地老年教育机构的大量涌现,老年教育已纳入日本政府的正式管辖范围。2005 年文部省发布的教育白皮书,强调为应对急速发展的老龄化问题,为建造一个有活力的老年社会,要为老年人提供学习机会等。这些政策与措施的颁布实施,为老年人平等参与学习提供了机会。

2. 教育机构多样

正如前文所述,日本老年教育主要由社会福祉与社会教育两大系统组成。从具体办学形式看,则可以分为四种类型:①由福祉行政部门提供的乐生学园、老年俱乐部、老年大学、银色人才中心等;②由教育行政部门提供的长寿学院、高龄者教室、公民馆等;③由高等教育机构主办的公开讲座、放送大学、旁听、学科选修、函授教育等;④由民间机构主办的老年人寄宿所、老年人网站俱乐部等。日本老年教育机构办学形式多样,极大地满足了老年人的学习需求,体现了终身教育提倡的"教育不应该只局限于正规学校"的教育理念。

3. 课程丰富多彩

日本老年教育课程设置十分丰富。据统计,日本各地教育董事会及民政厅开设的老年教育课程中,有 60% 为通用课,15% 为体育和娱乐课,90%为公民和社会生活课,8%为家庭生活课。[1] 又如市民学院开设的课程,第一、二年主要是一般教养课程,即“约会课程”;第三、四年学习“专门课程”,分为“温暖福利课”“乡土史课”“趣味信息课”和“舒适健康课”。多样化的课程,满足了老年人不同的教育需求和学习兴趣。另外,其授课方式也多种多样。除一般的课堂教学外,还采用实地考察、研讨会等多种辅助方式,注重学习的主体性。

4. 鼓励老人再就业

日本老年教育注重唤起老年人的自立性、主体性及自我实现精神,并为老年人提供多种形式的社会参与活动。为了让老年人找回社会责任感、积极地参与社会活动,日本政府在推动高龄者职业发展方面可以说是不遗余力。1978 年,文部省就推动地方政府实施“高龄人才开发事业”;1994 年修订的《高龄者雇用安全法》,主张改善高龄者的就业环境,推动继续雇用高龄者,建立 65 岁退休制度,并对已经退休的高龄者再就业进行技能训练。同时,日本政府还对试用、录用老年人的企业给予支持和帮助,发放“继续雇佣奖金”。对于雇佣老年职工的雇主,政府除了给予补贴,还额外发放贷款。日本企业界也积极利用国家的各种政策,促进老年人的再就业。

第四节　海外老年教育经验漫谈

根据国家卫生和计划生育委员会最新通报,目前我国 60 岁以上的老年人数将占总人数的 15.5%,老年人口总量已达到 2.12 亿。[2] 人口的快速老化将会带来一系列社会问题,并可能对社会良性发展机制

1　楚良勋. 日本老年教育特点及其对我国老年教育的启示. 继续教育研究,2006(4).

2　卫计委. 我国 145 万人提出再育申请　老年人口达 2.12 亿. http://news.163.com/15/0710/10/AU5IBTOP00014AED.html.

带来损害。因此,通过教育来帮助老年人成功完成社会角色的转变,满足其精神需求,合理开发和利用老年人力资源,是一个具有重大战略意义、十分紧迫的任务。

自 1983 年 10 月山东老年大学创办以来,我国老年教育事业取得了长足的发展,《2010 年度中国老龄事业发展统计公报》显示,全国各类老年大学、老年学校已有 49 289 所,在校人数近 587 万;各级老年人协会达 401 100 个,参加人数 4389 万人;其他各类老年社团组织有 37 193个,参加人数 456 万人。[1] 30 多年来,随着老年教育实践的蓬勃开展,老年教育研究也发展迅速。但是,总体而言,目前我国老年教育体系尚不完备,还有许多工作有待开拓、完善。今天,我们考察与研究海外老年教育,就是为了借鉴海外老年教育发展的成功经验,为制定适合我国国情的老年教育发展方针政策服务。我们认为,海外老年教育对我国老年教育事业发展的启示主要有以下几个方面:

1. 认清国情

我国人口老龄化程度仍在加深,老年人无论从占总人口的比率还是绝对人数看,其数量都相当庞大。同时,我们也应看到,许多老年人现在仍在以他们丰富的知识、经验和技能,积极参加社会活动,实现他们自身的价值。同时,也有必要为老年人创造更好的条件,让他们安享晚年生活的乐趣。由于老年人口规模的不断扩大、人口老龄化进程的加速发展,社会能够提供老年服务的机构与设施已明显不足。因此,我们不仅要加大这方面的投入,还要为需要护理、照料的老年人及其家庭提供必要的帮助。

由于老年人口比重很大、数量庞大,目前我国社会提供的养老服务机构远远不能满足需求,因而家庭在老年人晚年生活中仍将处于重要地位。尤其在生活照料和精神安慰方面,家庭更是扮演着不可替代的角色。另一方面,由于几十年来我国一直推行严格的计划生育政

---

1 公安部离退休干部局.2010 年度中国老龄事业发展统计公报. http://www.mps.gov.cn/n16/n1947768/n1950060/3331458.html.

策，我国绝大多数家庭结构呈现出所谓“4—2—1”的倒置“小金字塔”结构。这种家庭结构客观上使社会养老的需求更加强烈。如何解决日益增长的社会养老需求与社会养老机构严重不足之间的矛盾，处理好家庭养老与社会养老之间的紧张关系，是当前我国社会面临的重大课题。而老年教育事业的健康发展，无疑对解决这一重大社会问题会有所帮助。

2. 重视老年人的教育权利

必须认识到，受教育权是全体公民与生俱来的权利，是宪法赋予每个公民的基本人权。然而，由于历史原因，长期以来我国的老年教育没有受到应有的重视，人们只重视现实利益，满足老年人的物质生活需求，而忽视他们的精神生活需求，忽视老年教育的意义，忽视老年人的受教育权。在传统观念里，老年人是衰老的社会群体，将他们从社会整体中割裂出来。在这种观念支配下，老年人不可避免地逐渐被边缘化。特别是随着科技革命、新事物不断涌现，老年人的经验常落伍于时代，其知识储备已不能适应时代发展的步伐。有相当一批老年人，本身就有忽视受教育这一基本人权的思想倾向。因此，老年教育要健康发展，营造良好的社会氛围、重视老年人的教育权十分必要。

同时，重视老年人的教育权，不等于就解决了老年教育的实际问题。我国传统文化中，尊重老人被视为美德，而对于如何使老年人在实际生活中得到充分的重视、发挥其力所能及的作用却研究不多。老年教育不应满足于老年人的生活调适，还要帮助老年人融入社会，树立自立、自助的信念，帮助老年人进行自我服务，相互关心与帮助。这也是老年人提高自身生活质量，更有尊严、更有意义地度过晚年生活的内在需求。为此，政府与社会各界应该共同努力，为老年人提供更多的发展机会。

3. 推进老年教育均等化

根据我国《老年人权益保护法》以及老年教育事业发展状况，老年人的受教育权与平等公正的教育资源分配原则在老年教育实践过程中并没有得到切实的贯彻，城市与农村、发达地区与欠发达地区之间老年教育资源配置很不平衡。一些贫困地区的老年人很难享受教育的权利，城市里的老年人也以机关、事业单位以及大企业离退休的员工为主，他们能够享受单位或社会提供的老年教育与休闲娱乐，而相当多的市民因原工作单位缺乏这些条件，其受教育条件受到限制。因此，中央政府在建立基本养老保障时，应对老年教育进行统筹安排，在政策和投入上保障不同地区、不同收入水平的老年人都能享受老年教育的权利，促进老年教育机会均等化。

4. 增加老年教育机构

目前，我国老年人接受教育的渠道相对较少，以老年大学为主，形式不够多样。在一些规模较大的城市，老年大学也不是很多，甚至只有一至二所，很难满足所有老年人教育的需要。由于老年大学不多，许多老年人因为距离较远而不愿意去。根据 Dowing 的研究，老年人偏好的学习场所，依次为大学院校、老人中心、老人学习机构、当地社区中心、老人组织等。选择大学院校是因其拥有高水平的教育资源，而选择社区中心则是与地点的近便性和生活熟悉度有关。[1]

根据我国老年人口总体数量庞大、文化程度参差不齐、身体健康状况不一、个人兴趣千差万别的实际情况，老年教育想要健康发展，收到实效，必须开展多元化的教育方式，满足老年人的物质与精神文化需求。其中，尤其应重视以下几个方面：①加强老年大学建设。老年大学是老年教育的重要依靠力量，在老年教育发展过程中起着举足轻重的作用。我们应借鉴海外第三年龄大学和老年大学的先进理念，在物力、人力允许与适合本国国情的前提下，发展丰富多彩的老年大学。②鼓励高等院校参与老年教育体系建设。高等院校在师资、设备、场所、管理等方面具有很多优势，如能充分利用其教育资源开展老年教育，定能发挥一般老年大学所不可比拟的作用。③积极利用社会力量，广泛参与老年教育。目前，我国的老年教育体系，主要以公办老年

1　Dowing K W K. Older Adult Learning Environment Prefences. Dissertation of University of Alberia，1993：65.

教育为主导，这也是造成我国老年教育途径相对单一的重要原因。随着社会经济文化的发展，老年教育日渐受到重视，应当动员和鼓励社会力量积极参与老年教育，如企业、民办教育机构、各种慈善机构以及其他非营利组织。

5. 重视老年教育的质量管理

发展老年教育，仅注重老年教育机构建设是不够的，还必须重视老年教育的质量管理。老年教育的质量如何，首先要看其教育内容。由于我国老年人口众多，不同地区、不同老年群体之间情态各异，因此，老年教育的内容必须多元化。目前，我国的老年教育主要是闲暇教育和保健教育，开设的课程有保健、护理、书法、绘画、诗词、历史、法律及各种生活类课程。借鉴海外第三年龄大学和老年大学的教育内容，在我国当前老年教育中，诸如退休前教育、死亡教育（临终关怀教育）及老年人办资源开发方面的教育内容相对薄弱。特别是西方发达国家的老年教育，十分重视退休前教育与死亡教育，使老年人对于由于退休而带来的生活改变以及恐惧死亡而导致的紧张不安心理得到减轻。而老年人力资源的开发，不仅能让有能力的老年人继续为社会服务，也能让老年人提升自己的社会归属感，增强他们的自信心。

注重老年教育的质量管理，还必须重视老年教育的师资队伍建设。要培养一支专门的老年教育队伍，对他们进行系统的业务培训，并定期进行考核。同时，要借鉴海外老年教育的有益经验，从老年人中挑选有能力从事教育的专业人才，成为老年教育的师资力量。这样做，不仅解决了老年教育师资队伍相对欠缺的问题，还实现了一部分老年人的再就业，使他们的能力得到充分的发挥。如英国第三年龄大学的课程大多是由老年人自发组织成立，是一种自治自助的教育模式。高等院校的教师也是老年教育可以争取的力量。西方发达国家以及日本等国家和地区，都鼓励高等院校加入到老年教育体系建设中来。高等院校所拥有教育资源，往往是一般老年大学不具备的，由高等院校教师参与老年教育，定将提升老年教育的质量。

6. 以社区老年教育为重点

由于我国老年人口比重较高，老年人口绝对数量很大，且传统观念中家庭养老思想严重，老年人在退休以后大都生活于社区，去专门的养老机构比例不高，因此老年教育的重点应放在社区老年教育上。老年人的主要生活场所是社区，对社区也最了解，其教育需求由社区来提供可操作性强。从2009年起，我国开始试点以居家为基础、以社区为依托、以机构为支撑的社会养老服务体系建设。将社区老年教育作为发展的重点，由基层居委会负责组织老年教育活动，由社会工作者帮助实施老年教育，依托社区建立老年教育组织，必将极大地推动老年教育的普及，带动更多的老年人加入到老年教育活动中来。

另一方面，考虑到我国依然是发展中国家，各地区经济发展水平相差较大，完全依赖国家财政投入老年教育事业还有困难。目前政府对老年教育的投入，还是以建设老年大学等硬件为主。今后，我国老年教育应转变发展理念，将老年教育的重点转移到社区老年教育上来。借助社区养老服务中心的硬件设施，将有限的资金用于拓展老年教育项目，使老年教育内容更加丰富多彩。同时，通过开设与老年生活相关的保健、心理健康课程，不断提高老年人的精神生活和健康知识水平，实现世界卫生组织提出的“积极老龄化”理念。[1] 在经济较为发达的地区，政府还应通过财税激励政策，鼓励民间资本参与兴办社区老年教育。

总之，老年教育体系建设不仅关系到我国人口中数量庞大的老年人群，关系到每一个人、每一个家庭，还关系到整个国家的稳定、社会的良性发展。我们必须认真借鉴海外老年教育的成功经验，有计划、有步骤地建设我国老年教育体系，实现社会的“积极老龄化”，为国家和社会长期稳定发展提供有力保障。

1　世界卫生组织编；中国老龄协会译．积极老龄化政策框架．北京：华龄出版社，2003：78.

第四章　公共图书馆与中国老年教育体系建设

按照国际通行的标准，我国已进入“老年型”国家的行列。据国家统计局2015年1月20日公布的2014年经济数据，到2014年，我国60周岁及以上人口达2.12亿人，占总人口的15.5%，高出2013年0.6%，其中65周岁及以上人口1.38亿人，占总人口的10.1%。[1] 中国是世界上唯一老年人口过亿的国家。根据全国老龄办公布的数字，到2020年我国老年人口将达到2.48亿，老龄化水平将达到17%。[2] 而且整个21世纪，我国始终是世界上80岁以上高龄老年人口规模最大的国家。高龄老年人口规模在2020年将达到3067万人，占老年人口的12.37%；2050年将达到9448万人，占老年人口的21.78%；到21世纪末将保持在8000万—9000万人，高龄化水平将保持在25%—30%。[3] 人口的老龄化必将给中国社会的健康发展带来深刻影响，而如何满足老年人的精神需求，则是提高老年人生命质量的关键。

2002年，党的十六大把“形成全民学习，终身学习的学习型社会，促进人的全面发展，构建终身教育体系”纳入全面建设小康社会的一项重要内容。在今天老龄化的人口结构下，发展老年教育也是我国建设学习型社会的关键内容。我国老年教育普遍的做法是举办老年大学和老年学校，为老年人提供系统学习的机会。继1983年全国第一

1　国家统计局．2014年中国城镇化率达到54.77%．http://www.ce.cn/xwzx/gnsz/gdxw/201501/20/t20150120_4386891.shtml.

2　熊海鸥．中国经济的人口图谱　社会人口老龄化加速．北京商报，2015－01－21(002).

3　全国老龄办．中国人口老龄化发展趋势预测研究报告，2006－12－12.

所老年大学山东老年大学成立后，各省、市也相继建立起老年教育机构。1988 年中国老年大学协会在北京成立。30 多年来，我国老年教育事业获得长足发展。到 2014 年 6 月，我国老年大学和老年学校有近 6 万所，在校学员近 700 万人。[1] 除举办老年大学和老年学校之外，我国的老年教育也积极拓展教育形式，在与学校教育、文化活动相结合方面取得了一定的成绩。主要表现在一方面利用现有的函授大学、成人教育学院、自学考试、远程教学等教育资源，另一方面也依托公共图书馆（室）、博物馆、青少年宫、社区活动中心等公共文化服务体系，为老年教育提供了更多的渠道。

随着我国老龄化社会的到来，老年人的文化教育需求日益丰富。在公共文化服务体系中，相较于博物馆、青少年宫、社区活动中心等公共文化机构，公共图书馆因其职能优势，在老年教育中发挥着越来越重要的作用。

第一节　公共图书馆与老年教育

公共图书馆是由中央或地方政府管理、自助和支持的，免费为公众服务的图书馆。随着社会的发展，图书馆职能中的教育内涵也越来越丰富。老年教育在图书馆教育职能中的重要性也在不断凸显。

政府承担起老年教育的职责，并调动社会各方面的资源参与到老年教育当中，这是世界通例。日本是开展老年教育较早的发达国家。日本老年教育的经验是，一方面政府出资建立老年教育机构；同时，充分利用已有的教育资源，与公民馆、市民文化中心、福利休憩中心等社会教育设施和各类各级学校以及博物馆、图书馆等文化部门建立合作

1　中国老年大学协会简介 . http://caua1988. com/nzcms_list_news. asp? id = 684&sort_id = 659.

关系。[1] 社会的广泛参与，使老年教育的实施机构、实施方式和教育内容呈现出多元化的特点。

公共图书馆参与到老年教育中，既是其教育职能进一步深化的表现，也符合阮冈纳赞所言“生长着的有机体”的图书馆理论。公共图书馆的职能一直随着社会的发展而不断变化，在科学技术飞速发展的现代社会，公共图书馆的工作范围、职业性质已经难以给出清晰的界定。在20世纪80年代末，对于公共图书馆的未来发展方向，西欧就出现了两种截然不同的观点。据郑挺编译的《西欧图书情报事业》介绍，一种观点认为公共图书馆应成为社会的情报传递中心，相反的意见则认为：随着计算机的应用，个人服务的重要性将下降；公共图书馆经费、人力的限制将限制新技术的应用；随着通信技术的发达，公共馆分馆作为情报传递点的作用不大；馆员的竞争能力和学科知识结构并不是最强的。因此公共图书馆今后的任务是发展大众化的服务，寻找需求的空白点。[2]

对公共图书馆未来发展方向和职能的思考，也是当今图书馆界共同探索的问题。图书馆之所以能够存在与发展，是因为它履行了一定的社会职能，满足了经济社会发展的需要，所以，图书馆必须顺应时代潮流的变化，随着社会的发展变化而调整自身的职能，及时满足社会对知识和信息的一切需求，在技术变革带来的严峻挑战中抓住发展的机遇。图书馆界普遍认为，作为公共图书馆，尽管馆藏的载体形式已经突破了物理意义，但收藏、保存人类文化遗产的传统职能永远不会改变，而未来图书馆将更加强化自身的教育职能和情报信息职能。

为何公共图书馆要强化其教育功能？这是因为未来社会是科学技术飞速发展、知识更新周期越来越短、各方面竞争激烈的社会，任何人要想生存和发展，必须不断努力学习，更新知识，开发智慧和解放自

1 杜智萍．老年教育：建设学习型社会的重要环节——日本的经验和启示．成人教育，2006(12).

2 郑挺编译．西欧图书情报事业．北京：北京大学出版社，1989.

己的创造能力，而图书馆正是培养自学能力和创造性思维的最好场所；未来社会是信息社会，教会读者、用户如何开发信息资源和应用现代化手段使用信息资源，将是图书馆责无旁贷的任务；随着新型信息载体的引入，未来图书馆的工作方式与服务形式将发生根本性的变化。所以，未来图书馆的教育职能，还包括加强图书馆工作人员的自我再教育。[1]

公共图书馆参与公民教育是国际图书馆界的共识。联合国在1975年对图书馆职能的定位是"保存人类文化遗产、开展社会教育、传递科学信息、开发智利资源"；1994年联合国教科文组织《公共图书馆宣言》指出，公共图书馆是地方的信息中心，公共图书馆的任务与信息、识字、教育及文化有关。1987年，美国公共图书馆协会《公共图书馆计划与功能设计：选项与程序指南》总结了公共图书馆的八大功能，即社区中心、正规教育支持中心、自主学习中心、通俗读物中心、学龄前儿童启蒙中心、参考咨询中心、研究中心。其中"社区中心""自主学习中心"就包含了为老年教育服务的内容。1991年英国在《设置公共图书馆的目的》中明确提出，公共图书馆是社区的主要设施，它的使命之一就是保证和鼓励社区内的个人或团体参加正式的或非正式的教育计划，辅助他们建设性地利用闲暇时间，促进阅读和写作能力，鼓励他们使用信息和理解信息价值。[2] 2003年，英国在《未来框架：新十年的图书馆、学习和信息》中提出，公共图书馆在未来10年的主要使命是"促进阅读和学习、帮助获取数字技能和服务、促进社会和谐和公民权利"。1998年美国图书馆协会将图书馆的职能定为13个相应服务，其中第十二条为终身教育（lifelong learning）。

解决老龄问题是国家、集体、家庭及个人共同的责任。十多年来，我国多项文化政策对老年教育做了政策的指导。1999年，文化部在

1 申蓉．国外未来图书馆社会职能问题研究述要．四川图书馆学报，1998（4）．

2 王天丽．文化民生视野下的少数民族地区公共图书馆事业发展——以新疆地区公共图书馆为例．图书馆研究，2014（1）．

《关于加强老年文化工作的意见》中指出，“要依靠各级政府及有关部门、有条件的大型企事业单位，积极兴办质量较高的老年大学”。2001年，中组部、文化部、教育部、民政部、全国老龄工作委员会办公室《关于做好老年教育工作的通知》中，明确指出“今后文化部将全面负责全国老年非学历教育工作，指导各级各类老年大学的工作”，要“培育和树立一批条件较好、质量较高、制度较全、颇具规模的规范化老年大学示范校区”，让老年人“老有所教、老有所学、老有所乐、老有所为”。2002年，文化部在下发的《文化部关于进一步活跃基层群众文化生活的通知》中指出，要加强老年教育工作，“各级文化部门要尽快制定发展老年教育事业的中长期规划，切实承担起宏观管理老年教育的职能。要鼓励各系统、各部门和社会各方面力量，根据实际，兴办老年教育设施，开展老年教育活动。要切实解决好经费、教材、师资等问题”。[1]

2010年7月8日，中共中央、国务院印发《国家中长期教育改革和发展规划纲要（2010—2020年）》，从我国现代化建设的总体战略出发，提出了今后10年教育改革和发展的战略目标：到2020年，基本实现教育现代化，基本形成学习型社会，进入人力资源强国行列。其中第八章对于“继续教育”做了明确规定：“继续教育是面向学校教育之后所有社会成员的教育活动，特别是成人教育活动，是终身学习体系的重要组成部分。……重视老年教育。倡导全民阅读。广泛开展城乡社区教育，加快各类学习型组织建设，基本形成全民学习、终身学习的学习型社会。”[2]老年教育写进教育发展纲要，这是中国教育史上浓墨重彩的一笔，也是老年教育发展史的里程碑。

2012年，我国公布了《公共图书馆法（征求意见稿）》，其中对公共

1 文化部关于进一步活跃基层群众文化生活的通知．http://www.gov.cn/gongbao/content/2003/content_62415.htm.

2 国家中长期教育改革和发展规划纲要（2010—2020年）．http://www.china.com.cn/policy/txt/2010-03/01/content_19492625_3.htm.

图书馆定义为:“公共图书馆是指由政府主办的、面向社会公众开放的,开展文献信息资源的收集、整理、保存、传播和服务等工作的专业性机构,是满足公众知识和信息需求、开展社会教育、实现和保障公众基本文化权益的公益性机构。”开展社会教育是我国公共图书馆的重要职能之一。参加社会教育的群体,则包含了从幼儿到老年人的各个年龄群体。伴随着我国老龄化人群的不断增加,公共图书馆的社会教育职能也必将随之而发展。

近20年来,我国出台了很多有关公共图书馆发展的宏观政策,为公共图书馆老年教育的实施提供了制度保障。现统计如表4－1。

表4－1　公共图书馆老年服务宏观制度

制度类别	制度名称	发布年	发布/制定者
全国性法律法规	《中华人民共和国公共图书馆法(征求意见稿)》	2012	中国图书馆学会(文化部委托)
全国性标准	《公共图书馆建设标准》(建标108—2008)	2008	住房和城乡建设部 国家发展和改革委员会
	《公共图书馆服务规范》(GB/T 28220—2011)	2012	国家质量监督检验检疫总局 国家标准化管理委员
地方法规与行政规章	《上海市公共图书馆管理办法》	1996	上海市人民政府
	《内蒙古自治区公共图书馆管理条例》	2000	内蒙古自治区人民代表大会常务委员会
	《湖北省公共图书馆条例》	2001	湖北省人大常委会
	《广西壮族自治区公共图书馆管理办法(修订稿)》	2002	广西壮族自治区人民政府
	《河南省公共图书馆管理办法》	2002	河南省人民政府
	《北京市图书馆条例》	2002	北京市人大常委会

续表

制度类别	制度名称	发布年	发布/制定者
地方法规与行政规章	《北京市图书馆条例实施办法》	2003	北京市文化局
	《浙江省公共图书馆管理办法》	2003	浙江省人民政府
	《陕西省图书馆条例(征求意见稿)》	2008	陕西省文化厅
	《山东省公共图书馆管理办法》	2009	山东省人民政府
	《江苏省公共图书馆管理办法(征求意见稿)》	2009	江苏省文化厅
	《四川省公共图书馆条例(征求意见稿)》	2010	四川省文化厅
	《四川省公共图书馆免费开放管理办法(征求意见稿)》	2011	四川省文化厅
地方标准和规范	《安徽省公共图书馆服务标准(试行)》	2011	安徽省文化厅
	《辽宁省公共图书馆文明服务规范》	1997	辽宁省文化厅
	《北京市公共图书馆文明服务规范》	2007	北京市文化局
	《江苏省公共图书馆文明礼仪服务规范(草案)》	–	–
	《江西省公共图书馆服务标准(试行)》	2008	江西省文化厅
	《山东省图书借阅服务规范》(DB37/T 1075—2008)	2008	山东省质量技术监督局
	《新疆维吾尔自治区公共图书馆免费开放服务标准(试行)》	2011	新疆维吾尔自治区文化厅
	《河南省公共图书馆工作规范(试行)》	2011	河南省文化厅
	《青海省公共图书馆服务标准》	2012	青海省文化厅
	《江苏省公共图书馆服务规范》	2013	江苏省文化厅
	《云南省公共图书馆免费开放管理办法(试行)》	2013	云南省文化厅

这些文化政策为公共图书馆承担起老年教育的职责奠定了理论基础和政策基础。公共图书馆实施老年教育是图书馆文化服务职能的进一步拓展，是图书馆社会教育职能的具体化。

事实上，在一些发达国家，许多公共图书馆早已开展这方面的服务，并将之制度化。如美国早在 1964 年就老年人问题已对图书馆做出了相应的规定，此规定于 1981 年重新修订后发表。具体内容如下：由于高龄而引起的社会的、经济的、生物学的诸多问题，所有图书馆、尤其是公共图书馆所担负的责任义不容辞。它包括：①正确对待老化、老人问题；②为老年人、自愿者等提供有关老化、老人问题的情报资料；③改善图书馆设施及服务方式以便于老人的利用；④进入馆内的老人以及有老人的家庭全都给予特殊的照顾；⑤应帮助、解决老人在过渡时期所遇到的种种困难；⑥应聘用老年人进行图书馆服务活动；⑦当地区或社会团体在讨论服务设施及计划立案时，应有老年人参与及建议；⑧与有关服务团体、图书馆以外的其他机关保持联系，随时解决老人问题；⑨为即将退休的老人提供系列程序服务；⑩为进一步有效实施以上各种服务项目，图书馆应积极筹措资金来源。[1]

日本在 1989 年颁布了《公共图书馆的任务和目标》，其中的《图书馆服务》规定："对高龄者来说，由于其比例逐年提高，有必要在资料和设备等方面加以特别的关心。"1996 年，日本终身教育审议会提交了《社会教育主事、学艺员以及司书培养等的改善方案》，规定图书馆学培训的具体内容应包括"为残疾者和老龄者服务等多样化需求的对策"。日本国内有一半的图书馆都设有专门的老年人服务设施，具体服务项目有：①趣味游戏活动；②健身、体育活动；③自愿者活动；④自身修养学习；⑤家庭生活技能学习；⑥社会问题讨论；⑦适应自愿者活动所需知识、技能的培训；⑧职业所需知识、技能的培训以及上门服务，对有残疾的老人提供朗读服务，提倡家庭读书会、讲演会，组织老

1　天津市政协．关于建设我市老年数字图书中心的提案．http://www.360doc.com/content/13/0304/10/437942_269188670.shtml.

人看投影电视。以上一系列活动及服务同时也向老年公寓、特别护理休养所、医院等老年保健设施提供。在日本，老年人口约占总人口的四分之一，老年人口多，其服务实施也较齐全，许多图书馆还专门配备了家庭服务员，上门为那些高龄老人提供朗读、交流等服务。[1]

那么，公共图书馆作为最具开放性和公益性的社会文化机构，在参与实施“积极老龄化”战略的过程中应该如何定位，应该为全社会的老龄人提供什么样的文化精神食粮，通过什么样的服务去实现自己的目标、发挥出自己应有的文化服务职能，便成为一项需要着意探索和实施的重要任务。

公共图书馆是公益文化机构，它的核心职能就是为社会提供文化信息服务，这一点无论服务于哪一个人群都不会变。因此，在建设“积极老龄化”化社会的过程中，公共图书馆要立足于自身的资源优势（馆舍、馆藏、人才等）和服务优势，树立“请进来、送出去”的服务理念，把老年人请进图书馆，把知识服务推送到老年人的面前，从而让公共图书馆成为老年人生活中不可或缺的一部分。

第二节　老年教育体系研究

公共图书馆作为文化信息的服务主体，如何肩负起老年教育实施主体的重任，如何依托资源优势办出图书馆的特色，推送什么样的教育内容，怎样组织实施，则需要研究老年人的群体特征，了解他们的知识需求，研究课程内容和老龄教育规律，探索老年教育的服务模式，让公共图书馆成为老年人满足知识需求的最佳选择。

一、教育对象研究

现在许多国家将 65 周岁以上的人确定为老年；在中国，60 周岁以

1　陈思．“积极老龄化”与公共图书馆．图书馆论坛，2004(6)．

上的公民为老年人。我国目前实行女性干部身份 55 岁退休、工人身份 50 岁退休制，实际上，很多女性处于 50 或 55 岁以后的准老年期便开始进入老年生活或者休闲生活。同是老年人，时间上却有很大的跨度。《公共图书馆服务规范》要求：“公共图书馆服务对象包括所有公众。应当注重培养少年儿童的阅读习惯，并努力满足残疾人、老年人、进城务工者、农村和偏远地区公众等的特殊需求”。公共图书馆在实施老年教育时，要充分了解老年人在年龄、性格、文化素养、职业背景、兴趣爱好、个人收入和地域文化等方面的差异，尤其要调研所在区域老年群体的结构特征，了解他们的共性与差异，科学实施老年教育。

1. 了解老龄人口的发展趋势和分布差异

（1）全国老龄人口发展趋势

我国人口结构呈老龄化趋势。自 1953 年我国进行第一次人口普查以来，到 2010 年已经实施 6 次。历次普查总人口和老年人口数量变化情况如表 4－2：[1]

表 4－2　中国各主要年份总人口和老年人口数量变化

年份	总人口		60 岁以上人口		65 岁以上人口		80 岁以上人口	
	数量（万人）	平均增长（%）	数量（万人）	年增长（%）	数量（万人）	年增长（%）	数量（万人）	年增长（%）
1953	56 745	-	4154	-	2504	-	185	-
1964	69 458	1.83	4225	0.16	2458	-0.17	181	-0.10
1982	100 391	2.02	7664	3.21	4927	3.72	505	5.25
7990	113 051	1.48	9697	1.93	6299	3.06	768	5.17
2000	126 583	1.13	13 012	2.92	8837	3.35	1200	2.73
2010	133 973	0.57	17 765	3.09	11 883	3.94	2096	3.32

1　姜向群，杜鹏主编．中国人口老龄化和老龄事业发展报告．北京：中国人民大学出版社，2013：3.

据中国老龄科学研究中心发布的《中国老龄事业发展报告(2013)》数据,2012 年老年人口数量达到 1.94 亿,老龄化水平达到 14.3%;2013 年老年人口数量达到 2.02 亿,老龄化水平达到 14.8%。根据国家卫生与计划生育委员会最新公布的数据,2014 年 60 周岁及以上人口 2.12 万人,占总人口的 15.5%。我国老龄人口总量呈上升趋势。

(2)老龄人口的区域差异

在全国范围内,各个地区人口老龄化程度存在较大差异。2010 年第六次全国人口普查结果显示,重庆 60 岁及 65 岁以上人口占总人口的比例最高,分别是 17.42% 和 11.72%;最低的是西藏,分别只有 7.67% 和 5.09%。[1] 目前 31 个省(市、自治区)中,已有 26 个地区的老年人口超过了 10%,老龄化程度排名前六的地区依次为:重庆、四川、江苏、辽宁、安徽、上海。老龄化程度最低的 6 个地区分别为:西藏、青海、宁夏、新疆、广东、内蒙古。[2] 老龄人口数量不同,老年教育的政策和实施方式也会有一定的差别。

(3)老龄人口的城乡差别

老年教育要考虑到老龄人口数量的城乡差别和发展变化。老龄人数量乡村多于城镇是世界各国的普遍现象。中国最近 4 次人口普查的结果显示,中国老龄化的程度同样乡村高于城镇。之所以城乡倒置,与乡村人口的流迁有直接关系。农村人口主体是青壮年,他们从乡村流向城镇,加剧了农村老龄化的程度。由 1982—2010 年中国市、镇、乡 60 岁及以上老龄人口比例,可以看到两者的差异(表 4-3)。

---

1 国家统计局.2010 年第六次全国人口普查主要数据公报(第 1 号).http://www.chinanews.com/gn/2011/04-28/3004638.shtml.

2 姜向群,杜鹏主编.中国人口老龄化和老龄事业发展报告.北京:中国人民大学出版社,2013:5.

表 4－3　1982—2010 年中国市、镇、乡 60 岁及以上老年人口比例(单位:%)[1]

	1980 年	1990 年	2000 年	2010 年
市	7.40	8.62	10.05	11.48
镇	6.40	7.20	9.01	12.01
乡	7.80	8.72	10.89	14.98

近年,农村留守老人呈高龄化趋势。全国农民工监测调查的情况显示,近年来农民工平均年龄快速提高,青壮年农民工所占比重快速下降,年龄结构趋向老化,我国农民工进入加快老龄化阶段。国家统计局发布的《2014 年全国农民工监测调查报告》显示,农民工以青壮年为主,40 岁以下农民工所占比重继续下降,农民工平均年龄也由 35.5 岁上升到 38.3 岁。40 岁以下农民工所占比重为 56.5%,比 2010 年下降 9.4%;50 岁以上农民工所占比重为 17.1%,比 2010 年上升 4.2%。[2] 农民工年龄结构的变化产生两个结果,一是乡村留守老年人高龄化,二是城镇农民工群体老龄化。因此,城镇公共图书和乡村基层图书馆(室),都需要意识到这一变化,在老年教育的策划与实施上拿出针对性的措施。

2. 关于老龄人口的个性差异

根据 2010 年第六次全国人口普查的汇总资料,我国人口平均寿命达到 74.83 岁。国家统计局提供的数据显示,2010 年世界人口的平均预期寿命为 69.6 岁,其中高收入国家及地区为 79.8 岁,中等收入国家及地区为 69.1 岁。人口平均预期寿命是综合反映健康水平的基本指标。世界卫生组织于 2014 年 8 月 5 日在瑞士日内瓦发布了《2013 年世界卫生统计报告》。报告提供的数据显示,日本、瑞士和圣马力诺三国人均寿命最高,达到 83 岁;其次为澳大利亚、冰岛、芬兰、以色列、新加坡等国,为 82 岁。高收入国家的平均寿命为 80 岁,中高

1　姜向群,杜鹏主编. 中国人口老龄化和老龄事业发展报告. 北京:中国人民大学出版社,2013:4.

2　赵剑影. 我国农民工年龄结构趋向老化. 工人日报,2015－05－22(006).

收入国家为74岁。中国的人均寿命为76岁,高于同等发展水平国家,但与发达国家差距还是很大。2013年世界各国人均预期寿命排名前10位的国家是:

1 日本 83.4	6 冰岛 81.8
2 中国香港 82.8	7 以色列 81.6
3 瑞士 82.3	8 法国 81.5
4 澳大利亚 81.9	9 瑞典 81.4
5 意大利 81.9	10 西班牙 81.4

随着我国社会经济的快速发展,人民生活水平的不断提高,以及医疗卫生保障体系的逐步完善,我国人口平均预期寿命将继续延长。以平均80岁而言,老龄人口有20年的跨度,同曰"老年人",实际上他们在年龄、性别、健康、兴趣、受教育程度、居住的社区等方面存在很大的差异。因此,做好老年教育,首先要了解老年人的基本情况。

(1)年龄差异

老年人的年龄不同,对兴趣爱好、学习的动力与学习内容的选择有很大影响。刚退休的老年人,喜欢运动量较大的学习项目,也愿意接受挑战,能够比较顺利地完成所学的教育项目。而年龄较大的老年人,动作开始迟缓,则喜欢参加运动量较小的静态学习项目。

据2012年北京市朝阳区进行的老年教育需求调查结果,随着年龄的增长,对于社区组织的活动,其参与率逐渐下降。比如,"社区组织的学习培训",60—64岁的占15%,65—69岁的占9.8%,70—79岁的占7.7%,80岁以上的占0.9%。但"读书看报""书法绘画""看电视"选项,则在65—69与70—79岁两个年龄段呈现相反的趋势,后者略高于前者。这说明年龄大的老人更愿意选择读书看报、看电视、从事书法和绘画等室内活动。学习途径与老年人年龄特征十分吻合。[1]

1 白新睿. 老年教育需求的调查与思考. 北京宣武红旗业余大学学报,2012(3).

因此，公共图书馆实施老年教育，要做好老年群体的年龄细分，对不同年龄段的老年人开展相应的教育活动和课程。在资源、环境和服务方面，也要充分考虑到老年人的年龄特点，进行科学配置。

(2)性别差异

公共图书馆在实施老年教育时，要重视老年人的性别差异对教育内容、教育方式以及服务措施等因素的影响。

老年人因性别产生的差异是多方面的，首先预期寿命就不同。据2010年第六次全国人口普查资料，我国男性人口平均预期寿命为72.38岁，比2000年提高2.75岁；女性为77.37岁，提高4.04岁。男女平均预期寿命之差与10年前相比，由3.70岁扩大到4.99岁。由此可见，我国人口平均预期寿命在不断提高，而女性提高速度快于男性，并且两者之间的差别还在进一步扩大。这一点，与世界其他国家平均预期寿命变化状况相一致。这也就意味着，高龄老年人中，女性多于男性。性别不同，老年人对教育内容的兴趣也就存在差异。比如女性老年人多喜欢音乐、舞蹈、养生保健、家政育儿类课程。这类教育内容娱乐性强，易于学习，既能愉悦身心，又能丰富生活，提高生命的质量。而男性老年人则对时政、社会、军事、外交等需要一定知识积累和理性思维的教育内容感兴趣，这样的教育项目富有挑战性，符合男性的认知习惯和心理特征。另外，男性老年人对户外运动和一般的体育项目也普遍有着浓厚的兴趣。

(3)健康差异

老年人身体是否健康，是否有残疾，他们的教育需求、学习兴趣、参与学习的方式等会呈现出不同的特点。公共图书馆要实施老年教育，就必须重视健康情况对老年教育的影响。对特殊人群，要提供特殊的教育服务。

2012年3月，中国残联在根据第六次全国人口普查全国总人口数，及2006年第二次全国残疾人抽样调查全国残疾人占全国人口的比例和各类残疾人占残疾人总数的比例，推算了2010年年末全国残疾人总人数及各类、不同等级的残疾人人数，并由中国残联下发文件

对外公布。具体数据为:全国残疾人总数为8502万人。各类残疾人的人数分别为:

视力残疾1263万人
听力残疾2054万人
言语残疾130万人
肢体残疾2472万人
智力残疾568万人精神残疾629万人
多重残疾1386万人
各残疾等级人数分别为:重度残疾2518万人,中度和轻度残疾人5984万人。

根据2006年第二次全国残疾人抽样调查结果,全国残疾人总数为8296万人,残疾人占总人口的比例为6.34%。当时,按残疾类别对残疾等级的年龄构成做了统计。鉴于残疾人的特殊情况,笔者根据2006年第二次全国残疾人抽样调查从55岁开始提取数据,将我国残疾老年人的残疾类别和年龄构成汇总如表4-4:[1]

表4-4　全国残疾老年人残疾类别和年龄构成

年龄	视力残疾	听力残疾	言语残疾	肢体残疾	智力残障	精神残疾	多重残疾
55—59	2032	2662	155	4550	491	1184	1361
60—64	2417	3361	163	4307	358	775	1478
65—69	3093	5190	132	4949	235	554	1913
70—74	4027	7223	110	5069	175	462	2652

1　2006年第二次全国残疾人抽样调查——全国残疾人分残疾类别和残疾等级的年龄构成. http://www.cdpf.org.cn/sjzx/sjcx/dcsj/200804/t20080407_340130.shtml2008-04-07.

续表

年龄	视力残疾	听力残疾	言语残疾	肢体残疾	智力残障	精神残疾	多重残疾
75—79	3561	6621	72	3802	160	305	3039
80—84	2227	4572	28	2263	100	142	2684
85 以上	1115	2528	8	1081	59	71	2179
合计	18 472	32 157	668	26 021	1578	3493	15 306
残疾人总数	23 840	38 370	2510	48 045	10 844	11 790	26 080

据 1987 年残疾人抽样调查推算,残疾人中男性占 50. 03% ,女性占 49. 97% ,男女性别比例基本一致;60 岁以上残疾老年人占残疾人总数的 39. 72% 。与全国人口相比,残疾老年人比例偏高,这主要是因为许多残疾人在青壮年致残和随年龄增长人体机能衰退造成许多老年人成为残疾人。残疾人住在市镇的占 25. 47% ,住在乡村的占 74. 53% ,城乡比约为 1∶3。

根据以往的统计数据推测,目前我国残疾老年人的数量仍会是一个庞大的数字。因此,公共图书馆不仅要在服务与管理中体现对包括残疾人在内的弱势群体的人文关怀,消除弱势群体利用图书馆的困难,致力于为全体读者提供人性化、便利化的服务,在积极推进老年教育的进程中,也同样不能忽略残疾老年人的需求,努力实现平等、关爱、共享的美好愿景。

(4)兴趣差异

老年人的兴趣是有差异的。大多数老年人的生活除了参加晨练,就是做家务、看电视、看护下一代。也有一部分老年人则有着广泛的兴趣和爱好,休闲生活则选择旅游、登山、游泳、钓鱼、球类运动等活动,还有的爱好书画、收藏、跳舞、花鸟养殖、参加教育活动,等等。1998 年上海市老龄委调查资料尽管已是 10 多年前的数据,但仍能反映出不同个体、不同年龄阶段老年人的兴趣差异。[1]

表4－5　老年人兴趣爱好分年龄组比例（%）

兴趣爱好/年龄组	60—64	65—69	70—74	75—79	80—84	85—90	90—94
读书看报	36.2	30.0	29.5	24.4	21.0	17.0	18.5
书法诗画	2.3	2.3	3.8	2.9	2.0	1.0	–
下棋打牌	19.6	21.2	19.0	14.9	11.5	12.0	–
种花养鸟	12.6	13.2	11.2	8.9	7.1	4.0	11.1
听音乐	24.7	20.6	21.3	16.2	17.1	15.0	7.4
看电视	77.6	72.3	64.5	56.8	56.7	41.0	44.4
看电影	8.1	4.9	4.5	3.1	2.4	1.0	7.4
唱歌跳舞	4.5	2.5	2.4	3.1	1.2	–	–
戏曲表演	8.4	9.1	8.8	5.8	5.6	11.0	3.7
体育锻炼	35.4	34.7	33.5	31.7	21.8	18.0	14.8
上公园	14.7	19.2	17.2	13.3	9.9	9.0	–
收藏鉴赏	0.9	1.2	1.6	0.4	0.4	–	–
摄影	1.2	1.4	1.8	0.2	1.2	1.0	–
旅游	7.0	6.9	4.5	2.9	2.4	3.0	–
垂钓	3.2	3.1	2.6	2.0	2.0	–	–
与人聊天	36.8	34.7	39.6	38.8	38.1	37.0	29.6

因此，公共图书馆老年教育项目的策划实施，要充分掌握区域内老年人的兴趣爱好共性与差异，以及基于兴趣爱好他们可能参加什么样的课程或教育活动，做到有的放矢。

1　孙常敏．城市老年人余暇生活研究——以上海城市老人为例．上海社会科学院学术季刊，2000(3).

(5)受教育程度差异

老年人受教育程度不同,对老年教育的内容、教育方式、主讲教师的素养等的要求也不同。公共图书馆要充分考虑到区域内老年人的受教育程度和知识结构,既要满足普通老年人的需求,对于受过高等教育老年群体,也要有知识含量较高的教育内容。目前,1949—1955年出生的人年龄在60—66岁之间,此后出生的人也将逐年进入老年人行列。1949年以后,很多人接受过不同程度的教育,较之此前出生的老年人,他们的经济收入、家庭、健康、文化教育等方面都有所改善,这就决定了他们的需求不同于此前的老年群体。

随着我国经济发展和城镇化进程的加快,农民工群体在城市居民中占有相当的比例,而且近年农民工的年龄在上升。2015年4月29日,国家统计局发布了《2014年全国农民工监测调查报告》,该报告显示,2014年,我国农民工总量继续增加。分年龄段看,21—40岁的农民工占53%,青壮年劳动力是农民工的主力群体。数据显示,41—50岁的农民工占26.4%,50岁以上的占17.1%。而且,40岁以下农民工所占比重继续下降,由2010年的65.9%下降到2014年的56.5%,农民工平均年龄也由35.5岁上升到38.3岁,[1]这就意味着老年农民工的数量在增加。老年农民工的普遍受教育程度较低,但他们同样有自己的兴趣爱好和对知识的向往,有在所处的城市参加教育活动的权利,因此,公共图书馆实施老年教育要深入了解社区内老年人的受教育程度、本区域企事业单位的结构和老年人的职业特点,同时,要充分关切老年农民工教育的需求。

当然,对于老年教育对象的调查研究还有其他工作需要去做,如普通社区与老年社区就有区别;同样是养老之地,养老院和大型智能养老社区也有差异。老年人经济收入的差别,对他们教育活动的选择也会产生影响。做好老年教育的对象研究,是公共图书馆实施老年教育的基本前提。

1　赵剑影. 我国农民工年龄结构趋向老化. 工人日报,2015-05-22(006).

二、教育需求研究

公共图书馆是社会公众接受终身教育的基本保障,也是传播社会正能量的重要媒介。对于我国而言,图书馆更担负着传播社会主义核心价值观、弘扬中华民族优秀文化的重任。老年读者无疑是图书馆服务对象中的重要组成部分,做好对老年读者的服务,是图书馆提升服务效能的必修课,特别是在我国目前所处的老龄化的社会背景之下,做好老年读者的服务这篇大文章就显得更为迫切和必须。

1. 社会发展与老年读者服务

近些年,随着改革开放的不断深化,我国经济社会发展呈现出新的局面,虽然经济发展速度有所放缓,但是在经济运行新常态的格局下,社会进入了深度调整时期,必将为今后社会发展集聚更加持久的发展动能。以网络技术为代表的新技术将全社会带进了信息时代。互联网产业的日新月异,正在深刻改变着人们的交流沟通方式、商业运营模式、社会管理思路,特别是2015年国家提出的“互联网+”的发展战略,必将促进互联网与各个传统产业的深入融合,在更大程度上影响人们的生活。党的十八大以来,国家加快了社会主义文化事业的发展速度,更加强调公共文化事业的均衡发展,中央《关于加快构建现代公共文化服务体系的意见》的出台,明确了现代公共文化服务体系建设的顶层思路,相关配套政策的相继出台又加快了各项政策措施的具体实施,这些必将进一步促进我国图书馆事业的健康发展。总之,社会大环境虽然充满挑战,但是对于包括图书馆在内的公共文化服务事业而言,提供了难得的发展机遇。

我国目前已经是一个老龄化国度。2014年2月19日,民政部副部长窦玉沛在国务院新闻办公室举行的新闻发布会上透露,截至目前,我国60岁以上老年人数量已超过2个亿,占总人口的14.9%。[1]

---

1 新华网. 我国60岁以上老年人数量突破2亿. http://news.xinhuanet.com/politics/2014-02/19/c_119412552.htm.

由于我国幅员辽阔,地域发展存在较大差异,特别是城乡发展水平的不均衡,使得老年人的生活状况千差万别。有的地区老年人在物质生活层面已经有了比较充足的保障,他们于是更加渴望高质量的精神生活;有的地区老年人基本生活尚且还有不少困难,虽然希望精神文化生活的慰藉,但是往往有心无力。对于不同情况的老年人,公共文化服务系统更多的还只是实现兜底水平的服务,甚至有些地区连这样的服务也有困难。此外,飞速发展的社会,特别是老年人基本上完全陌生的网络社会,在某种程度上更加速了老年人脱离社会的速度,老年人的失落感、孤独感也会随之增加。总之,由于我国老年人群的总量庞大,覆盖广泛,情况差异性比较大,享受到的文化服务相对有限。而包括图书馆在内的公共文化服务部门所能提供的服务也比较有限。老年人的文化生活品质亟须提升。

2. 老年读者的文化需求特点分析

老年读者的心理状态可以采用马斯洛需求层次理论加以分析。这个理论是由美国心理学家马斯洛(Abraham H. Maslow)1943 年在论文《人类激励理论》中所提出的。他将人类需求像阶梯一样从低到高按层次分为五种,分别是生理需求、安全需求、社交需求、尊重需求和自我实现需求。根据该理论,五种需求像阶梯一样从低到高,按层次逐级递升,但这样的次序不是完全固定的,可以变化。一般来说,某一层次的需求相对满足了,就会向高一层次发展,追求更高一层次的需求就成为驱使行为的动力。五种需求可以分为两级,其中生理上的需求、安全上的需求和感情上的需求都属于低一级的需求,这些需求通过外部条件就可以满足;而尊重的需求和自我实现的需求是高级需求,他们是通过内部因素才能满足的,而且一个人对尊重和自我实现的需求是无止境的。

重庆师范大学离退休工作处周鏰鏰近期对重庆地区的老年人生活状况进行了调查,她在调查结论中总结了一些情况,如随着年龄的增加,老年人的心理需求总分、交往需求、自我实现需求水平呈下降趋势。其原因主要是,随着年龄的增长,老年人所掌握的资源越来越少,也越来越无法满足自己的全部需求,只有通过减少需求度才能达到总的心理平衡。[1] 再如,城市老年人的心理感受随受教育程度提高而改善,其中大专及以上教育程度老年人的认同需求和自我实现需求最高。这是因为,受教育程度较高的老年人更加注重精神层面的需求和满足。又如,无论身体状况如何,老年人都表现出一定的自我实现需求,他们都希望可以提高自我,不断发挥潜力,帮助家人或朋友做一些力所能及的事情。一些退休老干部坦言十分愿意与子女及其他年轻人交流,让他们少走弯路。这提示我们,有必要加强对老年人与年轻人之间互帮互助工作的探讨。

根据这些调查结论,结合图书馆服务工作的实践,大致可以总结老年读者的一些共同特性:应当具备一定的文化水平和素养,生活具有相对稳定的保障,具有完全自理能力,希望通过到图书馆接受文化服务满足文化需求,希望找到一个交流的场所和机会。由此,可以将老年读者按其需求分成消遣休闲型、学习研究型和实际应用型三类。

(1)消遣休闲型读者喜欢宽敞明亮、安静舒适的阅读环境,阅读内容广泛,尤其乐于阅读社会、时事新闻报道类等报刊读物。这类老年读者数量最多,占据图书馆老年读者的大多数,他们是公共图书馆报刊阅览室的常客。他们来图书馆并无一定的阅读目的,有些老年人因为退休后一时适应不了赋闲在家,无所事事的生活;有些老年人因为在退休前就有读书看报的习惯;有些老年人在离开工作岗位后社会活动减少,他们渴望同社会联系,参与社会生活。这类老年读者阅读内容涉及广泛,比较关注时事新闻、社会生活、养生保健、休闲娱乐等方面的内容,习惯于阅读传统的纸质文献。

(2)学习研究型读者读书的目的是更新知识、开阔视野,身份多为退休的学者、研究人员等。一些人退休前在自己的专业领域有一定建树,退休后仍致力于本专业的钻研深造,或是对某些专业感兴趣或爱好,退休后时间充裕,有足够的精力对所爱好的专业进行学习和研究,

1 周蹣蹣. 重庆地区失能老年人心理需求状况调查. 老龄科学研究,2015(2).

图书馆的环境和资源满足了这部分老年人的需求。有的老年读者还参与一些科研工作，经常利用图书馆的各种文献资源开展学术研究和探索。地方文献数据库、重大历史事件数据库、学科专题数据库等是他们查阅的主要对象。

(3)实际应用型读者到图书馆阅读书刊的目的非常明确，带着问题或者课题到图书馆查阅资料。比如来图书馆寻求养生知识，营养健康、医学保健等类的书刊报特别受老年读者的喜欢。通过阅读此类书刊老年读者不仅从中获得了大量的有关养生保健的专业知识，同时改变和调整了过去不良的作息时间和饮食习惯，树立了科学健康的生活方式，而且陶冶了他们的情操，提高了他们生活的品位。

3. 老年读者的服务需求特点分析

老年人是一类相对特殊的服务群体，在服务中除了要注意他们的文化需求和阅读需求特点，还要分析他们的感受和接受服务过程中的心理特点。这样，一方面可以提升老年人图书馆服务的满意度，促使老年人更多地走进图书馆，同时还可以减少服务中不必要的纠纷和风险，提高图书馆员对老年读者的服务水平。

(1)老年读者“应变”能力有限。老年人由于精力、脑力等方面的原因，反应速度相对较慢。因此老年读者初来图书馆时对于图书馆内各阅览室的分布路线、服务政策、馆藏布局等情况的了解相对比较慢，有时一个问题要反复问过多次。即使对环境有所熟悉，对于新的变化又会产生不适应感，甚至抵触感。对于新技术，老年人更是存在着接受与使用上的困难。比如老年读者习惯了查传统的目录卡片，对于电脑查询存在着不习惯甚至不接受的情况；习惯了看纸本的书刊报，一旦纸本的被电子所取代，就会感到十分不习惯。在实际服务工作中，我们所见的一些“固执”老人，根源往往就在于此。

(2)老年读者比较敏感。从图书馆工作实践看，老年人自身存在着落伍感，因此比较敏感，有自卑心态，特别在意别人，特别是晚辈的眼光和议论。这在服务上也有所表现。例如，同样的话，其他读者听来认为没什么不妥，但是老年读者听来就觉得刺耳，甚至要因此发作一番。老年读者的敏感和他们与社会的疏离感有着直接的关系,或许也是不自觉地用这种方式表示着自己需要被关注的心态。

(3)老年读者有着自我实现的愿望。正如前文所提到的调查结论,老年人有着自我实现的愿望。这种愿望反映在图书馆服务上,可以是老年人提出的各种意见建议(不管是否合理或必要),可以是老年人在不经意间所表现出的对新鲜事物的好奇心,可以是在通过学习掌握了新技能(如会发短信,会上微博)之后的兴奋。老年人对于自我实现的愿望是需要挖掘的,可能在最初隐藏得比较深,乃至本人都不曾察觉,但是随着自我实现的成就感不断增强,这种要求也就越来越强烈,参与的热情也就越高。

4. 做好老年读者服务的几点建议

根据上面的分析,我们对做好老年读者有几点建议。

(1)充分调查。在开展服务之前,先要根据现有的数据的情况,采取有效手段开展调查研究,了解老年读者的实际需要。

(2)调整服务资源。根据老年读者的现实需求调整完善服务格局或服务政策,方便老年读者使用图书馆资源。

(3)加强服务人员培训。针对老年读者特点,采取多种形式加强一线服务工作人员,特别是青年馆员的培训,提高老年读者的服务质量,使老年读者感受到图书馆员的尊重和关注。

(4)引导老年读者主动学习。采取小且针对性强的灵活的培训方式,面向老年读者,向他们展示网络世界的魅力,帮助他们走进网络世界,缩小与信息社会的差距。

三、教育内容研究

老年教育是提高精神生活质量的有效途径。老年群体在参与社会问题上面临的矛盾,说到底是老年自身发展与社会发展之间不一致之间的矛盾。解决这一矛盾的重要措施是不断扩展老年人的知识面,不断培养其判断力和行动能力,使每个人了解自己及其环境,并在职业界和居住区发挥作用,而实现这一目标最直接、最有效的方式是教育,也即终身教育。1997年世界成人教育会议"汉堡宣言"指出,终身学习是成人应对知识社会的最重要的策略和手段,"只有终身学习,才能适应社会的挑战;只有终身学习,方能享受知识社会所带来的经济、文化、社会和教育等丰富的生活乐趣,胜任各种生活情趣的变化和不同职业生活阶段的不同要求",终身教育是"知识社会的根本原理"。[1]

老年教育是一个广义的概念,既包含了老年大学、老年学校等课堂教育,也包含了阅读、收看网络视频、收听广播课程、观看展览等自主性学习,以及参加主题沙龙、座谈会等互动式交流。只有把老年教育的内涵开放化、多元化,老年教育才能做到实处,收到实效,建设终身学习的社会才不会流于空谈。

公共图书馆实施老年教育,既要了解老年人需要什么,也要主动根据老年人的普遍特征和需求规律,推送需要的内容,引导教育需求。图书馆有责任帮助老年人建立良好的养老观念和习惯,实现健康养生和积极养老,以达成老有所乐、老有所为、老有所学的愿景。

公共图书馆在实施老年教育时,所提供的教育内容,首先要满足大多数老年人的需求。2012年北京市朝阳区老年教育需求调查结果显示,对于学习内容,老年人最喜欢养生保健类的课程,选项比例达45%;选择时事政治类课程的比例达到33%;喜欢书画类课程的比例为21%。其后选项较多的课程依次是旅游、法律、文史、声乐舞蹈、家庭理财、体育、隔代教育等课程,而选择计算机、外语等技能类课程的比例较少。但是,有39%的老年人认为,老年大学或社区组织的学习活动课程内容单一。[2]

辽宁教育研究院的调查显示,老年大学组的学习内容排名前两位的是"书画摄影类"(占58.5%)和"医疗保健类"(占54.9%),而参加

1　刘颂. 积极老龄化框架下老年社会参与的难点及对策. 南京人口管理干部学院学报,2006(4).

2　白新睿. 老年教育需求的调查与思考. 北京宣武红旗业余大学学报,2012(3).

社区教育组学习的排名则是“医疗保健类”（占73.0%）和“舞蹈体育类”（占35.1%）。[1] 老年大学学员学习的主要目的是满足兴趣爱好，而参加社区教育人员学习目的主要是增长保健知识。

由以上调查可知，公共图书馆的老年教育，要首先满足老年人的兴趣爱好与养生保健的需求，同时，也要开设电脑网络、外语、时事政治等作为与社会交流、沟通工具和内容。同时，随着社会的发展和新增老年人的受教育程度的提高，老年人对教育的需求是积极的、旺盛的，也是多元的。他们不再满足简单的知识普及，而对于学术研究式的课程更有学习的动力，因此也要适当开设知识性强、能开拓老年人的视野、丰富其知识结构的课程。教学计划要做到科学化、系统化，突出公共图书馆的特色，打造品牌课程；教学内容的难易程度要有层次上的差别，以满足不同文化程度老年人的学习愿望。

在老年教育的内容方面，世界各国都根据各自的实际，设置了各种各类的课程，以满足老年人的学习需求，其教学内容和教学方法也有不同的特点。以日本为例，其老龄教育主要有三种形式，即高龄者学级、高龄者教室、长寿学院。高龄者学级是在公民馆开设的，以60岁以上的老人为教育对象，学习时间一年最少20个小时，学习内容主要涉及医学、营养与食物、精神卫生等健康方面的知识，学习方法除了讲义、对话外，还利用视听教材。高龄者教室的教学则以讲座形式进行，设置的学习内容主要有理解社会变化，理解年轻一代，维持健康，充实兴趣和文化教养，参加社会服务活动，提高老年人适应年龄特点的社会性工作能力。长寿学院则有基础课程和专业课程，专业课有“温暖福利科”“乡土史科”“趣味信息科”“舒适健康科”。[2] 这些内容都是根据老年人的学习要求和各地区的实际情况来选择的。

---

1 周冬．基于老年个体的调查看老年群体教育需求特征——以辽宁省为例．成人教育，2012(1)．

2 杜智萍．老年教育：建设学习型社会的重要环节——日本的经验和启示．成人教育，2006(12)．

老年教育的实施方式与教育内容是相辅相成的。2012 年北京市朝阳区老年教育需求调查显示，老年人最喜欢的是专家讲座，比例达到 53%，其后依次是文体活动、交流互动等其他形式。辽宁教育研究院的调查中，对于老年教育的形式选择最多的是“老年大学或老年学校”，占 78.6%，居绝对领先地位；其次是“知识讲座”（占 32.5%）、“有组织地收听（看）广播电视”（25.8%）；另外有 20.8% 的老年人选择了“娱乐活动小组如秧歌队等”；选择“正规大学”和“远程教育”的形式都较少，分别占 5.3% 和 5.0%。老年大学的在校学员、参加社区教育的老年人、任意选取社区的普通老年人三组调查对象的选择顺序基本相同，任选社区普通老人组选择“有组织地收听（看）广播电视”的相对较多，比例占 42.6%。[1]

老年教育的呈现形式，要根据老年人的特点，创新思路，科学地策划实施，可采用专题讲座、老年大学、网络公开课、短期学习、沙龙、座谈等形式。同时，要有配套的教材、光盘和视频资源，大力借助网络、多媒体、手机等现代化信息渠道，以丰富多样的形式满足老年人的教育需求。

公共图书馆的老年教育一定要加强课程研究，注重课程的层次性、灵活性和发展性。由于老年人的知识水平参差不齐，对学习的要求也就各不相同，因此，既帮助老年人获得自我的提升，也要有助于低龄老年人继续服务于社会的职业需求。

四、服务研究

中国进入老龄社会以后，老年人的数量在增加，老年人的平均寿命在延长，对生命质量的追求越来越高。更多的老年人做完家务，走出家门，追求社会价值和自我价值的实现。公共图书馆作为公益性文化服务机构，应该为老年教育提供什么服务，怎样提供服务，如何有效

1　周冬．基于老年个体的调查看老年群体教育需求特征——以辽宁省为例．成人教育，2012(1).

利用现有的技术设施，具备什么素养的图书馆人来提供服务，如此种种，既是公共图书馆如何为构建学习型社会发挥作用的战略问题，也是公共图书馆如何积极面对我国人口结构的发展趋势，在老龄化社会中不断拓展自己的服务职能问题。

1. 服务内容研究

公共图书馆开展老年教育服务，既是履行其社会教育的职能，又为社会提供了终身教育的重要平台。公共图书馆的老年教育服务内容包含以下 4 个方面：依托于馆藏资源的信息服务，基于教育项目的知识服务，借助于图书馆场地、设备与技术的硬件服务，依赖于图书馆员的人力资源服务。

（1）老年教育的信息服务

联合国教科文组织《公共图书馆宣言》规定："公共图书馆是地区的信息中心，它向用户迅速提供各种知识和信息。"公共图书馆在老年教育服务中的一项最重要的内容就是为老年人提供信息服务。这主要是指公共图书馆要为老年人提供充足的多语种、多载体的馆藏资源和咨询服务，使老年人能够方便快捷地找到他们所需要的信息，满足其基本的文化需求。

随着科学技术的发展和不断应用于图书馆，图书馆在为社会提供着各种信息和信息产品，越来越注重信息资源的深度加工和精细化处理；在信息服务上，它也在不断突破时空界限，为用户提供了多元化、多功能的服务。老年教育也享受着高科技发展带给图书馆的"红利"，老年人在公共图书馆除了获得以图书、报纸、期刊为代表的传统物理载体的资源外，也会获得影像光盘和数字资源，还能得到参考咨询服务及远程私人定制等全方位的信息服务。为了让老年人能够从图书馆高效地获取有价值的信息，图书馆也可以对老年人进行资源检索培训，帮助他们认识图书馆和信息检索渠道，掌握信息检索方法。

（2）老年教育的知识服务

老年教育的知识服务是指公共图书馆通过组织各种形式的教育活动，以满足老年人求知需求的教育服务。《中华人民共和国老年人权益保障法》规定:“老年人有继续受教育的权利。国家发展老年教育,鼓励社会办好各类老年学校。”公共图书馆为老年人提供教育服务,也是应尽的责任。公共图书馆依托资源和社会教育职能定位的优势,通过举办老年大学、网络公开课、短期培训、展览、沙龙、阅读之旅等针对性教育活动,为老年人提供学习交流的平台。

(3)老年教育的硬件设施

老年教育的硬件设施,主要指公共图书馆为老年教育提供的房屋建筑、场地、建筑设备和图书馆技术设备。2008 年 11 月,由文化部主编、住房和城市建设部与中华人民共和国发展和改革委员会批准的《公共图书馆建设标准》颁布实施,该标准的第十三条到十六条,对公共图书馆的建设内容做了明确规定。良好的基础设施是公共图书馆实施老年教育的根本保障,图书馆浓郁的文化氛围也为老年教育提供了良好的文化环境,进而使公共图书馆的文化职能与社会教育职能相辅相成。

(4)老年教育的人力资源服务

公共图书馆的人力资源,包括内部资源和外部资源。内部人力资源指包含了专业技术人员和行政管理人员在内的图书馆员,外部人力资源是指与图书馆发生关联的丰富的社会人力资源。

《公共图书馆宣言》指出,“图书馆员是图书馆用户和馆藏资源之间的能动的中间人”。老年教育的选题策划、组织实施以及后续的延伸服务,都需要大量的人力投入其中。公共图书馆的馆员普遍都有着较高的文化素养和较强的服务意识和服务能力,能够保障老年教育的顺利实施。公共图书馆在为社会服务的过程中与外界联络广泛,积累了大量的多层面的人才,这些人力资源是老年教育的坚强后盾。

2. 服务模式研究

高新科技普遍应用于图书馆的建设与服务,图书馆的服务理念与服务方式正在发生改变,图书馆的核心功能在创新中得以丰富,开始在国家的社会文化生活中承担起更多的责任。

迈克尔 . K. 巴克兰德在他的《图书馆信息科学的理论与实践》一

书中对“图书馆的变化”做了深刻的阐述。他认为，读者的各种动机，他们的各种质询方式、需求程度等，构成了图书馆服务的基础。资源的分配决定了服务的方式，技术条件又决定了能够提供什么方式的服务。[1]

公共图书馆要积极探索研究老年教育的服务模式，既要有宏观视野，也要微观观照。各级图书馆要针对自己职能定位，提供相应的服务。省级图书馆做好顶层设计，发挥资源优势，帮助老年人享受图书馆提供的各项教育服务；市、县、社区等基层图书馆则要做好资源的有效利用，发挥基层图书馆的作用，做好家门口的服务。

公共图书馆老年教育的创新服务有多种模式，这是从教育机构的做法中获得的启发。ELDERHOSTEL 是美国最早的、也是全世界最大的一家面向 55 岁以上老年人士的教育旅游机构，成立于 1975 年，在 90 多个国家和地区开设有 1 万多个活动点，每年吸引近 20 万人参加它的活动。它提出的口号是：“世界是我们的课堂。”这种教育旅游酌情收取一定的教育费用，一般是以参观旅游为主，辅以专题讲座及讨论会等形式，使学员们在游乐、探险中增进知识，并享受集体生活的快乐。[2]

在我国，积极推进社区图书馆建设，发挥社区图书馆的文化教育中心的功能是推进老年教育的最现实可行的方法。这是因为：第一，社区是一个涵盖了所有社会要素的社会系统。在老年教育问题上社区有着其他任何单位无法比拟的优势，它拥有丰富的社会资源，能够提供多种社会参与的平台，满足不同兴趣、不同能力、不同经验老年人的需求；第二，图书馆参与老年教育也是社区本身的内在需求；第三，社区组织是“社区居民自我管理、自我教育、自我服务的群众性自治组织”，因此可以为老年社会参与提供更为广阔的社

1　申蓉．国外未来图书馆社会职能问题研究述要．四川图书馆学报，1998(4)．

2　郭美玉．美国老年教育与借鉴——对发展老年教育的思考．长沙铁道学院学报(社会科学版)，2006(1－2)．

会空间。

图书馆实施老年教育，要调动老年人的积极性，通过招募志愿者的方式请优秀的老年人参与到管理中来。日本的老年教育经常招募志愿者。这种方式，可以使老年人在服务社会的过程中增强自身的社会有用感，保持乐观积极的健康心态；同时，通过培养优秀的老年人才，使其参与到社会教育活动中去，充实社会教育的力量。例如，招募具有专门知识和技能的年龄在 60 以上的优秀老年人才，经过必要的培训，派遣他们充任儿童会、青年小组、妇女学校等各种社会教育活动的指导者。日本文部省为奖励这项事业，从 1978 年起对其进行部分事业费补助。[1] 经验证明，很多老年人在社会活动中承接了从政府剥离出来的大量的社会职能，承办了许多社区服务事项，组织开展了各式各样的老年活动，丰富了老年人的生活，在满足老年人需要的同时也为自己带来了成就感、社会尊重感、社会价值感与意义感。[2]

公共图书馆要想有效实施老年教育，必须要打破固有的读者到馆享受服务的传统观念，要积极地走出图书馆，走进社会，走进社区，与社会养老机构、教育机构、医院等建立良好的合作关系，探索新型的老年教育服务模式。

目前，我国养老机构主要有老年社会福利院、敬老院、老年公寓、托老所以及各种形式的中高端老龄地产。到 2013 年，我国的养老机构数量达到 42 459 个，有 493.7 万个床位，与当年老龄人数 2.02 亿相比，就意味着超过 2.4% 的老人在养老机构生活。[3]

1　杜智萍．老年教育：建设学习型社会的重要环节——日本的经验和启示．成人教育，2006(12)．

2　刘颂．积极老龄化框架下老年社会参与的难点及对策．南京人口管理干部学院学报，2006(4)．

3　吴玉韶，党俊武主编．中国老龄产业发展报告(2014)．北京：社会科学文献出版社，2014：130—131．

表 4－6　2013 年中国养老服务机构地区发展情况

地区	机构数量（个）	平均床位（张）	地区	机构数量（个）	平均床位（张）
北京	416	284	湖北	2436	100
天津	320	126	湖南	2808	59
河北	1098	95	广东	2386	63
山西	843	78	广西	1455	83
内蒙古	698	106	海南	239	62
辽宁	1441	122	重庆	2212	55
吉林	810	95	四川	3165	110
黑龙江	587	175	贵州	1209	45
上海	632	177	云南	766	82
江苏	2643	166	西藏	250	29
浙江	1195	134	陕西	886	96
安徽	2388	113	甘肃	767	71
福建	1107	59	青海	152	56
江西	1914	82	宁夏	71	122
山东	2395	168	新疆	607	7
河南	2763	101	全国	42459	102

据相关统计资料，中国养老机构提供的服务类型主要有三种：以日常生活照料服务为主，以护理康复服务为主，以临终照护为主。全国老龄办开展的“全国民办养老服务机构基本情况调查”数据显示，中国民办养老服务机构中，87% 以提供日常生活照料为主要服务类型，10% 左右以提供护理康复为主（含提供各类日常生活服务），另外有 3% 左右的机构主要提供临终照护。

不论国办养老机构，还是民办养老机构，为老年人提供各种生活照护是主要服务内容，都缺乏基本的文化服务设施，很少提供文化教育服务。即使有图书馆(室),藏书数量少,类型单一,针对性较差,补充新馆藏的速度和质量都不尽如人意。对于收费较低的养老机构,老年教育无从谈起。养老机构是老年人群相对集中的地方,公共图书馆可以针对养老机构,探索整体打包的服务模式,并且与民政部门密切合作,发挥社区图书馆的作用,把老人请到图书馆,或者送教育进养老机构的方式,让养老机构的老年人享受到丰富多彩的教育服务。

人口老龄化日益严峻,各级政府陆续出台了一系列旨在鼓励和引导社会资本大力发展老龄产业的政策,涌现了一些新的养老形式。“异地养老”在一些发达国家,尤其是人口老龄化较为突出的国家正在试行,这一养老方式也逐渐为我国的老年人所接受。据 2004 年的调查数据,北京市有 21.3% 的老人表示愿意“异地养老”,10 年后的今天,异地养老的模式和服务不断发展,北京市的这一数据应该有所上升。大连、广州、香港、上海等大城市已开始积极探索“异地养老”实践。浙江省天目山地区推出了“候鸟式”的应时移居(避暑、避寒、避闹等)、“休养式”的暂居(与休闲、旅游、调节生活相结合)、“度假式”的借居、长期定居等多种农家寄养式异地养老,接待了来自上海、杭州等大城市数万人次的老年人。通过推广,目前有一些城市老人已在当地置房定居。[1]

老龄房地产也是一种发展迅速的新的地产形式和养老模式。目前,全国范围内,万科、绿城、保利、恒大、龙湖、复星、远洋、绿地、华润、首创置业、复地、富力等大品牌正以不同的策略进入老龄房地产领域。国际上一些知名的养老服务集团、房地产投资基金等投资主体也开始进入。针对老年的不同需求,各地对老龄房产的开发进行了大量探索,初步形成了综合性养老社区、养老组团、业务转型类养老公寓、主题养老社区、旅游度假型养老公寓、“候鸟式”老龄房地产项目等模式,通过持有、出售以及出售和持有相结合的方式进行运作。目前,我国

1　杜丁,王尧. 调查显示北京两成老年人愿意异地养老. http://www.china.com.cn/chinese/renkou/1128365.htm.

的老龄房产的地域分布呈现两个特点：一是分布在养老需求大、购买力强的特大城市，如北京、上海，从目前公开信息披露的 80 多个老龄房产项目中，两个城市分别为 15 个和 11 个项目；二是分布在经济发达、生态环境优美的中小城市，如浙江省有 10 个项目，分别坐落在杭州、乌镇、嘉兴等地。

老龄房地产的目标群体一般定位于中高端人群：一是具有一定经济实力的企事业单位及政府机关退休人员；二是受教育程度较高，养老观念强的学者、教师、文艺工作者等；三是无暇得到儿女或亲戚照顾的人群；四是希望购买一处好的居所、能享受成熟的专业服务的丁克家庭。[1] 如上海亲和源会员制养老社区的目标群体是“三高”老年人，即企业老板的父母，进入暮年的老板以及老教授。犹如北京暮馨国际敬老园，客户群体为退休干部、大学教授、工程师等高收入人群。其他如旅游休闲的养老模式，也是面向有比较好的经济基础的老年人。

养老方式的变化，老年教育服务也具有复杂性和多样性。对于参加异地养老的这一庞大的老年群体，公共图书馆提供什么教育服务、怎样去为老年人提供教育服务非常值得探索。

对于像老龄房地产这样的居住群体比较特殊的地方，公共图书馆要充分调研房地产开发商的经营理念、经营模式、入住群体的共性特征，与开发商或服务商合作，将老年教育纳入其服务体系当中，使老年人不仅享受到优美的居住环境、上乘的家政与健康保健服务，还能享受到优质的文化服务和教育服务。

公共图书馆的老年教育，要借鉴国外的老年教育经验，广泛与社会机构合作，共同实施。如美国政府设立专门机构管理老年教育，并鼓励各种民间老年教育组织参与老年教育，老年教育机构众多。我国在老年教育方面也有可借鉴之处。2015 年 2 月，老年文化服务联盟正

1 吴玉韶，党俊武主编．中国老龄产业发展报告(2014)．北京：社会科学文献出版社，2014：160—166.

式在京成立。[1] 该联盟由中国现代史学会红色文化研究专业委员会、文化部离退休人员服务中心、中国老年学学会老年旅游专业委员会、北京电影学院音像出版社、中国知青演艺联盟等几十家单位发起成立，旨在团结、联合、动员一切社会力量，共同为积极应对人口老龄化挑战而奋斗。打造老年文化展演舞台，让亿万老年人得到多方面的精神关爱和养老公益服务。[2]

总之，公共图书馆的老年教育服务模式是多元的，需要关注老年人口的发展趋势，了解我国的养老政策和养老方式的发展变化，在实践中不断摸索，不断创新。

3. 服务技术研究

当今世界，高科技发展迅速，信息检索技术、数字图书馆技术、云计算、Web2.0 技术的研究等不断创新。与此同时，高新技术能很快转化成生产力，广泛地应用于生产建设与社会生活的各个领域。21 世纪以来的 10 余年间，我国图书馆事业发展迅速。新技术应用于图书馆的建设与服务之中，在不改变藏与用的核心价值前提下，为图书馆的发展翻开了崭新的一页。

随着科技的发展，数字图书馆的建设及其服务方式也在不断变化。比如高科技改变了人们的阅读方式，阅读平台在向手机、iPad 等屏幕方向发展，现有的数字资源服务也在向移动数字平台转移。正如凯文·凯利①所说：今天，差不多有 45 亿个数字屏幕在照亮我们的生活。词汇已经从木质纸浆转移到电脑、手机、手提电脑、游戏机、电视、广告看板和平板电脑的像素中。也许有一天读者进入图书馆后不必从书架上取下书，只要扫一下条形码，该书的篇名、作者、内容简介、出

① 凯文·凯利（Kevin Kelly，1952—），常被称为“KK”，《连线》杂志（Wired Magazine）第一任主编；曾担任《全球概览》（Whole Earth Catalog）主编、出版人。KK 具有多重身份：作家、摄影家、自然资源保护论者，同时还是亚洲文化、数字文化领域的学者。

1,2 老年文化服务联盟在北京正式成立 . http://www.cncaprc.gov.cn/contents/2/2299.html.

版信息等，尽可以在屏幕中显示。[1]

历史表明，科学技术是促进图书馆事业发展的重要动因。缩微复印技术、声像技术、计算机技术、通信技术、网络技术、多媒体技术使图书馆事业发生了质的变化。未来的科技发展也必将对图书馆的发展产生巨大的影响。[2] 因此，公共图书馆实施老年教育，不可能背离科学技术的发展而发展，而应积极与时代的发展相契合，将老年教育放在现代化科学技术发展的轨道中去实施。

4. 图书馆员老年教育服务素养研究

老年人是特殊人群，心理与生理特征均不同于年轻人。面对这样的读者群体，图书馆员的服务要符合对象需求和期待。因此，公共图书馆要着意研究从事老年教育所必需的职业素养、业务技能。首先，图书馆员要有扎实过硬的职业道德素养。关于图书馆员的职业道德，可参照2002年11月15日中国图书馆学会六届四次理事会通过的《中国图书馆员职业道德准则》。该准则是以《公民道德建设实施纲要》为指导，总结我国图书馆活动的实践经验，为履行图书馆承担的社会职责而制定的行业自律规范，具体内容如下：

1. 确立职业观念，履行社会职责。
2. 适应时代需求，勇于开拓创新。
3. 真诚服务读者，文明热情便捷。
4. 维护读者权益，保守读者秘密。
5. 尊重知识产权，促进信息传播。
6. 爱护文物资源，规范职业行为。
7. 努力钻研业务，提高专业素养。
8. 发扬团队精神，树立职业形象。

---

1 凯文·凯利．数字化时代：全新的阅读方式．斯尼森尼杂志，2010(8)．

2 欧阳翠云．浅论图书馆职能再认识．http://www.studa.net/Library/090602/15152325-2.html.

9. 实践馆际合作，推进资源共享。

10. 拓展社会协作，共建社会文明。①

其次，为老年教育服务的图书馆工作者必须具有广博的学科知识、对信息进行加工处理与分析研究的能力，能够熟练地完成图书馆的基本业务流程。

再次，图书馆员要了解老年人的教育需求，熟悉教育规律，有一定的组织管理和交流沟通的能力。

同时，老年教育的服务模式是主动的推送服务，是温馨的人性化服务。在内容、环境、现场服务与长期关系的保持等方面，均要有独特性和创新性。这就要求图书馆员要有强烈的服务意和创新能力。

目前我国有 2 亿老龄人口，预计到 2020 年，老龄人口将达到 2. 43 亿。老年教育和服务人才队伍建设必将成为老龄战略规划的重要组成部分。图书馆老年教育服务人才队伍的素养，将会影响公共图书馆在老年教育中的作用和未来发展。

总之，老年教育事业是公共图书馆社会教育职能的深化和拓展。但是，老年人究竟需要什么样的教育，公共图书馆又应该怎样发挥自己的优势提供合适的老年教育活动，怎样把老年教育服务做得深入人心，图书馆员应该具备什么素养才能做好老年教育，等等，对于这些至关重要的问题，公共图书馆需要长久地去探索，去实践，去完善。

① 中国图书馆学会. 中国图书馆员职业道德准则. 北京：北京图书馆出版社（今国家图书馆出版社），2003.

第五章　公共图书馆与老年教育体系建设实践

随着现代社会的发展，人们的余暇生活主要呈现出三个特点：一是物质特点，包括用于娱乐休闲相应的自由时间；二是社会特点，余暇生活应当成为社会的基本需求；三是制度特点，余暇生活将得到现行社会制度普遍的承认，并由相关的行政单位和社会组织帮助在群众中普及、实施。[1] 老年人由于不再承担社会工作，余暇时间则成为老年人的最大财富。随着现代生活方式的不断变革，渴望文化、参与学习、重视精神需求成为普遍发展趋势，老年群体对教育的需求同样强烈。公共图书馆作为国家公共文化服务机构，在社会文化体系构建中为老年群体的余暇生活提供什么样的文化产品，如何引导老年人的文化消费，让老年群体有丰富高雅的精神生活，是其公共文化服务体系构建中重要任务之一。

图书馆是通向知识的大门。公共图书馆则是由各级人民政府投资兴办或由社会力量捐资兴办的向社会公众开放的图书馆，是具有文献信息资源收集、整理、存储、传播、研究和服务等功能的公益性公共文化与社会教育设施。[2] 公共图书馆是文化的殿堂，是社会公共文化服务体系的重要组成部分，是建设学习型社会的重要阵地和知识资源，为老年教育服务是其社会教育职能的进一步强化。公共图书馆在开展老年教育服务时，一定要因地制宜，有效利用自身的资源优势和

1　孙常敏．城市老年人余暇生活研究——以上海城市老人为例．上海社会科学院学术季刊．2000(3)．

2　国家质量监督检验总局，标准化管理委员会．公共图书馆服务规范（GB/T 28220—2011）．http://www.360doc.com/content/12/0516/11/6393723_211372329.shtml.

服务优势。因此，公共图书馆可以通过合办老年大学、举办学术讲座、制作公共课程、建设社区老年图书馆（阅览室）等方式，为老年群体搭建教育平台，同时，通过参考咨询、文化订制、特殊人群关怀等一系列服务，深入推送公共图书馆的文化资源。

第一节　老年大学的组织与实施

随着人口老龄化的日益加剧，为老年教育所设的学校逐渐发展起来。1973 年，法国的皮埃尔·维勒斯教授在图卢兹大学创办了世界上第一所第三年龄大学，即老年大学。这所老年大学招生对象是各行各业的退休人员，平均年龄 65 岁，最年长的为 90 岁。学员多数是非全日制学习，属一种非正式教育。学校根据老年学员的特殊需要和困难，开设相应的课程，进行教学活动。第三年龄大学在法国逐渐推广，到 20 世纪 90 年代初期已办起 290 所，在校学员达 10 万人。[1] 法国第一所老年大学的创立，标志世界老年教育的正式兴起。受其影响，老年教育不仅在人口老龄化较早的欧洲和北美发达国家发展迅速，形成了较成熟的办学模式，在已经进入老龄化社会的发展中国家也日益受到重视。

世界各国的老年教育有着自己的发展特色和办学模式。美国采取正规教育、非正规教育和非正式教育三种形式开展老年教育。一是在正规大学招收老年学员，进修或旁听大学课程，食宿与青年学生一样，免收学费。有的大学为老年人单独编班，开设老年人需要的课程。二是高等院校办暑期大学，推动老年寄宿教育。三是在地方成立老年教育学校和专业班级，吸收老年人参加非正式学习，开

1　丁志宏，发达国家的老年教育发展及其对我国的启示——以英、美、日三国为例．高等函授学报：哲学社会科学版，2008(9).

设短期课程。[1]

老年大学和老年学校是我国老年教育的主要实施方式。我国第一所老年大学是1983年成立的山东老年大学。之后,各省、市的老年教育机构如雨后春笋,相继建立。到2014年6月,我国老年大学和老年学校有近6万所,在校学员近700万人。[2]

普遍而言,世界各国的老年大学主要由政府组织实施,如美国由联邦老龄管理局资助建立的社区大学,为老年人制订全面教育规划。现在,国外的老年教育越来越重视利用公共文化资源,发挥图书馆、博物馆的作用。如日本的老年教育要求有效利用已有资源,因此图书馆、博物馆成为老年教育的重要参与者。

2014年5月8日,国务院副总理刘延东在关于建立老年大学的问题上,批示要利用图书馆、文化馆、体育馆等资源,出台相关扶持政策,办好老年大学,为公众终身学习和学习型社会建设服务。我国的公共文化设施必将为未来的老年教育发挥更大的作用。

但是,公共图书馆作为收集、保存与组织文献信息的场所,组织实施老年大学有什么具体优势,怎样组织实施,则需要不断探索。

一、公共图书馆开办老年大学的优势

公共图书馆作为人们寻求知识的重要渠道,为个人和社会群体进行终身教育、自主决策和文化发展提供了基本条件。公共图书馆组织老年大学具有得天独厚的资源优势和服务优势。

1. 资源优势

公共图书馆在为社会提供服务时的物质支撑,主要包含硬件资源和软件资源。硬件资源指图书馆的建筑、馆藏文献、设备、经费等物质

1 韩树杰. 美国老年教育的成功经验及其启示. 湖北大学成人教育学院学报,2006(1).

2 中国老年大学协会网. 中国老年大学协会简介. http://caua1988.com/nzcms_list_news.asp? id=684&sort_id=659.

条件;软件资源指图书馆的组织结构、管理机制、馆员素质、服务手段、文化氛围、精神风貌等精神层面的各种资源。

公共图书馆地理位置优越,一般建于人口集中、交通便利、环境相对安静、符合安全和卫生及环保标准的区域,具备良好的工程地质及水文地质条件,市政配套设施条件良好,因此,便于老年人前往学习。

公共图书馆场地布局合理,设施齐全。根据文化部 2008 年 11 月 1 日实施的《公共图书馆建设标准》,公共图书馆的房屋建筑,包括藏书、借阅、咨询服务、公共活动与辅助服务、业务、行政办公、技术设备、后勤保障 8 类用房。[1] 公共活动空间除一般阅览室、少年儿童阅览室、多媒体阅览室(电子阅览室)外,还会有自习室、学术报告厅、培训教室等向公众开放。普遍而言,我国公共图书馆的场地布局比较合理,充分考虑到读者的不同需求。室内保持了良好的采光和照明,有适宜的空气流通和室内温度;馆内一楼一般都会有楼层和各服务区分布图、安全疏散通道图,人行通道有明确的指引牌;一般会设立无障碍设施,室外有方便残疾人进出的通道和电梯。公共图书馆有严格的安全管理制度,防火、防盗、防潮、防尘、防有害生物等设施完备,禁止烟火,环境洁净。而且,公共图书馆要求绿地率要达到 30%—35%。总之,公共图书馆有着良好的场地环境。

公共图书馆有明显的馆藏优势。公共图书馆作为地区的文献信息中心,其馆藏的数量和质量有严格的标准。1994 年联合国教科文组织发布《公共图书馆宣言》要求:"各年龄群体的图书馆用户必须能够找到与其需求相关的资料。公共图书馆必须藏有并提供包括各种合适的载体和现代技术以及传统的书刊资料。重要的是馆藏和图书馆服务是否具有高质量,是否确实满足地方需求、适合地方条件。馆藏资料必须反映当前趋势和社会发展过程,以及记载人类活动和想象的

1　文化部. 公共图书馆建设标准(建标 108—2008). http://www.360doc.com/content/11/0315/21/6393723_101465936.shtml.

历史。馆藏资料和图书馆服务不应受到任何意识形态、政治或宗教审查制度的影响,也不应屈服于商业压力。”[1]我国一直致力于公共图书馆的建设,不断加大经费的投入。几十年来,随着出版业和信息技术的发展,公共图书馆的馆藏种类日益丰富,馆藏量连年增加,质量不断优化。

公共图书馆具有不断发展的技术优势。按照《公共图书馆建设标准》(建标 108—2008)第十条的规定:“公共图书馆的技术设备包括电子计算机、网络设备和相关外围设备,视听及音像控制设备,文献数字化加工与复制设备,图书防盗设备,文献消毒设备,流动图书车,缩微制品摄制、冲洗及阅读设备,视障和老龄阅读设备,装裱及文献修复设备,自助借还设备,书架、阅览桌椅、目录柜、出纳柜台等家具设备,其他设备等 12 类。”[2]以计算机配置为例,根据我国 2012 年 5 月实行的《公共图书馆服务规范》,省级馆包含省(自治区、直辖市)级和副省级市(计划单列市)级图书馆、地级馆包含地(市、地区、盟、州)级图书馆、县级馆包含县(市、区)级图书馆的配置标准如下:

表 5-1 公共图书馆计算机设备配置及用途指标

公共图书馆等级	计算机总数量	其中读者使用计算机数量(台)	其中 OPAC 计算机数量(台)
省级馆	100 台以上	60 台以上	12 台以上
地级馆	60 台以上	40 台以上	8 台以上
县级馆	30 台以上	20 台以上	4 台以上

1 联合国教科文组织．公共图书馆宣言,1994. http://baike.baidu.com/link?url=PVaj-cdB-DbJ0TAowebK-NrxKDOFZhn752O9lQvB9bomYX2Oyowk0y_fZZ53HN8ddkPe-khdwuJjhPX92EtpQ_.

2 文化部．公共图书馆建设标准(建标 108—2008). http://www.360doc.com/content/11/0315/21/6393723_101465936.shtml.

不断发展的技术设备极大地提升了公共图书馆运行的技术手段和服务水平，尤其是数字图书馆技术、射频识别技术（RFID）、信息网络等新技术在图书馆的广泛应用，为老年教育提供了技术支撑。

公共图书馆具有人力资源优势。公共图书馆服务对象包括所有公众，既要为成年人提供，也应当注重培养少年儿童的阅读习惯，并努力去满足残疾人、老年人等社会群体的特殊需求。相较于专业图书馆和其他公益文化服务机构，公共图书馆馆员具有较高的为社会公众提供服务的素养和能力。为满足不同年龄不同个性的读者的知识需求，公共图书馆馆员要具备深厚的专业素养，在工作中需要不断参加继续教育，更新知识结构，提高业务能力，同时，也要具有强烈的服务意识与创新能力。

近年来，公共图书馆馆员的素质不断提升，新入职馆员的初始学历普遍提高，老馆员获得高级职称者人数增加，通过参加继续教育，公共图书馆业界的文化水平普遍提升。截至 2012 年年底，我国公共图书馆共计 3076 个，其中省级公共图书馆 38 个，地市级公共图书馆 354 个，县级图书馆 2683 个，独立建制的少儿图书馆 99 个。全国公共图书馆从业人员有 54 997 人，其中正高级职称 654 人，副高级职称 4308 人，中级职称 17 833 人；少儿馆从业人员 2124 人，其中高级职称 35 人，副高级职称 219 人，中级职称 704 人。[1] 30 多年来，公共图书馆发展情况统计如下：[2]

1　中国图书馆年鉴 2013. 北京：国家图书馆出版社，2013：466.

2　中国图书馆年鉴 2013. 北京：国家图书馆出版社，2013：450—505.

表 5-2　按年份全国公共图书馆信息

项目	1979 年	1995 年	2000 年	2005 年	2006 年	2008 年	2009 年	2010 年	2011 年	2012 年	与 1979 年相比增幅（%）	与 1995 年相比增幅（%）
公共图书馆机构数(个)	1651	2615	2675	2762	2778	2820	2850	2884	2952	3076	86. 31	17. 63
公共图书馆从业人员数（人）	–	45 323	51 342	50 423	51 311	52 021	52 688	53 564	54 475	54 997	–	21. 34
公共图书馆藏量（万册件）	18 353	32 850	40 953	48 056	50 024	55 064	58 521	61 726	69 719	78 852	329. 64	140. 04
人均拥有公共图书馆藏量（册）	–	0. 27	0. 32	0. 37	0. 38	0. 41	0. 44	0. 46	0. 52	0. 58	–	114. 81
公共图书馆总流通人次（万人次）	7787	14 142	18 854	23 332	25 218	28 141	32 167	32 823	38 151	43 437	457. 81	207. 15

续表

项目	1979 年	1995 年	2000 年	2005 年	2006 年	2008 年	2009 年	2010 年	2011 年	2012 年	与 1979 年相比增幅（%）	与 1995 年相比增幅（%）
公共图书馆图书外借册数（万册次）	9625	11 814	16 913	20 169	21 039	23 129	25 857	26 392	28 452	33 191	244.84	180.95
公共图书馆财政拨款（万元）	5040	65 829	139 321	277 848	319 479	477 616	550 808	583 685	756 357	934 890	18 449.40	1320.18
公共图书馆人均购书费（元）	-	0.139	0.293	0.457	0.503	0.631	0.782	0.828	0.917	1.091	-	684.89
公共图书馆购书费支出占总支出的比重（%）	-	22.7	23.6	19.1	19.2	16.1	17.2	17.3	15.9	15.1	-	-33.48
公共图书馆新购图书册数（万册）	-	551	692	1535	1686	2071	2939	2956	3985	5826	-	957.35

2. 服务优势

老年人作为特殊群体,在年龄、心理、性情、健康、兴趣爱好等各个方面都呈现出独特性和多样性,对服务的内容和质量有着更高的要求。而为本地区各年龄群体提供公益的知识服务,恰恰是公共图书馆的天职。

1994 年联合国教科文组织发布《公共图书馆宣言》说:"每一个人都有平等享受公共图书馆服务的权利,而不受年龄、种族、性别、宗教信仰、国籍、语言或社会地位的限制。对因故不能享用常规服务和资料的用户,例如少数民族用户、残疾用户、医院病人或监狱囚犯,必须向其提供特殊服务和资料。"[1]这就表明,第一,公共图书馆是开放而包容的,它有义务为社会的任何一名公众提供服务,在制定服务措施时,公共图书馆会充分考虑到读者的普适性和多样性。第二,面对特殊的读者群体,公共图书馆不会局限于在图书馆内被动等待,而会主动地把服务送到读者身边,使多样性服务成为每个读者能够切实享受的权益。

因此,公共图书馆组织实施老年大学,为老年群体提供教育服务,不仅符合公共图书馆的职能,也能够发挥图书馆的资源优势和服务优势,同时有助于公共图书馆探索在进入老龄社会以后,为老年人提供教育服务,拓展和强化自身的教育服务职能,从而为构建学习型社会发挥更大的作用。

2014 年 10 月 23 日,文化部老年大学西区分校在国家图书馆开学。文化部老年大学是由文化部主办、面向文化部机关和直属单位的非学历老年教育机构。为了更好地发挥国家图书馆的公共文化服务职能以及为社会老年群体提供公共文化服务作用,满足系统内老干部日益增长的学习需求,文化部离退休干部局与国家图书馆通力合作,在国家图书馆建立了文化部老年大学西区分校。

国家图书馆作为文化部的直属单位,有责任和义务协助配合文化

---

1 联合国教科文组织. 公共图书馆宣言,1994. http://baike.baidu.com/link?url=PVaj-cdB-DbJ0TAowebK-NrxKDOFZhn752O9lQvB9bomYX2Oyowk0y_fZZ53HN8ddkPe-khdwuJjhPX92EtpQ_.

部离退休干部局，推动文化部老年大学在新时期的建设与拓展。国家图书馆是社会教育窗口，是公民的终身课堂，承担着提供公共文化教育与服务的职能。面对中国老龄化社会的发展趋势，承办老年大学对提升和引导我馆老龄群体服务工作也是一个很好的抓手。而且，国家图书馆的离退休老同志已达1000多人，今后5年每年还将有近60人退休，该校区的开办，有利于提升国图离退休工作的质量与水平。

国家图书馆承办老年大学具有可行性，国图优质的硬件设施，为开设西校区的教学提供了保障。国图有普通教室和国家古籍保护中心培训基地国图教室（首都联合大学国图分校古籍修复教室），配有先进、齐全的教学设备。而且，国家图书馆自1982年开始承办成人高校，为业界培养图书馆专业的实用型人才，1988年作为北京市属首都联合职工大学，面向社会招生。2008年开始，国家图书馆社会教育部仍以首都联合职工大学分校的身份为社会培养古籍修复与鉴定的专用人才，积累了丰富的教务管理经验和教师资源，能够充分保障老年大学的教学和日常管理。

国家图书馆承办老年大学，这在国家图书馆的发展史上是第一次。标志着国图的离退休工作提升到一个新的阶段，也为图书馆如何为老龄群体提供公共文化服务和教育服务开辟了新的发展空间。

二、老年大学的组织实施

公共图书馆老年大学的管理实施，主要包括组织管理、课程设置与教学服务。

1. 组织管理

从我国各地实践看，我国老年教育实行的是多元化管理模式，即在地方政府统一领导和规划下，由老龄委、教育、民政、人事、劳动、文化等部门，以及工会、妇联和各种社团，采用公办、民办、公办民助、民办公助等途径，分别或联合开设老年教育机构。公共图书馆组织的老年大学要首先依托文化管理部门，通过上级部门获得办学的资质。同时要积极与教育、民政、工会、妇联等系统合作，拓展办学渠道，充分发挥公共图书馆的资源优势。

老年大学的管理涉许多方面,公共图书馆要组织老年大学,首先要协调好各方面的关系,密切合作。以文化部老年大学西区分校即国图分校为例。国图分校由文化部主办,国家图书馆承办,国图离退休干部处和社会教育部联合实施。文化部老干部局与国家图书馆之间,国家图书馆有关部门之间,既有密切的合作,又有明确的分工。主办单位文化部老干部局的主要职责是:组织领导、沟通联络、制定政策;课程策划、编制招生计划和教学计划;组织教学研究和交流;争取教学经费和设备设施;邀请授课老师,支付课酬和相关开支;开办老年大学的其他工作。国家图书馆是文化部老年大学西区分校的承办单位,离退休干部处、社会教育部、北图文化发展中心、后勤管理中心和保卫处共同实施,但有明晰的职责分工。离退休干部处的主要职责是本馆员工的入学组织;协调联络、监督指导。社会教育部的职责是:执行教学计划;落实教学场地;准备教学设备设施;承担教务管理(注册登记、课程选定、社会招生、教师聘请、课程安排、日常统筹等);组织教学活动;安全保障对接。北图文化发展中心的职责是:提供教学场地;教学管理服务。后勤管理中心、保卫处的职责是:基础物业保障;安全管理保障。

老年大学的学制可从当地老年人的实际需求和自身的办学能力出发,采取长学制、短学制、短训班等多种形式,灵活加以管理。建立和完善包括正规教育、非正规教育和非正式教育在内的具有公共图书馆特色的老年教育管理体系。

2. 课程设置

老年教育具有闲适性、多样性、趣味性、娱乐性等特点,因此,老年大学的课程设置上一般会充分体现出老年教育的特点,不会单纯强调课程的系统性和完整性,也不会受正规成年教育体制的限制,在课程设置、课程时长、学习模式等方面都考虑到老年人自身的兴趣和身体状况。

公共图书馆的老年大学课程设置,一定要体现图书馆的特色,充分利用图书馆的业务资源和馆藏资源,把优势转换为适宜的课程,为老年教育开发出新颖而有趣的课程形式。

省级图书馆都有古籍典藏业务部门，古籍保护是其重要的工作内容，古籍修复和书画装裱也是社会教育中非常有特色的课程。但是，古籍修复要求坐得住、看得清，对于视力普遍下降、颈椎和腰椎都比较脆弱的老年人而言并不适宜。而书画装裱基本上需要站着操作，比较适合相对低龄的老年人。尤其是书法和绘画在我国有着广泛的群众基础，也是老年教育中广泛设置的课程，学习书画装裱技艺能够与书法绘画艺术相得益彰。

文化部老年大学国家图书馆校区在课程设置方面体现出了特色。为了形成国家图书馆办学的独特性，国图分校首先设立了手工书画装裱班，邀请古籍馆有 30 年从业经验的专业老师授课。第一期装裱课有 20 位老年人参加了学习，学制两个月。学习结束后，所有学员都能熟练地完成各项操作，并拿出一幅完整的书画装裱作品。此后，国图分校根据文化部系统的业务特点，相继开设了舞蹈、书法、摄影和电脑 4 门课程，学员达 230 人。2014 年文化部老年大学国图校区的办学情况如下：

表 5－3　2014 年文化部老年大学国图校区课程及学习人数

班级名称	装裱班	舞蹈班	书法 1 班	书法 2 班	摄影 1 班	摄影 2 班	电脑班
授课次数	9 次	9 次	8 次	8 次	8 次	8 次	7 次
班级人数	20 人	48 人	33 人	32 人	38 人	49 人	30 人

书画装裱课以课堂教学为主，但又重视动手操作，充分体现着课堂教学与社会实践相结合、课内与课外相结合等特点。

就全国老年大学的情况而言，书法、绘画、诗歌、文学、微机、摄影、烹饪、器乐、声乐、舞蹈、老年模特训练、保健、家庭护理、外语等是老年人普遍喜爱的课程。一些能够提高认识、更新思想观念的时事政治、军事、财经、外交等课程，也受到文化素养较高的老年人的欢迎。对此，可以借鉴国外老年大学的课程设置。美国大学开展的老年教育形式多样，不拘一格，可以是课堂学习，也可是户外活动（如登山、划船、参观游览），时间可长达一学期，也可短至几天。活动的主要目的是寓教于乐，让老年人充分享受退休后自由地学习和交友的乐趣。开设的课程更是涉及各个领域,从人文历史、绘画、写作、音乐、哲学,到计算机应用、经济、法律、理财,不一而足。通过这种形式的学习,老人们在心理上都或多或少弥补了年轻时因为各种原因而留下的遗憾。[1]

公共图书馆是区域内的文化中心,是公民学习的场所。因此,公共图书馆在深入调研的基础上,了解所在区域老年人的数量、年龄结构、文化程度等信息,针对不同的教育需求,既设置具有图书馆特色的课程以有别于其他部门主办的老年大学,又要根据周边老年人的实际情况,开设相应的普适性课程。

图书馆老年教育大学的课堂教学模式,可借鉴社会上的教学模式。从我国老年教育的实践看,教学模式主要有专题讲座模式、问题研讨模式、案例分析教学模式、自学辅导教学模式、实地考察与社会实践模式。[2] 总之,充分考虑到老年人的特点,因地制宜,因材施教。

老年大学的师资选择,也需要考虑到老年人这一特殊人群的群体特征。老年大学的教师既要有较高的学养,能够深入浅出,授业解惑,又要有耐心,有爱心,针对不同性格、不同接受程度的学员,能够心平气和地进行辅导,回答他们所提出的各种各样的问题。

3. 教学服务

老年大学的服务,包括硬件服务和人力服务。硬件主要指场地与设施安排,人力服务主要指热情周到的人性化服务。

(1)场地与设施完备

老年大学的场地指教室。老年人学习的教室安排,要充分考虑到老年人的身体状况。在安全、方便、舒适的前提下,教室要尽量明亮洁净,具有良好的通风条件或通风设施。如没有电梯设备,教室要设在较低的楼层,且容易寻找,容易进出,在必要的地方要有引导牌和标示。

教学设施包括课桌椅、教具(黑板或白板、粉笔或水笔、板擦)、电

---

1 郭美玉. 美国老年教育与借鉴——对发展老年教育的思考. 长沙铁道学院学报(社会科学版),2006(1/2).

2 李东生,田旭. 试论中国老年教育的模式. 成人教育,2003(4).

脑、投影仪、扩音设备(包括移动音箱)、饮水机等。伴随着科学技术的飞速发展,目前老年大学的教学也多采用现代化技术手段,因此,教室里一般不再安置固定黑板,而使用移动黑板或白板,并且,多媒体设备也被广泛应用于老年大学教学当中,有的课程则直接使用电脑教学。公共图书馆举办老年大学,一定要根据自己的实际情况,有条件的图书馆应尽量配置现代化教学设施,既能丰富教师的教学内容和教学手段,也能开拓老年人的视野,拉近老年人与时代的距离。

对于实践性较强的科目,如声乐、器乐、烹饪、美术、舞蹈等课程,则要根据具体课程安排场地与教学辅助设施。国家图书馆在组织兴办文化部老年大学国家图书馆校区时,在场地与设备服务方面下了一番工夫。书画装裱这门课程操作性强,需要有宽敞的学习空间,并要配置设备和工具。为此,社会教育部联合有关部门,一方面协调了宽敞明亮、便于寻找的教室;另一方面,配置了大型的操作台、移动箅子、压书机、不同规格的尺子、鬃刷、起子、喷壶、镊子、壁纸刀等必需的工具。同时,为了方便老年人在课堂上操作和课后练习,还购买了各种型号的宣纸、绫子、纸板、天杆、地杆、小麦淀粉等耗材。场地宽敞洁净,工具材料丰富,这为书画装裱班的教学奠定了良好的基础。

(2)服务到位

公共图书馆老年大学的学员具有双重身份,他们既是在老年大学求知的学习者,又是到图书馆学习的读者。图书馆老年大学的工作人员既是为普通读者服务,又是对特殊群体服务。因此图书馆老年大学的工作人员所提供的既是教务服务,同时也是文化服务。

工作人员面对可能比自己父母还年长的老人,管理工作必须要科学化和人性化。所谓科学化管理,一是指要优化工作流程,减少老年人无谓的付出,让他们能够通过最便捷、最舒适的方式,接受到所选择的教育内容;二是要做好充分的教务准备,要考虑到老年人的健康、心理特点以及各种细节,做好可能发生问题的解决预案,在教学过程中,避免教学事故。人性化管理是指,工作人员要有爱心、耐心和细心,要充分考虑到工作对象的特殊性,用热情周到的服务,善待每一位老人。

国家图书馆在接到筹办文化部老年大学西区分校的任务以后，建立了筹备小组，由离退休干部处牵头，社会教育部培训组具体落实实施。在教学工作进行期间都安排专人跟班服务，及时帮助解决学员们在学习中遇到的困难，并按照文化部离退休干部局的要求做好考勤登记、通知联络、教师接待等工作。经过两个多月的教学工作，每个班级的学员出勤率都达到90%以上。由于国图分校的课程安排有特色，教务管理得当，服务热情周到，得到了学员的一致认可和好评。工作人员课间经常与老人们聊天，说说家长里短，聊聊课程的有关内容，让学员在温馨的人文关怀中学完课程，因而，工作人员与各期学员相处得都非常和谐愉快。国家图书馆为老年人提供的不仅仅是学习知识、老有所乐、老有所为的平台，更是对老年人的尊重与关心。

公共图书馆组织老年大学也会遇到问题。老年人出勤随意性强，缺乏学习的持久性，成就感较低，这也是老年教育面临的共同问题。对此，组织者可以探索一套激励机制，对坚持出勤的给予鼓励和奖励。更为重要的是，要延伸课程的时间，拓展课堂的空间，为老年人建立长久的交流机会和平台。比如在学期结束后组织成果汇报或展示，定期组织历届学员参加交流、演出、作品展览、比赛、旅游等活动，除了让老年人有检验成果、展示自己的机会，也让他们能够互相交流，增进友谊，拓展其生活空间和社交空间，从而激发起参与教育活动的积极性。

公共图书馆举办老年大学是其社会教育职能的进一步深化，将为促进公共图书馆事业的发展，为建设覆盖全社会的公共文化服务体系，保障公众的基本文化权益做出贡献，也必将成为未来公共图书馆的发展的一个趋势。

第二节　专题讲座的策划与实施

公共图书馆举办学术专题讲座，是其履行社会教育职能的重要途径，一直受到社会各界的好评。进入21世纪以来，公共图书馆继续发挥公共文化服务设施的职能，拓展延伸服务，吸引社会公众走进图书馆，为提升国民素质、培养社会良好风气、构建和谐社会提供有力支持。作为国家知识财富的集聚地和公益性事业单位，公共图书馆比其他机构更能获得社会各界与专业人士的支持。同时，由于公共图书馆长期与学术界保持着密切的联系，积累了丰富的讲师资源。通过精心策划公众感兴趣的话题，邀请名家名师到馆演讲，传播知识，交流思想，使图书馆专题讲座成为富有吸引力的文化磁场。

积极开展各类讲座，是公共图书馆的文化职能，也是老年教育的一种有效方式。老年大学无论是正规教育、非正规教育，还是短期培训，相对而言，都会有或长或短的学习过程，而专题讲座内容丰富，形式灵活，是老年大学的重要补充。

一、讲座与老年教育

讲座作为一种教育形式，因其时间短、选题较好、主讲人一般都是善于讲解的专家学者，因而受到全社会的普遍欢迎。目前国家图书馆和各省级公共图书馆，都通过讲座的方式来履行其社会教育的职能，并形成了自己的品牌。讲座也成为老年教育的一种重要实施方式。

国家图书馆为公众举办公益讲座已有 60 多年的历史，目前已经拥有“文津讲坛”“国图讲坛”等知名品牌。这些讲座一般面向广大读者，不针对特殊人群，实际上也为广大老年朋友提供了非常好的学习场所，成为广大读者周末文化消费的首选之地，也为老年人提供了学习的平台。很多讲座，老年朋友占到读者的三分之一，而工作日举办的讲座，时间充裕的老年朋友则成为听众中的主力。

“文津讲坛”始办于 2001 年，迄今已举办 800 余场。在专题策划和主讲人选择上，“文津讲坛”坚持主讲内容和主讲人的精品意识。讲授内容涉及文史政经、音乐舞蹈、书法绘画、文博考古等各个领域；主讲人既有像任继愈、启功、朱家溍、吴敬琏、厉以宁、王蒙、汤一介、张岂之、袁行霈等德高望重、卓有建树的学者前辈，也有风华正茂、学术精到的学界后人。“文津讲坛”汇集百科、兼容并包、雅俗共赏的特点，成为国家图书馆知名讲座品牌和文化品牌。

“国图讲坛”是国家图书馆又一讲座品牌,包括“艺术家论坛”“教育家论坛”“科学家论坛”“企业家论坛”等系列讲座。国图讲台在选题上注重通识性、普及性,涉及文史、艺术、时政、科普、企业管理、教育等社会生活的众多领域。“国图讲坛”的主讲人有各领域的专家学者、有关政策的制定者和研究者以及非物质文化遗产领域的传承人。近年来,国家图书馆社会教育部为了配合展览,经常举办主题讲座,讲座与展览相呼应,收到了很好的效果。如 2014 年为了配合《我们的文字——非物质文化遗产中文字的传承》展览,举办了 6 场专题讲座,观众反响热烈。讲座内容及主讲人如下:

表 5-4 “我们的文字”系列讲座

时间	讲座题目	主讲人
2014 年 12 月 28 日	印章(篆刻)中的文字美	张耕源　中国美术学院教授,国家二级美术师,西泠印社肖像印研究室主任
2015 年 1 月 18 日	中国少数民族文字文物	史金波　中国社会科学院民族学与人类学研究所研究员,中国社会科学院西夏文化研究中心主任
2015 年 1 月 18 日	女书的魅力	赵丽明　清华大学人文学院教授,中国西南地区濒危文化研究中心主任
2015 年 1 月 24 日	汉字与历史文化	王贵元　中国人民大学文学院教授,中国文字学会常务理事
2015 年 1 月 24 日	汉字的性质与结构	王宁　北京师范大学中文系教授,信息处理研究所所长
2015 年 1 月 31 日	汉字与单词的对话	孟德宏　语言学及应用语言学博士,北京外国语大学中国语言文学学院讲师

国家典籍博物馆开馆以后，着力于打造与“典籍”相应的讲座品牌，内容侧重于古籍文献与传统文化，主题鲜明，并聘请学界知名的专家学者主讲。国家典籍博物馆讲座也成为国家图书馆为老年教育提供的一个重要学习平台。

国家图书馆的公益讲座为社会传递了先进的文化，成为老年读者获取知识、陶冶情操的学习课堂。“国图讲坛”和国家典籍博物馆的讲座均位于交通便利的中关村南大街国家图书馆总馆，“文津讲坛”位于文津街古籍馆，吸引了周边社区很多老年朋友，并培养出一批长期坚持不懈听讲座的忠实老年读者。

举办讲座是目前国内很多省市级公共图书馆普遍采用的社会教育方式。到图书馆听讲座，也是老年人非常喜欢的学习形式。上海图书馆讲座自 1978 年开办以来，已经成为图书馆界知名讲座品牌，累计听众 120 余万人次。上图讲座更诞生了“都市文化”“名家解读名著”“上海发展讲坛”“世界与上海”“信息化知识”“知识与健康”等系列化的讲座，和“法律知识”“市民与法”“院士讲坛”“国际科学家讲坛”“青年讲坛”“学生讲坛”“新世纪论坛”等一批新兴品牌讲座。不仅为不同年龄阶段人提供了获取知识和信息的渠道，两三天一场的频率，也为时间充裕的老年人提供了学习的平台。

除港澳台之外，我国 31 个省、市、自治区一级的图书馆讲座情况如下：

表 5－5　我国 31 省、市、自治区省级图书馆讲座统计表

图书馆名称	讲座名称	图书馆名称	讲座名称
首都图书馆	首图讲坛	湖北省图书馆	长江讲坛
天津图书馆	海津讲坛	湖南省图书馆	湘图讲坛
河北省图书馆	冀图讲坛	广东省立中山图书馆	中图讲座
山西省图书馆	文源讲坛	广西壮族自治区图书馆	八桂讲坛
内蒙古自治区图书馆	无名称	海南省图书馆	海图讲座
辽宁省图书馆	辽图讲座	重庆图书馆	重图讲座

续表

图书馆名称	讲座名称	图书馆名称	讲座名称
吉林省图书馆	长白山讲坛	四川省图书馆	巴蜀讲坛
黑龙江省图书馆	龙江讲坛	贵州省图书馆	贵图讲座
上海图书馆	上图讲座	云南省图书馆	云南文化大讲堂
江苏省图书馆	南图讲座	西藏图书馆	西图讲坛
浙江省图书馆	文澜讲坛	陕西省图书馆	陕图讲坛
安徽省图书馆	新安百姓讲堂	甘肃省图书馆	周末名家讲坛
福建省图书馆	闽图讲座	青海省图书馆	夏都讲坛
江西省图书馆	赣图大讲堂	宁夏回族自治区图书馆	塞上人文论坛
山东省图书馆	大众讲坛	新疆维吾尔自治区图书馆	新图讲座
河南省图书馆	豫图讲坛		

注:本表根据各省级图书馆网站主页讲座栏目或讲座信息而统计,尚有遗漏。内蒙古图书馆有讲座,由于没有明确表述讲座名称,便视为“无名称”。

公共图书馆的一项重要职责就是发挥资源优势,为社会公众提供多种形式的社文化产品,满足公众丰富多样的文化需求,进而引领公众的文化趣味,为我国精神文明建设、建设学习型社会做出贡献。

二、选题与实施

公共图书馆的公益讲座主要面向广大成年读者,内容具有普适性。而针对老年人的讲座,无论策划选题还是组织实施,则要充分考虑到听众的独特性。

1. 选题策划

策划老年人的专题讲座,首先要进行老年教育需求调查,充分了解老年人的年龄特征和兴趣爱好,研究老年人的知识需求和学习动机,在此基础上确立主题和具体内容。普遍而言,居住在大中型城市的老年人因城市文化环境和自身素养较好,对文学艺术、时事政治、社会热点、卫生保健、饮食养生等话题感兴趣。而对于基层的老年人而言,卫生保健、饮食养生、婴幼儿培育、农业技术等话题则更为实际。因此,在策划讲座选题时,要结合老年人自身的特点,以及公共图书馆区域内的人文环境和教育基础，要有知识性、趣味性、针对性和娱乐性。同时，也要兼顾主讲老师的来源和资金成本，因地制宜，充分发挥本地的资源优势。

为了使选题策划得更受老年人的欢迎，工作人员可对老年听众进行问卷调查或跟踪调查，对坚持听讲座的老年人建立跟踪档案，了解老年人参加学习后对身心健康的影响，为制定完善的老年服务措施提供一手资料。

为老年人开设的讲座，主讲人可为德高望重、岳峙渊清的学界名家，也可以是风华正茂、学有专长的年轻学者，或者是在行业内卓有成就的专家。不管是什么样的主讲人，都要充分了解老年人的特点，力求老年人听得进去，听得明白，做到因人施讲，力求实效。

2. 组织实施

讲座的场地可以根据图书馆的实际情况，因地制宜。大型图书馆可把针对老年人的讲座与普通听众结合起来，可在有着良好的环境和音响设备的学术报告厅进行。中小型图书馆如果没有专门的学术报告厅，可在会议室、阅览室进行。

老年人讲座的组织与服务，首先要注意安全问题，无论报告厅还是阅览室，要有老年听众的安全防护措施，针对特殊人群，要有无障碍通道。在进场和退场时，工作人员做好老年听众的有效引导和疏通，保障他们安全进出。在必要的路口要有指示牌，在上下台阶处要有安全提醒标志。为预防老年人的健康突发事件，应备有医药箱。

为了把区域内的老年人吸引到图书馆来听讲座，丰富他们的文化生活，公共图书馆的工作人员也可采取适当的激励措施。如为听讲座的老年人准备一些小礼物，组织一些义诊，组织经常听讲座的老年人参加“阅读之旅”之类的文化旅游活动，等等。通过形式多样的奖励，激发老年人的学习积极性。

总之，公共图书为举办的各种类型讲座，既是老年人获取教育资源的重要渠道，也是一种轻松灵活的学习方式。公共图书馆通过为老年人举办专题讲座来实施老年教育，也是最为便捷高效的教育措施。

第三节　网络公开课的制作与传播

近年来,依托信息技术、网络技术和多种数字化资源而形成的开放式大规模在线教育在世界范围内兴起,逐渐成为人们学习知识、获取信息、沟通交流的重要途径。

一、公开课的发展现状

大规模在线教育(massive online education,MOE)已有十多年的发展历史。它的发展经历了两个阶段:第一阶段是1999年发端于德国图宾根大学、2002年兴盛于美国麻省理工学院的网络公开课(Open Course Ware,OCW)。第二阶段是2012年迅速崛起的MOOC(Massive Open Online Course)。2011年斯坦福大学开启MOOC先河,大规模开放式在线课程正式进入人们的视野。2012年,麻省理工大学与哈佛大学合作创建了edX,目前推出的1200门免费课程吸引了将近1300万用户在线学习。MOOC课程提供商Udacity创始人Sebastian Thrun预计,在未来50年内会有10家机构接替高等教育。[1]

1. 我国网络公开课的发展现状

2011年10月,我国教育部颁布了《教育部关于国家精品开放课程建设的实施意见》,决定从2011年开始,由教育部组织“985工程”高校先行启动视频公开课建设试点工作。旨在推动高等教育开放,弘扬社会主义核心价值体系,弘扬主流文化、宣传科学理论,广泛传播人类文明优秀成果和现代科学技术前沿知识,提升高校学生及社会大众的科学文化素养,服务社会主义先进文化建设,增强我国文化软实力和中华文化国际影响力。遴选的课程在爱课程网、中国网络电视台及网

1　余禾,MOOC公开课真能替代学院教育吗? 中国大学MOOC. http://www.zhongjiaomedia.com/mooc/754.html.

易3个网站免费向社会开放。[1] 2011年11月9日，中国大学“精品视频公开课”通过爱课程网、中国网络电视台和网易同步向社会公众免费开放，共有18所高校的20门课程亮相，涉及人文科学和社会科学两大类。2012年，“精品视频公开课”建设学校范围扩大至“211工程”高校及少量具有鲜明学科特色优势的非“211工程”高校。我国高水平大学率先向社会推出中国大学精品视频公开课，为推进优质教育资源共享、实现大学服务社会和文化传承创新的使命、推动学习型社会建设做出贡献。

2011年启动的中国大学精品视频公开课是我国推倒大学的围墙、实现教育公平的有益尝试。但是，整体而言，课程单一，教学更像演讲或讲座，缺少真实课堂中师生的互动。

2012年MOOC被引入中国，国外公开课中真实的课堂情境、线上线下的互动以及录制方式给了我们很大的启发。2013年，北京大学、清华大学、复旦大学、上海交通大学等一流高校开始尝试MOOC，在内容制作与发布的技术平台方面，高校与技术公司双方积极合作。目前，国内的MOOC基本上实现了平台的国际化和语言的本土化。例如清华大学和北京慕华科技公司合作开发的“学堂在线”、果壳网旗下的MOOC学院、TopU公司的“顶你学堂”、央视网的中国公开课等。此外，国内还有一些商业公开课平台，例如网易云课堂、腾讯课堂、智慧树网等，它们为资源拥有者提供了资源发布的平台，企业或个人可以通过平台发布视频资源，在平台中资源是收费或免费的，用户可以通过平台按主题检索到所有资源。①

目前，网易公开课、央视网中国公开课、果壳网MOOC学院、雅虎

① 本节参考了国家图书馆社会教育部关于“国图公开课”的调研材料。

1 教育部关于国家精品开放课程建设的实施意见(教高)〔2011〕8号. http://www. moe. edu. cn/publicfiles/business/htmlfiles/moe/s3843/201111/xxgk_126346. html.

学堂都是国内较为优秀的公开课网站,并各有自己的特色。①

(1)网易公开课

网易公开课,又称"全球名校视频公开课项目",2011 年 10 月由中国门户网站网易正式推出。用户可以在线免费观看来自于哈佛大学等世界级名校的公开课课程,以及可汗学院、TED 等教育性组织的精彩视频,内容涵盖人文、社会、艺术、科学、金融等领域。网易公开课力求为爱学习的网友创造一个公开的免费课程平台,注重与个人的互动,另有自建的公开课资源——态度公开课。

(2)央视网中国公开课

央视网中国公开课是央视网搭建的强有力的网络视频教学平台。汇集国内外名校(从小学、初中、高中到大学)优质课程,涉及学科广泛,是传统意义上的学校课程的汇集,同时囊括各类名人讲坛和央视自建的影视作品。

(3)果壳网 MOOC 学院

果壳网 MOOC 学院是果壳网旗下的一个讨论 MOOC 课程的学习社区。MOOC 学院收录了主流的 3 大课程提供商 Coursera、Udacity、edX 的所有课程,并将大部分课程的课程简介翻译成中文。用户可以在 MOOC 学院给上过的 MOOC 课程点评打分,在学习的过程中和同学讨论课程问题,记录自己的上课笔记。

(4)雅虎学堂

雅虎学堂是 2010 年年底至 2012 年年底运行的一个类似于公开课的平台,旨在启迪民智,与网友一起回归"常识"。栏目以典雅独特的风格、通俗易懂的文字、短小精悍的故事,反思当前社会日益突出的道德问题,向广大网友展示真善美的魅力。[1] 课件以单纯的 PPT 形式

① 以下文字参考各自网站的介绍。

1 雅虎学堂:重拾最简单的做人道理 . http://baike. baidu. com/link? url = -jgjm-ZFnPkWIGuiGEcT6cLTi-JHaGDw48slyr0x1_eWZ1CmF5CQWLukbCEeSDbq_hhQ_r6jDv-vkXAUkI4YVq.

发出,胜在内容独特,风格统一,能够直击人心。

无论大学内的公开课还是商业平台,大学生和社会公众逐渐接受了这种新的学习方式,对课程的质量也有更高的期待。2015 年 4 月 27 日,果壳网针对 MOOC 学院已收录的 1887 门课程进行了多维度的测评总结,正式发布了第一期“果壳评分之全球 MOOC 排行榜”。排行榜基于 14 103 份评分数据,统计了 2014 年 6 月至 2015 年 3 月间 MOOC 用户在完成学习后对课程质量的评价。拥有最多“精品好课”的 MOOC 平台排名前三名的是 Coursera、edX 和学堂在线。[1]

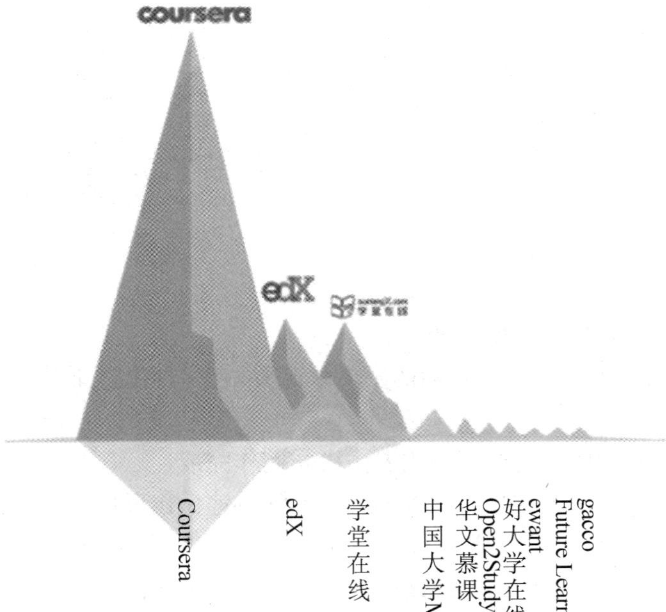

1　【2015 全球 MOOC 排行榜】清华大学好课最多,湖南大学成黑马 . http://mooc. guokr. com/post/613054/2015-4-27.

按平台整体课程质量来看，定位“少而精”的日本课程平台 gacco、台湾课程平台“清华大学”磨课师、学堂在线位居前三名。

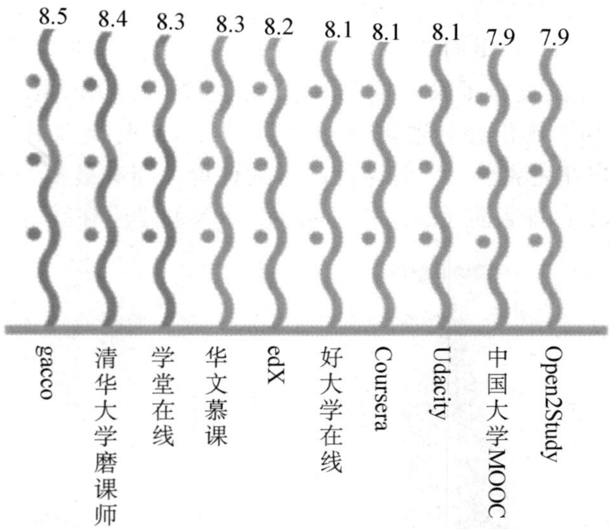

2. 我国网络公开课的特点

从我国网络公开课目前的发展状况看，它呈现出以下几个方面的特征：

（1）我国网络公开课制主要由大学制作完成

国外 MOOC 一诞生，国内的公开课便迅速做出反应，在课程设置、制作方式、技术平台等各方面进行了本土化改造。2013 年被称为“中国 MOOC 元年”，2014 年开设公开课的大学和机构迅速增加。显然，网络公开课正在促使我国高等教育的教学内容、方法、模式和教学管理体制机制发生变革。2015 年 4 月，为积极顺应世界范围内大规模在线开放课程发展新趋势，直面高等教育教学改革发展新的机遇与挑战，教育部日前出台《关于加强高等学校在线开放课程建设应用与管理的意见》，以借鉴国际先进经验，发挥我国高等教育教学传统优势，推动我国大规模在线开放课程建设走上“高校主体、政府支持、社会参与"的积极、健康、创新、可持续的中国特色良性发展道路。

根据2015年"果壳评分之全球MOOC排行榜"，[1]开设好课的前10位大学中，我国的清华大学位居首位，台湾大学、北京大学位列其中，分别排在第二、第八位。

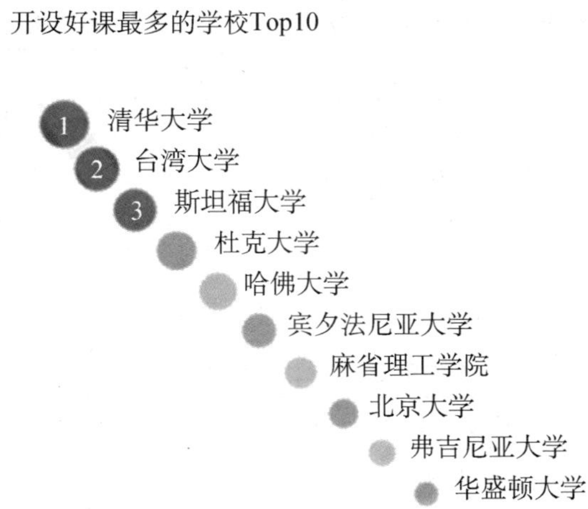

学校教育类型的公开课市场，到目前已经开始走上"大而全"的竞争模式，即零岁教育、学龄前教育、小学、初中、高中、大学、研究生、博士等阶段的课程，都已经打包上线，成为各大网站竞争对比的重点。

(2)网络公开课的课程内容以学校课程为主

从内容上看，网络公开课主要以学校教学计划内的课程为主，大部分的课程都由大学教授来提供。第一堂MOOC是斯坦福大学的《人工智能导论课程》，随后越来越多的课程加入到MOOC的行列。亚洲的第一门MOOC课程是由香港科技大学夏瑞夫(Naubahar Sharif)讲授

1　【2015全球MOOC排行榜】清华大学好课最多，湖南大学成黑马．http://mooc.guokr.com/post/613054/2015-4-27.

的为期3周的《中国的科学、科技与社会》，[1]在美国教育科技公司Coursera平台上开课。国内以各大高校为主要传播者的公开课更是将学校的精品课程直接放到了MOOC平台上。据2011年中国大学视频公开课（首批）点击排行榜，排名前15名的课程是：[2]

表5－6　2011年中国大学视频公开课（首批）点击排行榜

序号	课程	主讲教师	学校
1	中国古代政治与文化	邓小南、阎步克	北京大学
2	薪火传承·中国传统哲学通论	宋志明	中国人民大学
3	千古名月	于丹	北京师范大学
4	六大名著导读	陈洪	南开大学
5	王阳明心学	董平	浙江大学
6	文化传承与建筑创新	何镜堂	华南理工大学
7	中国诗歌艺术	王红	四川大学
8	大学生心理健康	樊富珉	清华大学
9	从爱因斯坦到霍金的宇宙	赵峥	北京师范大学
10	信息系统与安全对抗理论	王越	北京理工大学
11	演讲与口才	姚小玲	北京航空航天大学
12	学习心理学	庞维国	华东师范大学
13	认识宇宙	向守平	中国科学技术大学
14	人工智能PK人类智能	蔡自兴　刘丽珏	中南大学
15	现代礼仪	袁涤非	湖南大学

1　出国留学网．香港科技大学提供亚洲第一门MOOC课程，吸引全球学生．www. liuxue86. com 2013-05-04.

2　中国教育新闻网．“中国大学视频公开课”（首批）点击排行榜．http://www. jyb. cn/Teaching/jysx/201111/t20111110_462958. html2011-11-10.

根据2015年"果壳评分之全球MOOC排行榜",[1]好课资源分布在人文、计算机、经济管理等领域,而法律、电子、英文写作、食品与营养等领域内的优质在线课程相对较少。

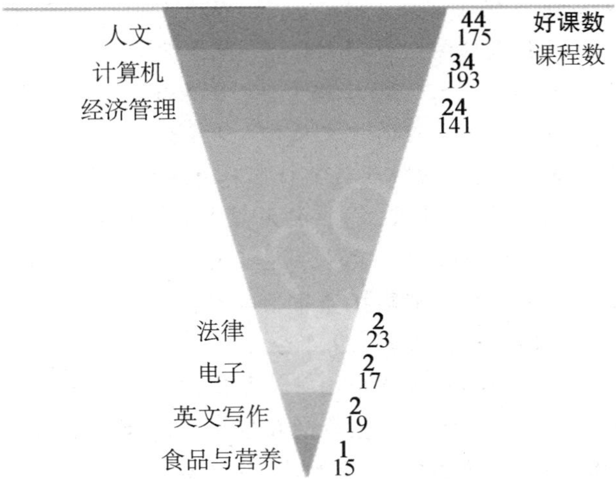

在MOOC学院收录的1887门课中,每位学习者在课程结束后都会对课程的知识量、趣味性、教师互动和整体课程设计进行打分和点评。最终,按照总分与评论人数相结合进行综合排名。最受好评的名校免费在线课程前50名是:

1. 史记(一)　台湾大学　9.8分
2. 怪诞行为学　杜克大学　9.8分
3. 财务分析与决策　清华大学　9.7分
4. 机器学习　斯坦福大学　9.7分
5. 交互式编程导论(第一部分)　莱斯大学　9.7分

1　【2015全球MOOC排行榜】清华大学好课最多,湖南大学成黑马.http://mooc.guokr.com/post/613054/2015-4-27.

6. 中国古代建筑艺术　湖南大学　9.7 分
7. 中国古代历史人物——秦始皇　台湾大学　9.6 分
8. 法医学概论　南洋理工大学　9.6 分
9. C 语言程序设计　浙江大学　9.6 分
10. 社会心理学　卫斯理大学　9.5 分
11. 密码学(一)　斯坦福大学　9.5 分
12. 昆曲之美　香港中文大学　9.4 分
13. 再思考:如何推理与举证　杜克大学　9.4 分
14. 竞争策略(中文版)　慕尼黑大学　9.4 分
15. 财务会计导论　宾夕法尼亚大学　9.4 分
16. 人类简史　耶路撒冷希伯来大学　9.4 分
17. 中国　哈佛大学　9.4 分
18. 文物精品与文化中国　清华大学　9.4 分
19. 生物学导论——生命的秘密　麻省理工学院　9.4 分
20. 工程图学 2D　台湾大学　9.3 分
21. 微观经济学原理　伊利诺伊大学香槟分校　9.3 分
22. 生活中的物理　弗吉尼亚大学　9.3 分
23. 概率　台湾大学　9.3 分
24. 计算机科学及 Python 编程导论　麻省理工学院　9.3 分
25. 中国(三):唐代和贵族文化　哈佛大学　9.3 分
26. 组合数学　清华大学　9.3 分
27. 运营管理概论　宾夕法尼亚大学　9.3 分
28. 高级竞争策略(中文)　慕尼黑大学　9.3 分
29. 考古学不可告人的小秘密　布朗大学　9.3 分
30. 计算原理(第一部分)　莱斯大学　9.3 分
31. 方言与中国文化　武汉大学　9.3 分
32. 遗传和演化导论　杜克大学　9.3 分
33. 算法(一)　普林斯顿大学　9.3 分
34. 职业素养　台湾大学　9.2 分

35. 日常生活中的道德　耶鲁大学　9.2 分
36. 数据分析与统计推断　杜克大学　9.2 分
37. 中国建筑史 2　清华大学　9.2 分
38. 算法:设计和分析(一)　斯坦福大学　9.2 分
39. 认识恐龙:恐龙古生物学　阿尔伯塔大学　9.2 分
40. 大学计算机基础,国防科学技术大学　9.2 分
41. 基础光学 I　台湾大学　9.2 分
42. 机器学习基石　台湾大学　9.2 分
43. 计算机网络概论　台湾"清华大学"　9.2 分
44. 单变量微积分　宾夕法尼亚大学　9.2 分
45. 数据结构(下)　清华大学　9.2 分
46. 市场营销概论　宾夕法尼亚大学　9.1 分
47. 哲学导论　爱丁堡大学　9.1 分
48. 身边的营养学　北京大学　9.1 分
49. 作曲　伯克利音乐学院　9.1 分
50. 计算概论 A　北京大学　9.1 分

2015 年 4 月 13 日,教育部出台《关于加强高等学校在线开放课程建设应用与管理的意见》,鼓励高校结合本校人才培养目标和需求,通过在线学习、在线学习与课堂教学相结合等多种方式应用在线开放课程;借助课程平台积极推广我国优质课程,优先引进反映学科发展前沿且具有先进的教育理念和教育经验的自然科学、工程与技术科学等学科优质课程,规范在线开放课程的对外推广与引进。因此,在目前以高校为主要制作者、以高校学生和青年人为主要受众的网络公开课,还是以高校课程为主。

(3)授课方式以教师授课和个人演讲为主

从授课形式上看,无论是国外还是国内,90% 都属于教师引导型的授课方式,有的课程也呈现出个人演讲的特点。如哈佛公开课中的迈克尔 · 桑德尔,他的《公平与正义》是有千人选修的课程,讲课现场

采用的演讲方式。有一些网站也引进 BBC 和美国 HISTORY 频道的纪录片,将这种知识性的传播类节目作为公开课的一种形态予以播放。

一般情况下,每门课 5—7 周讲完。清华大学孙茂松教授综合国内外的网络课程研究提出,网络公开课与 MOOC 并不相同,MOOC 的短视频一般不超过 10 分钟,而网络公开课的视频通常在 0.5—1 小时。

(4)有完善的互动与评价体系

MOOC 课堂试图为学习者营造一种与校内课程类似的学习环境,如按周上课、学生须跟上教师的教学节奏与进度、要按时完成作业、通过各种测验等,在用户互动的方式上,MOOC 更多的是采用学校式的评价体系。教师一般也都会设计作业或考试机制。参加某一课程的学习,可以通过答题等检测方式通过验收。据国外公开课的经验,国外的 MOOC 不仅仅只是一个观看的平台,而是有着严格评价体系的学习平台,一门课程从上线到吸引学生进行选修,最后完成课程的学习,无论内容讲解、制作还是线上互动,整个流程必须体现出精品意识。因此教师的授课水平、课件的制作、练习的设置都成为学生反馈的焦点。评价较差的课程会马上关闭,但评价较好的课程也会让主讲教师因此而广为人知,获得良好的声誉。

二、公开课与老年教育

公开课是互联网时代保障公民基本文化权益和教育权益的一种新型的且重要的实现方式。它不仅适应于学校教育,也是适应于更广范围内的继续教育乃至终身教育。

1. 公开课在老年教育中的意义

哈佛的计算机科学家 David Malan 近日表示,他的计算机科学入门课程吸引了大批的人群,校园在线课程这一版块大约有 800 名学生。MOOC 版块大概有 350 000 位注册用户,其中不仅有青少年,也有

80 多岁的老人。[1] 这一信息表明，公开课作为新的学习方式，不仅在年轻人中有广泛的受众，只要内容能满足需求，老年人同样也会选择网络课程。

公开课纳入老年教育体系之中，符合教育发展的大趋势。随着信息技术和网络技术的发展，老年教育的实施方式也呈现出多元化状态。传统的课堂教学虽然不可能也不应被取代，但通过网络实施远程教育，实现自主学习，则成为课堂教育的重要的有益的补充。老年教育受老年人的年龄和健康、学习地点、学习场地、课程设置、教学师资、组织管理等诸多因素的制约，任何一个方面都会影响到老年教育的质量。而网络公开课可以汇集全国最优质的教学资源，有着教学内容丰富、师资水平较高的优势。老年人无论什么样的身体状况，都可以通过网络或者电视，足不出户，随时随地选择自己感兴趣的课程进行学习，不受时间、场地、路途、身体等外在条件的制约。尤其是残疾人士，公开课能极大地满足他们的教育需求。因此，将公开课纳入老年教育体系之中具有重要的现实意义。老年教育公开课是图书馆社会教育的新形态，是实施老年教育的新途径，在未来的老年教育中必将发挥重要作用。

2. 公共图书馆制作公开课的优势

公共图书馆为老年教育开办公开课是十分必要的，也具有独特的优势。

（1）公共图书馆具备构建现代公共文化服务体系的政策环境

2015 年 1 月 14 日，中共中央办公厅、国务院办公厅印发《关于加快构建现代公共文化服务体系的意见》（以下简称“意见”），对加快构建现代公共文化服务体系，推进基本公共文化服务标准化、均等化，保障人民群众基本文化权益做了全面部署。整合中华优秀文化资源、开

1　余禾. MOOC 公开课真能替代学院教育吗？中国大学 MOOC. http://www.zhongjiaomedia.com/mooc/754.html.

发特色数字文化产品，是现代公共文化服务的新使命。[1] 在这样的背景下，将公开课纳入老年教育体系当中，也是公共图书馆文化服务的新形式。公共图书馆的老年教育服务，必须紧跟时代发展的步伐，与时俱进，不断拓展其服务内容，创新服务形式。

（2）公共图书馆有丰富的馆藏资源

公共图书馆有着丰富的馆藏资源。就载体类型而言，既有图书、报纸、期刊等传统纸质文献，也有光盘音像、缩微胶片、图片等实体载体，以及包括数据库、讲座视频、在线展览等在内大量数字资源。对于省级图书馆而言，除藏有大量当代文献外，一般都拥有一定数量的中国古籍善本、西文善本、民国文献，还有的馆藏有很多本馆采集的视频资源。因此，公开课制作过程中，有坚实的文献支撑，既有助于教师的备课和 PPT 的制作，也有利于揭示馆藏，有助于公开课的延伸阅读。

以国家图书馆"国图公开课"的《汉字与中华文化》课程为例。课后附有参考资料，推荐了馆藏图书、讲座、展览和中国记忆项目中心采集的项目片，这些资源一一链接到国家图书馆的馆藏资源库，读者可以进行数字阅读或者观看对应的视频。《汉字与中华文化》PPT 使用文献情况如下：

表 5－7 《汉字与中华文化》使用文献统计

次序	内容	古籍书影	当代文献书影	PPT 使用书影总数
第 1 讲	文明的晨曦——汉字的起源	3.5	–	8
第 2 讲	世界上唯一没有中断的表意文字——汉字的性质与特点	–	–	–

1 中共中央办公厅、国务院办公厅．关于加快构建现代公共文化服务体系的意见．http://news.xinhuanet.com/zgjx/2015-01/15/c_133920319.htm.

续表

次序	内容	古籍书影	当代文献书影	PPT 使用书影总数
第 3 讲	从甲骨文到楷书——汉字字体的演变	3.5	2	5
第 4 讲	汉字:中华文化的基石——汉字与文化的关系	10.5	–	27
第 5 讲	怎样分析一个字——汉字的结构与字理	–	2	5
第 6 讲	不必都是书法家　却要写好每个字——汉字的书写规则与书法艺术	–	2	14
第 7 讲	20—21 世纪汉字问题大辩论——汉字改革和简繁字问题	1.5	16	3
第 8 讲	告别铅与火的时代——信息时代的汉字规范	–	8	–
第 9 讲	汉字有危机吗——汉字与现代社会	2.5	6	6
第 10 讲	学汉字　懂汉字　爱汉字——汉字科学与汉字教育	–	–	–

近年来,省市级公共图书馆一般都开展讲座工作,尤其是省级图书馆,不仅创建了自己的品牌,拥有广泛的受众,积累了一定的讲座资源,而且在讲座的策划与组织实施方面形成了一整套规范流程。因此,无论老年教育公开课的选题策划还是组织实施,都能顺利开展工作。

以国家图书馆为例。国家图书馆有着举办各类型讲座的历史和传统,在讲座的投入力度上非常大,培育了多个品牌,积累了几千场的视频资源。如果将这些讲座按专题进行分类整合,也可称为一种公开课样态。国家图书馆积累的各种类型的讲座资源如下:

表 5－8　国家图书馆讲座资源

<table>
<tr><td rowspan="10">线上资源</td><td rowspan="5">公开讲座</td><td>国图讲坛</td></tr>
<tr><td>文津读书沙龙</td></tr>
<tr><td>文津讲坛</td></tr>
<tr><td>中国典籍与文化讲座</td></tr>
<tr><td>典籍博物馆讲座</td></tr>
<tr><td rowspan="2">业界培训</td><td>书香讲坛</td></tr>
<tr><td>国图培训</td></tr>
<tr><td rowspan="3">数字馆藏</td><td>全文电子书及期刊论文等数字资源</td></tr>
<tr><td>馆藏故事纪录片</td></tr>
<tr><td>中国记忆专题资源库</td></tr>
<tr><td rowspan="9">线下资源</td><td>半公开讲座</td><td>部级干部历史文化讲座</td></tr>
<tr><td rowspan="6">定向培训</td><td>文津少儿讲坛</td></tr>
<tr><td>每日课堂</td></tr>
<tr><td>数字共享空间读者培训</td></tr>
<tr><td>典籍博物馆大课堂培训</td></tr>
<tr><td>国图培训中心社会培训</td></tr>
<tr><td>国图业界培训</td></tr>
<tr><td rowspan="2">实体馆藏</td><td>讲座衍生产品</td></tr>
<tr><td>其他实体馆藏</td></tr>
</table>

图书馆积累的讲座资源可以作为公开课拓展学习的参考资料，与文献资源和其他资源一起打包推送给读者。国家图书馆“汉字与中华文化”公开课，就从上千场在线讲座中精选出 20 场内容相关的讲座，将题目列于国图公开课网页，观众可以通过网络链接在线免费观看，实现拓展学习的愿望。

表 5-9 “汉字与中华文化”的参考资料·讲座

序号	时间	讲座题目	主讲人
1	2002 年 5 月 3 日	中国书法与传统文化	金开诚
2	2002 年 10 月 20 日	汉字文化圈	聂鸿音
3	2004 年 9 月 12 日	甲骨文中所见的学校教育	宋镇豪
4	2004 年 10 月 17 日	治文学宜略通小学	吴小如
5	2005 年 12 月 3 日	中国古代印刷术的起源与流传	肖东发
6	2006 年 1 月 11 日	雕版印本、活字排印和抄写本的鉴定	李致忠
7	2006 年 12 月 17 日	关于当前语言文字规范的几个问题	江蓝生
8	2007 年 2 月 3 日	楹联漫话	白化文
9	2008 年 6 月 14 日	汉籍的东传与文化的对话	严绍璗
10	2009 年 2 月 28 日	汉字进入了简化字时代	苏培成
11	2009 年 6 月 28 日	书法的欣赏与学习	张旭光
12	2009 年 9 月 3 日	国家图书馆的甲骨珍藏	贾双喜
13	2011 年 3 月 12 日	殷墟:人类文明的宝库	王宇信
14	2012 年 10 月 28 日	唐宋词兴盛原因新论	孙克强
15	2013 年 1 月 1 日	竹简和竹书	李　零
16	2014 年 12 月 28 日	印章(篆刻)中的文字美	张耕源
17	2015 年 1 月 18 日	女书的魅力	赵丽明
18	2015 年 1 月 24 日	汉字与历史文化	王贵元
19	2015 年 1 月 24 日	汉字的性质与结构	王　宁
20	2015 年 1 月 31 日	汉字与单词的对话	孟德宏

馆藏影音资源也是公开课中必要的参考资料。深度挖掘影视、戏曲、纪录片等影音资料，选择与课程主题有关的内容，将其制作成合适的长度，成为公开课重要的延伸学习资料。对于老年人而言，影音资料形象直观，易于接受。“国图公开课”的“汉字与中华文化”课程，就选择了“中国记忆”项目中心于 2014 年建设的“我们的文字”专题项目片，作为观众拓展学习的参考资料。

表 5－10　“汉字与中华文化”的参考资料·视频

序号	名称	时长
1	贝叶经制作技艺	20 分钟
2	蔡伦造纸传说	17 分钟 11 秒
3	仓颉造字传说	28 分钟 9 秒
4	楮皮纸制作技艺	19 分钟 9 秒
5	汉字印刷字体书写技艺	24 分钟
6	湖笔制作技艺	44 分钟
7	华县填字谜游戏	11 分钟 19 秒
8	徽墨制作技艺	23 分钟 6 秒
9	金陵刻经印刷技艺	38 分钟 45 秒
10	金石篆刻	43 分钟
11	蒙恬会	7 分钟 44 秒
12	木活字印刷技术	14 分钟 39 秒
13	桑皮纸制作技艺	7 分钟 17 秒
14	王羲之传说	12 分钟 50 秒
15	惜字塔	12 分钟 24 秒
16	歙砚制作技艺	17 分钟 32 秒
17	宣纸制作技艺	33 分钟 2 秒
18	印泥制作技艺	20 分钟

另外,公共图书馆的展览相关数字展览也可以纳入公开课的拓展学习中。“国图公开课”的“汉字与中华文化”就链接了“非物质文化遗产中的文字传承”的在线展览。

总之,图书馆的老年公开课,要立足于馆藏,以不同的形态、不同的方式展示馆藏资源的价值,尽可能为老年人提供更多的知识服务,让老年朋友在学习公开课课程的同时,也了解图书馆,爱上图书馆。

(3)公共图书馆有着丰富的人力资源

公共图书馆有广泛的人力资源。中国国家图书馆是国家总书库、国家书目中心、国家古籍保护中心、国家典籍博物馆。履行国内外图书文献收藏和保护的职责,指导协调全国文献保护工作;为中央和国家领导机关、社会各界及公众提供文献信息和参考咨询服务;开展图书馆学理论与图书馆事业发展研究,指导全国图书馆业务工作;对外履行有关文化交流职能,参加国际图联及相关国际组织,开展与国内外图书馆的交流与合作;[1]履行社会教育职责。各省、市、县级图书馆则是区域内的文献中心,为区域内党政机关、社会各界及公众提供文献信息和参考咨询服务,进行图书馆(室)的业务指导工作。因此,公共图书馆有着与社会各界联络广泛,有深厚的智力资源,可以在公开课策划、讲授和推广等各方面,得到多方的人力支持。

(4)公共图书馆有广泛的推广渠道

图书馆是公益文化单位,是我国社会文化服务体系中重要的服务机构。在公益文化服务方面,是社会公众中有着良好的信誉度。因此,各级图书馆可以通过上级文化部门,把公开课资源向民政、老干部等部门以及养老机构推送,还可通过网络与下级图书馆建立馆际联盟,与“文化共享工程”实现知识共享,为区域内的老年朋友提供获取知识的新途径。

1　中国国家图书馆·国家数字图书馆. http://www.nlc.gov.cn/dsb_zyyfw/wdtsg/dzzn/.

(5)公共图书馆可借助公共网络平台

互联网技术的发展改变着我们的生产和生活方式。在数字化时代,网络已经成为我们接受信息和传播信息最重要的渠道。老年教育也要顺应时代的潮流,利用好现代化的传播手段,将优质教育资源辐射到更广阔的区域。大中型公共图书馆均有自己的公共网络平台,一般均会在主界面推介馆藏资源与服务。随着我国进入老龄化社会,公共图书馆必将在老年教育中发挥越来越重要的作用。因此,通过公共网络平台,为老年人这一特定群体提供精品公开课,是公共图书馆服务于老年教育的一项重要内容。

3. 公共图书馆老年教育公开课的定位

公共图书馆制作什么样的老年教育公开课,这是首先需要解决的问题。老年教育是针对特殊群体的教育,老年公开课一定是为老年人制作的课程。

在公开课定位上,国家图书馆的“国图公开课”值得借鉴。国家图书馆社会教育部在策划“国图公开课”时,进行了深度调研,发现在遍地开花的各种公开课中,对于传播中华优秀传统文化方面的内容乏人问津,在公民道德、文化素质、科学素养、心灵成长等方面也处于相对薄弱的环节。因此,“国图公开课”从两个大的角度进行定位。一是要有别于学校教育的 MOOC,它是面向广大社会公众的公开课,是国家图书馆履行社会教育职能的一种新途径、新方式。二是突出宏观上的“大命题”,从国家文化战略、中华优秀文化的弘扬和国家图书馆所应尽的义务三个角度去思考公开课的定位。

之所以要突出“大命题”,是因为:其一,国家图书馆作为文化部的直属单位,是开展文化讲座活动较为丰富的一家。国家图书馆作为一个国家文化活动的主要展示者和发声者,应该更多的将焦点聚集在国家文化战略的层面,成为世人了解中国文化的窗口和向全球展示中华文化魅力的舞台。在“国图公开课”的内容设置中,将突出中国文化战略的部署,使其成为对外宣传、展示、发布中华文化的阵地。其二,与传统意义上的 MOOC 不同,“国图公开课”并不只强调职业技能的提升和某类学科的知识获取,即不通过考试来衡量对技巧的掌握程度。“国图公开课”作为中华优秀传统文化的展示平台,经过课程策划与打包推送,能够在精神、态度、思维上影响受众,满足受众终身学习、非功利阅读和非专业研修的需求。其三,“国图公开课”是依托国图平台的对外发布网站,它的站位不仅仅是一家教育机构,更是一个国家图书馆承担起社会责任、呈现知识魅力的场所。国家图书馆藏有3000多万册中外各种载体形态的文献资源,是位居全球第三的世界大馆,是人类文明的守藏之所;国家图书馆也是人才汇集之地,能与国内外各领域的专家学者建立联系,能吸引一流的师资。因此,“国图公开课”的定位是“以传承和弘扬中华优秀传统文化为核心,秉承开放、自由、多元和交融的理念,依托国家图书馆藏海量资源,以专题形式设置课程,借鉴采取线上线下相结合的方式推送多种形态的学习资源,传播科学文化知识,激发正能量,打造互联网时代精品网络教育与阅读平台,推动全民阅读和建设学习型社会”。

老年教育公开课的定位要紧紧围绕老年人的群体特征和教育需求,以传播文化知识、陶冶情操、丰富闲暇生活和精神生活、提高老年人的生命质量为宗旨,通过策划针对性较强的课程,以网络、光盘、广播电视等形式进行广泛传播。

三、公开课的制作与传播

公开课的制作与传播是决定公开课的质量和收效的关键环节,具体而言,包括选题的策划、制作、宣传与推广等工作。

1. 策划选题

一切教育内容的设置要建立在广泛调查的基础上。策划老年教育公开课的课程,同所有老年教育项目一样,调研是所有工作的第一步。只有真正了解区域内大部分老年人的意愿,才能总结出带有普遍意义的结论,在课程设置上才能最大限度地满足老年人的教育需求。

公开课的制作成本远远高于一次讲座,因此,老年教育公开课的选题策划要严肃科学。工作人员首先要预设多个选题,之后请相关专家进行论证,对课程的可行性给出具体意见和建议。同时也要征求老年人代表的意见,请他们参与公开课的讨论,因为他们代表了老年人真实的想法。只有得到老年人的认可,公共图书馆对公开课的投入才会有收效,才会真正服务于老年人,为老年教育发挥作用。

2. 课程制作

老年教育公开课的工作流程历时较长,是一个由多方技术人员共同参与完成的系统工程。

(1)工作流程与团队

老年教育公开课的工作流程,包括选题策划、前期准备(与讲师沟通、资源准备、设备准备、观众召集)、节目录制、后期制作、节目发布、信息收集与反馈等。

老年教育公开课的制作涉及多个岗位和工作人员,整个工作团队由包括主创、现场制作、后期制作和其他辅助人员。主创团队包括导演、策划、学术编辑、审校等;现场制作团队包括导播、摄像师、录音师、灯光师、化妆师、制片主任、现场导演、导演助理、视频技术、剧务、摄像助理、录音助理、灯光助理等;后期制作团队包括剪辑、速记、资料整理备份、技术审查等;其他工作人员包括助教、学术编辑助理、网络编辑、宣传等。大家需共同协作,才能顺利完成公开课制作。

公开课的制作在技术层面要遵循视频拍摄的一般规律。不过,字幕的字号可比一般影视作品的字号大一些,每行的字数要适当,以方便老年人阅读。

(2)公开课的形式

老年教育公开课要充分考虑老年人求知、休闲和娱乐的需求特点。其线上课程、线下互动与评价也要符合老年人的接受习惯。

公开课线上课程可采用演讲、访谈、高端论坛、实践与体验的形式。具体发布时,可采用视频、图片、PPT 相结合的模式。在影片类型上,可采用专题片、纪录片、宣传片等多种方式。总之,线上课程要不拘一格,立体地推出精品。公开课线下采取互动的形式。如参与现场录像、阅读之旅和读书会等实体活动,定期举行主题沙龙和分享活动,把线上社区延伸到线下的交流空间。

老年教育公开课也可以参照MOOC设置互动栏目和评价体系,激发老年人的学习兴趣。例如:在课件中适当嵌入问题,答对者可给予虚拟奖励;跟主讲老师交流互动;全部课程看完可获经验值,累积经验值可换取图书馆的小礼品,或参加线下的各项活动。

3. 宣传与推广

老年教育公开课的受众主要是老年人,但肯定也会有不同年龄段的普通受众;既可以是个人,也可以是机构用户。那么如何调动起受众的兴趣和收看的积极性,则需要在传播上下工夫。尽管公开课的收效首先取决于课程本身的质量,即课程是否有针对性,主讲教师的讲解是否能引人入胜,视频制作是否具有较高的水准,等等。但是,课程自身质量过硬,并不一定就能够有好的收效。因此,图书馆一定要打破"酒香不怕巷子深"的传统观念,要主动向社会宣传课程的内容和播出时间,招募老年人到现场参加课程录制,积极与有关养老部门和养老机构联系,拓宽宣传途径。

另外,老年教育公开课要创新传播方式。公共图书馆的网络平台只是一种推介渠道,而且大部分老年人对网络并不熟悉,会受到个人能力与家庭网络的极大限制。图书馆要采用线上线下相结合的方式,将公开课制作成光盘、音频等,与政府机构、企事业单位、电台、电视台、老年大学、社区、养老机构、养老地产、养老团体等广泛合作,把公开课大力推介出去。现代大众传播媒介如电视和无线电,对老人闲暇生活具有重要意义。近年来,老年人口的媒体消费人数急剧上升。如果公共图书馆能与媒体共同合作,将公开课产品通过电视、广播、网络视频平台播出,就能很好地弥补老年人的技术缺陷,尤其是对那些无法参加社会活动和社会交往的老年人而言,也是一种很好的学习方式。公开课的人力、物力和财力的成本远远高于老年大学、讲座等教育形式,只有收到良好的社会效益,所有的投入才有意义。

另外,要建立各地图书馆参与国家图书馆老年教育公开课共建的工作申报机制。国家图书馆要承担起业界龙头的责任,在老年教育公开课方面建立起共建工作的申报机制,制定工作规范和技术标准,整合优质资源,实现全国图书馆资源的共建共享,将公开课资源辐射到更广阔的地区,让农村的老年人也享受到学习的机会,实现全社会平等、开放、便捷地共享国家图书馆社会教育资源的建设成果。

第四节　老年图书馆(室)的建设与服务

21世纪是老龄化的时代,老年服务事业发展迅速。社区卫生站、托老所、老年活动中心、老年学校、老年休闲广场等老年服务设施逐渐增加,建设老年图书馆(室)也成为公共文化服务体系中的发展方向。老年图书馆既为喜欢读书的老年读者提供了丰富的资源和良好的读书环境,同时,也是当今老年人休闲、娱乐的理想场所,在改善和丰富老年人的文化生活、提高老年人的生活质量方面发挥着无可替代的作用。

老年人群自60岁开始有几十年的跨度,怎样建设服务于这一特定人群的专属图书馆,老人图书馆为老年人提供什么样的服务,这是公共图书馆界共同面临的问题。美国早在1964年就老年人问题已对图书馆做出了相应的规定。一是借助社会力量募集老年人喜欢阅读的报刊、图书、情报资料;二是根据条件和需求,尽力改善老年图书馆的设施与环境;三是关注老年人在图书馆的活动,视其情况对年龄偏大、行动不便的老人予以特殊照顾;四是经常听取并吸收老年人对社会图书馆建设的建议;五是要有一定的建设经费来支撑老年图书馆的必要开支。日本在1996年的《社会教育主事、学艺员以及司书培养等的改善方案》中规定,图书馆要设有专门为老年人服务的设施。[1]

我国图书馆界在20世纪80年代就意识到"公共图书馆如何适应当前形势发展,加强为老年读者服务工作"的问题,[2]对老年读者的阅

1　古黎丽. 试论老年社区图书馆的建设与管理. 辽宁广播电视大学,2014(4).

2　石萍. 适应形势发展加强老年读者服务工作. 图书馆工作与研究,1986(3).

读心理、使用特点进行了研究,[1]提出图书馆为老年人服务的对策建议。[2] 同时,为老年群体服务的工作也切实开展起来,上海市黄浦区广东街道图书馆在1982年成立了上海市第一个老年读书会,[3]浙江省平湖市图书馆在1985年建立老年读书会并活跃至今,河北省张家口市图书馆设立了专门的老年阅览室、[4]上海市徐汇区天平街道1996年设立了老年图书馆。[5] 近年来随着老龄化加速发展,老年群体正日益成为图书馆的主要读者群体,据吉林省图书馆报纸阅览室统计,80年代末到90年代,老年读者占阅览人数的30%,近几年所占比例还在逐年增加,达到59%左右。[6] 在这一背景中,图书馆为老年群体服务具有双重意义,不仅是完善老年群体精神保障体系的重要组成,也是图书馆实现用户细分、拓展服务空间的必由之路。[7]

设立老年人阅览室,可以把老年读者群体从成人读者队伍中分离出来,并据老年人的心理、生理特点,在书刊种类、环境设施、服务方式等方面开展有针对性的专门服务,从而形成专业的老年读者服务规范和实践。

一、老年图书馆的建设

老年图书馆的建设要首先依据《公共图书馆建设标准》,同时结合

---

1 盛赋霞．公共图书馆要注意研究老年读者心理．图书馆杂志,1986(2).

2 钱建国．图书馆如何为老年读者服务．图书馆工作与研究,1988(2).

3 周志光．丰富老年人精神生活的好形式——介绍上海第一个老人读书会．社会,1986(6).

4 童光范,班金梅．老年之家——记张家口市图书馆“老年阅览室”．图书馆杂志,1996(2).

5 市领导视察徐汇区长桥街道图书馆、天平街道老年图书馆．图书馆杂志,1996(2).

6 牛丽．浅谈公共图书馆面向老年读者的服务工作．图书馆学研究,2006(2).

7 肖雪,周静．老龄化背景下我国公共图书馆老年服务状况的调查与分析——基于内容分析法的实证研究．图书情报知识,2013(3).

老年人的特殊性、当地的经济、文化、人口结构等因素。

1. 老年图书馆的建设要求

公共图书馆是集中体现当地文化积淀和文化精神的建筑,其外观造型和室内装修,在满足功能优先、适用为本原则的前提下,应充分反映当地的文化传统和特点,创造独特的图书馆建筑形象。2007 年,文化部颁布实施了《公共图书馆建设标准》,确定了公共图书馆建设项目的规模分级和项目构成,给出了公共图书馆的总建筑面积和分项面积控制指标,提出了公共图书馆建设选址、总体布局的原则要求,明确了公共图书馆建设项目实施过程中的基本要求。

老年图书馆主要服务于老年人这一特定人群,宜位于人口集中、交通便利、环境相对安静、符合安全和卫生及环保标准的区域。规模大小要根据区域内老年人的人数而设定,也要考虑到区域内未来老龄人口的发展趋势。根据《公共图书馆建设标准》,老年图书馆的建筑应该体现社会文明进步的水平和老年人的特质,坚持环保节约、量力而行、逐步改善的原则,统筹考虑建设和运营成本。可借鉴公共图书馆的"总馆—分馆"模式,发挥图书馆(室)的整体效能,由中心馆进行统一采购、统一编目、统一配送,推进街道、乡镇基层老年图书馆(室)的共建共享。

对于老年图书馆的设计与建筑要求,要考虑到以下各项因素,即图书馆的高度、空间布置、抗震级别、节能与环保设计、噪声级、日照、通风与采光条件、文献资料防护、建筑防火、电梯和提升设备、无障碍通道等。对于给排水系统、暖通空调系统、电气系统、电话、电视与广播系统、建筑网络系统、安全防护措施等建筑设备,都要在《公共图书馆建设标准》的基础上,充分结合老年人的特点,加以合理的调整和丰富,关注到更多的细节。

2. 老年图书馆的馆藏资源

联合国教科文组织《公共图书馆宣言》规定:"公共图书馆是地区的信息中心,它向用户迅速提供各种知识和信息……公共图书馆各年龄群体的图书馆用户必须能够找到与其需求相关的资料。公共图书馆必须藏有并提供包括各种合适的载体和现代技术以及传统的书刊资料。”老年图书馆的读者主要是老年人。老年图书馆的馆藏结构要紧紧围绕服务对象而构建。

根据调查和研究，老年读者的阅读兴趣一般主要集中在如下几方面：(1)文化艺术。这是老年人提高文化鉴赏能力，陶冶情操，充实精神生活的需要，大致包括文史、书法、美术、音乐、摄影、棋艺等。(2)卫生体育。这是适应老年人防病治病、增强体质、延年益寿的需要，大致包括老年医学、老年常见病的预防和护理、老年营养学、老年心理学、老年运动学、气功与健康等。(3)家政休闲。主要满足老年人从事家务劳动和发展兴趣、专长的需要，大致包括家政知识、烹调、儿童教育、园艺、花卉、鱼鸟等。[1] 为方便老年读者，要配备常用工具书，如常用的中英文词典字典、交通工具书、地图册等。总之，老年图书馆的馆藏资源建设，要满足一般老年读者的基本阅读需求。

2010 年 4 月 23 日，浙江省温州市图书馆黎明西路老年分馆正式挂牌成立，开始主要为老年人提供服务。该馆是温州市乃至全国首家拥有独立馆舍的老年图书馆，馆舍面积 1809 平方米。据该图书馆网站介绍，该馆一层是老年活动中心和借阅室，借阅室内设有：文学、修身养性、法律法规、军事天地、投资理财、教育休闲、语言文字、艺术天地、旅游历史传记、科学普及、养生保健、计算机基础、美食等，共计 13 个专架、4 万册图书，设有 56 个阅览座位及适合儿童阅读的亲子借阅区。二层是报刊多媒体阅览室，为老年读者提供办证服务，也为老年人征订了各类期刊报纸 200 多种，鼓词等光盘 3000 多种，设有览座位 84 个。三楼设有多功能厅和电子阅览室，有 35 台电脑，供老年人免费上网、练习打字等休闲娱乐之用，同时定期举行讲座、播放免费电影和培训。老年分馆与总馆实现资源共享，通借通还，读者凭统一的读者借阅证，可在总馆和分馆借阅图书、检索或预约总馆所藏图书，也可将图书归还到总馆及任何一个分馆。开放时间是：周一到周日，8:30—

1　陈思．“积极老龄化”与公共图书馆．图书馆论坛，2004(6)．

18:00;周五上午闭馆,下午13:30—18:00。据不完全统计,分馆重新开张后1年就接待读者8.8万人次,其中老年人占了6成。中老年培训中心的免费课程,每月两期籀园讲新闻、温州话读报,每周六早上免费电影,每月一场籀园百姓讲坛等活动,为来馆的老年读者提供了所学所乐的项目。[1]

科学技术的发展改变了图书馆馆藏的载体形态。据专家们的预测,未来图书馆将是采集、处理、存贮和提供电子信息的主要单位之一。随着电子出版物,包括在线式的,网络型的和光、磁载体的制品型出版物的迅速增长,物理意义上的"馆藏"概念已经被突破,电子化、数字化的信息(光盘、磁盘等为载体的出版物以及网上信息资源)将成为(或逻辑上构成)馆藏的主体。信息化图书馆将是未来图书馆的发展趋势。信息化图书馆是传统图书馆、自动化图书馆、数字图书馆(电子、虚拟、无围墙图书馆)共存互补的图书馆,纸印型图书、缩微图书、电子图书、虚拟图书(计算机软件)将共同构成它的馆藏。[2] 老年图书馆的馆藏资源建设,要做好传统文献与新文献的机构平衡,兼顾到不同层次的读者兴趣和需求。

在积极老龄化社会的理念下,老年人要接受新生事物,了解时代的新变化,积极融入现代化社会。有条件的省市应建设信息化的老年图书馆,为老年人享受时代发展红利提供最好的文化教育平台。

二、开设老年阅览室

联合国教科文组织《公共图书馆宣言》指出:"每一个人都有平等享受公共图书馆服务的权利,而不受年龄、种族、性别、宗教信仰、国籍、语言或社会地位的限制。"为读者提供无差别的服务是公共图书馆人文理念的彰显,也是追求平等、自由两个社会基本公共价值取向的体现。公共图书馆设立专门的老年阅览室,为其提供专门的馆藏资源

---

1 黄之宏. 首家老年图书馆专解老有所需. 温州日报,2011-10-08(2).

2 欧阳翠云. 图书馆社会职能再认识. 中国校外教育(理论),2007(5).

及设施设备，是公共图书馆考虑到老年读者群体的特殊性，从满足老年读者群体的个性化需求本身出发，从各方面尽量排除老年读者从图书馆获取知识和信息的不适应因素，为其提供适合其需求的高质量的文献资源和信息服务，进而实现图书馆为每位读者提供无差别服务的目标。

1. 设施设备

空间环境：老年阅览室应设立在公共图书馆老年人易于到达的低楼层，方便读者进出，容易识别，且在外围有明显的指引标志，并设置有无障碍通道。针对老年人的体质特征，在台阶坡道安装防滑条、上下楼梯安装栏杆扶手；在内部空间如电梯、大厅和阅览室设立指示标牌和温馨提示。

基础设施：老年读者阅览室的基础设施应该设置具备适合老年人的光照、通风、声音和温度控制，布置成明快、典雅、舒适的氛围，以有效满足老年人的信息、学习以及休闲的环境需求。具体来说，阅览室的书刊架不宜过高，过高的书架导致老年人抬头时间过长，会发生血压升高，产生眩晕症状。阅览室的座椅尽量设置为软椅，椅背充分考虑老年人脊椎的特点，高度适宜，最好配有小靠垫，让老年人腰部得到适当的放松。在休息场所可配备沙发，让老年读者在累的时候有休息的地方。配备一定数量的助听器、老花镜、放大镜及少量的急救药品。[1]

2. 馆藏文献

反映老年读者需求和兴趣的个性化文献是老年阅览室馆藏的主要聚焦点。公共图书馆应该基于专业判断、老年人偏好以及大众及行业认可的评论资源，选择、评估、维护老年读者文献，文献以各种形式和主题领域实现。在选择老年阅览室馆藏文献时，应该明确选择以及评估的责任和标准，与图书馆其他相关部门做好沟通，梳理老年阅览

1　刘学华．浅谈图书馆如何更好地为老年读者服务．科技情报开发与经济，2015(6).

室馆藏与图书馆其他馆藏之间的关系，确定这些文献分布的最佳位置。如有可能，尽量让老年读者参与到选择流程中来。在阅览室中，可通过设置专题展示区、标签、专架等形式，帮助老年读者迅速定位他们想要文献的位置。在文献形式上，由于老年人普遍视力较差，阅读起来不是很方便，因而除期刊、报纸、图书外，老年阅览室还应配备有声图书和视听音像资料，同时挑选字号相对大的书报，再辅以放大镜、助听器等辅助阅读工具，以帮助他们克服阅读障碍。

老年读者有阅读惯性，喜欢收集、整理、研究某个方面的课题，所以为方便他们查找文献并集中阅读，可以设立供老年读者阅读的主题专架。通常情况下，老年读者对中外名著、人物传记、生活指南、医药保健、烹饪技术、花鸟鱼虫、娱乐消遣、书画摄影、乐器演奏、棋牌博弈、观光旅游、时事新闻、社会焦点和历史类等方面的文献比较感兴趣。可通过调研等方式明确老年读者阅读需求，设立上述专架。

3. 工作人员

公共图书馆老年阅览室相比于普通阅览室，因为服务对象群体的特殊，对工作人员的能力及素质要求也会相对更高。老年读者往往有行动迟缓、听力下降、语言表达能力变差等情况，因此工作人员在为老年读者提供服务接待时要给予更多的耐心、细心、热心，应该充分理解和尊重老年人的身体状况及其信息、教育和休闲需求。要保持图书馆对这个年龄群体读者的吸引力，图书馆要为老年读者提供更为细致优质的服务。作为一名优秀的老年阅览室工作人员，应具备如下能力：首先是要对老年人有一种发自内心的尊重，能够与他们建立融洽的关系；能够吸引老年读者积极参与老年阅览室阅读并为其提供优质服务的交流沟通能力；老年读者专门服务项目的组织策划能力；认真研究老年人的兴趣、心理和阅读需要并尽可能提供有针对性指导和咨询的能力；系统整理老年读者意见建议并有效传达给上级领导及图书馆决策者的能力；对学习新技术有兴趣并且愿意用来改善老年读者阅读服务的能力等。

为了更好地与老年读者进行交流，老年阅览室工作人员在具备图书馆专业知识的基础上，还应具备关于老年人生理、情绪、体力和心理方面的广泛知识，以及有关老年读者视听文献、新兴技术、信息资源等方面的系列知识。一方面，图书馆老年阅览室可以通过对工作人员日常的业务培训、研修等途径来补充丰富工作人员的知识储备，提高其业务技能。另一方面，建议大学图书馆专业在开设课程时将此方面知识纳入课程体系。

除了正式的工作人员外，老年阅览室还可以通过招募志愿者的方式来补充服务力量。志愿者可以协助从事阅览室常规服务、策划服务项目、参与和老年读者需求及服务相关的意见征集和政策起草等工作。志愿者分为老年读者志愿者和青年志愿者两类。首先，老年读者担当志愿者，积极参与到阅览室工作中来，会成为老年阅览室的长期使用者及热情支持者，在对外宣传和吸引老年读者到馆的过程中将扮演重要角色，而且可以保证老年人形式多样的阅读需求和兴趣能够得到及时反馈和有效处理。从老年读者自身来说，他们也可以借此成为馆员与老年读者沟通的桥梁，能够站在老年读者立场上，为阅览室完善服务献计献策，充分发挥自身专长，实现自我价值和社会价值。其次，青年志愿者尤其是大学生志愿者，一般服务实践的热情和积极性都较高，同时具备相对较高的素质和较为广博的知识面以及较多的服务时间，可以为老年读者提供阅读服务及电脑、手机基础操作等培训服务。青年志愿者参与为老年人提供图书馆服务，对身边长期没有子女陪伴的老人来说，会得到些心灵的慰藉；青年志愿者与老年人进行较多的接触沟通，会对老年人的心理、生理状态有设身处地的理解和更深刻的体会，也能更多去关爱身边和社会上的老年人。

4. 服务保障

美国马里兰大学 David Piper 等对美国马里兰州的公共图书馆的老年读者服务进行了调查研究，并在名为《老年人群体的信息需求、行为、态度和消遣、娱乐》的报告中，提出了公共图书馆为老年读者提供优质服务的七准则：(1)把为老年读者服务纳入图书馆的总体规划、服务范畴；(2)为老年读者到馆、翻阅、借读等服务提供方便；(3)对老年读者开展全面服务;(4)使用老年人的经验与专长;(5)为老年人提供信息与娱乐资源;(6)提供适合于老年人口需要的图书馆服务;(7)与社区合作开展老年服务。[1] 七项准则中,把老年服务纳入图书馆的总体规划、服务范畴列在第一位。纳入总体规划及服务范畴包括明确老年服务工作开展的指导思想、服务定位、经费预算、馆藏建设、馆员教育、社会合作、对外宣传等,下文从经费、宣传及合作上探析公共图书馆老年教育的服务保障。

从经费来源上来说,目前,我国公共图书馆的运行经费主要来自政府的财政拨款。而美国的图书馆,其经费除了政府投入外,还有各种社会基金、个人捐赠等多种筹措渠道。根据 2007 年的统计数据显示,美国 9225 家公共图书馆的经费总额为 115.93 亿美元,其中政府拨款外经费来源(捐款、罚款、有偿服务等)为 9.16 亿美元。[2] 美国的许多老年读者计算机网络知识培训项目就是由各类基金会提供赞助。[3] 目前我国公共图书馆与慈善基金会开展合作的尚不多见,根据我国基金会中心网数据中心检索,目前,我国有专门面向老年人的各级基金会 720 家,关注领域涉及与老年人有关的文化、教育、公共服务、志愿服务、医疗救助、公益事业发展等,基金中公募基金占 34.3%,非公募基金占 65.7%,其中面向老年教育的有 327 家,老年文化的有 60 家,老年公益事业发展的有 19 家。公共图书馆开设老年阅览室,作为一项促进和改善老年人文化福利的公益事业,可转变发展思路,不仅依靠政府拨款,还可与慈善基金会、社会公益机构等进行积极对接,争取资金、设备等方面的支持,以补充公共图书馆关于老年阅览室的运营经费。

从宣传上来说,一方面图书馆自身要"走出去、请进来",图书馆服

---

1 张晖. 美国公共图书馆老年读者服务的启示. 图书馆学刊,2010(8).

2 刘璇. 美国公共图书馆经费保障制度研究. 中国图书馆学报,2012(6).

3 杨敏文,邢修远,应长兴. 提高老年读者信息素养的国外经验及启示. 图书馆论坛,2014(1).

务应主动走出馆外，通过在社区、公园、敬老院、老年公寓、老年活动中心等公共场所设置展览、举行培训等形式，大力宣传图书馆的馆藏资源、服务内容以及各种讲座培训等信息，增强图书馆对老年人的影响力和吸引力，激发他们去图书馆学习的意愿和兴趣，促使他们主动走进图书馆。另一方面，政府各级文化部门和宣传部门应该进一步加大宣传力度，通过平面媒体、网络媒体、电视、广播等媒介形式大力宣传公共图书馆老年教育，使更多的人关注图书馆老年教育，给予老年阅览室更多的支持，使更多的老年人了解公共图书馆提供的公共文化服务，让更多老年人走进公共图书馆，享受文化福利。

从合作上来说，公共图书馆可以进一步拓展工作思路，与关心老一代工作委员会等政府机关、老年大学等教育组织、敬老院等社会服务机构及志愿者协会等相关组织之间，开展形式多样的合作。如国家图书馆与文化部离退休干部局共同合作，在中关村南大街馆区成立文化部老年大学西区分校，服务系统内的离退休老同志。河南省新乡市图书馆在老年公寓建立老年读者服务站，将报刊送到老人手中，让老年读者可以享受到精神食粮，以文化养生，收效良好。

5. 特色服务

除了老年阅览室为老年读者提供的常规文献借阅服务，公共图书馆还可以设立形式多样的服务项目，吸引更多的老年人走进图书馆，为他们提供方便的文化服务。大致可以分为：(1)教育类项目，主要为老年人举行有关老年人切身生活知识的服务项目，比如开展关于老年疾病预防、心理健康辅导等健康养生教育，关于老年权益保护、遗产继承等法律知识教育等。(2)文化类项目，主要激发和吸引老年人对文化的兴趣，包括举行读书讨论会、对联创作、传统文化学习等服务项目。(3)信息类项目，主要为老年读者提供信息获取培训，如智能手机应用操作培训等。(4)娱乐类项目，偏重于满足公共图书馆老年读者的休闲娱乐需要，例如举办知识竞赛、有奖问答等。兹以图书馆提供的书报阅览及信息培训为例加以分析。

朗读书报。对于视力下降和存在阅读障碍的老年人来说，公共图书馆如能提供朗读书报服务，将会有效解决老年人阅读的困难，满足老年人获取知识和资讯、从阅读中体会快乐的需求。朗读的地点可以在公共图书馆老年阅览室内，也可以在敬老院、老年公寓等老人集中居住的地方。朗读人员可以是公共图书馆的工作人员，也可以是受过培训的志愿者。以日本和我国为老年人提供朗读服务的图书馆为例。在日本，图书馆为老年人提供的朗读书报服务主要由接受过培训的志愿者来承担，并根据志愿者的不同专长合理安排与图书内容相适应的朗读员。以日本某市为例，"朗读志愿者协会"由图书馆轮流派往不同的福利机构。朗读的时间为50—60分。朗读的方式有两种：(1)组织20—25人在一个大房间内，为他们朗读连环画剧、民间传说、故事等；(2)让个别的老人在小房间，为他们朗读自己选择的图书。为了避免朗读疲劳，一小时的朗读中会加入一些儿歌和老歌曲。一旦唱起歌来，一些对书完全没有兴趣的人也会参与其中。[1] 国内广东省佛山市图书馆借助志愿者团队的力量为老干所、敬老院提供送书上门及朗读服务，让老年读者享受"悦读"带来的快乐。

随着现代信息技术的发展，互联网络的普及，数字阅读的推广，老年人的信息意识和利用现代科技获取知识和信息的需求变得愈加强烈，同时老人的子女常常因为工作繁忙无暇顾及，老年人想学习又缺少门路，公共图书馆便是良好的知识培训场所。老年人的信息需求一般涉及如下三个方面：(1)计算机、互联网操作，包括计算机及网络操作基础知识、常用软件的使用方法等。(2)数字化阅读，包括数字信息检索与利用、数据库的检索步骤和技巧、电子书刊的阅读、馆外数字化阅读、数字信息的传递服务等。(3)智能手机应用操作，包括利用手机掌握休闲娱乐、社交、获取相关资讯等。公共图书馆可根据老年读者信息素养水平，分层次、有针对性地面向老年读者开展培训活动，采用现场演示与讲解相结合的办法，帮助他们真正克服现代智能科技及数字化阅读的技术性障碍，使其能熟练掌握利用现代信息技术获取各种

1 陈灿玲．公共图书馆如何完善老年读者服务．科技与创新，2014(3)．

知识和信息的技能。国家图书馆典藏阅览部数字共享空间开设了"关爱夕阳　老年课堂"项目，定期为老年读者进行培训，培训内容包括手机微信使用、网络资源下载、网上缴付水电费、网上预约挂号、电子邮件收发、照片美化、预防网络诈骗等，还向老年读者展示和推介方正阿帕比触摸屏综合平台、云图数字资源有声综合服务平台手持阅读器等多种新媒体数字服务，帮助老年人享受现代科技带来的便捷体验，助力晚年幸福生活，受到老年读者的积极肯定。

三、老年读者的服务措施

随着老龄社会的到来，公共图书馆用户的重要组成部分就是人数不断增长着的老年人，公共图书馆的服务中，要重视用户群年龄结构的变化，及时调整服务措施。为更好地服务于老年读者，应加强馆藏资源的检索服务与深度揭示服务。借助计算机管理与书目检索系统，将纸质、电子和缩微等不同载体的馆藏文献目录向公众揭示，提供题名、著者、主题等基本检索途径，方便老年读者查询。还应通过网站、宣传资料、专题展览等形式，向公众推介、揭示最新入藏的文献和特色馆藏。

与此同时，图书馆的老年教育服务内容和服务方式也要随之而发展。如建立信息咨询服务，对于不会利用图书馆的老人，工作人员应要帮助他们熟悉检索方式，了解馆藏资源；为特殊老年读者提供必要的教育服务，例如对出门不便的老人、残疾人送书上门，为老年盲人读者推荐听书、听课资源，帮助其掌握获得资源的方法。如美国纽约布鲁克林公共图书馆的馆员，在 1996 年共派出 191 人次访问了 5481 位老年人，向敬老院或老年之家送出 800 批、27 930 册图书。[1] 瑞典国立图书馆在为老年读者送书上门的同时，也调查老年人的阅读意向，编制老年人爱读的图书目录供老年人选择参考。

1　丁丽娜．美国公共图书馆多样、具体、人性化的服务——纽约市布鲁克林图书馆的故事．图书馆，2011(6)．

巡回送书是公共图书馆常见的馆外服务方式，主要通过流动书车将书刊送到偏远的居民区、厂矿企业等以满足当地的读者。老年图书馆(室)通过流动书车，把图书馆资源送到老年读者面前，极大地方便了老年读者的需要。还可以通过邮寄或者快递，为居住距离图书馆较远的老年读者实行送书服务。如美国亚拉巴马州伯明翰图书馆和杰佛逊图书馆针对那些无法来馆的老年人或残疾人，推行一种免费邮寄图书业务。读者不需要办理任何证件，只需打个电话，就可以借书。借期4周，每次限借4册。同样打个电话就可以办理续借手续，而且逾期也不罚款。[1] 据辽宁教育研究院的调研，从参加老年教育人员年龄结构看，60岁以下的占20.2%，60-69岁的低龄老年人占43.8%，70-79岁中龄老年人占32.1%，80岁以上的高龄老人占3.9%[2]。尽管低龄老年人为主体，但是随着老年人的平均寿命延长和健康状况趋好，很多80岁以上的老年人仍然精力充沛，乐于走出家门，去参与文化教育活动，因而不能忽略高龄老年人的文化教育需求。送书上门的服务方式，则能有效满足高龄老年人的需要。

为了更加丰富老年人的生活，社区老年图书馆还可以定期举办展览会、读书演讲、学术报告会、书评讲座以及读书心得交流等，使社区老年图书馆真正成为老年人的文化、信息、娱乐交流中心。

为鼓励更多的老年读者享受先进的数字化图书服务，还应加强计算机网络知识的普及、推广工作。如广东省立中山图书馆2003年2月至7月，与广东省直属机关老年人文化体育协会老年人之家俱乐部共同举办了8期“手拉手，网上行——省直机关离退休干部基础电脑操作及上网”培训班。通过培训，使老年人基本掌握了电脑的基础知识和操作，学会上网冲浪，收发E-mail和利用搜索引擎查找信息资料等，从而提高了老年读者利用计算机自我服务的能力。

---

1 孟志丹．公共图书馆为老年读者服务断想．图书馆学刊，2010(6)．

2 周冬．基于老年个体的调查看老年群体教育需求特征——以辽宁省为例．成人教育，2012(1)．

老年图书馆可以开办老年教育网站，或者借助自身公益文化服务机构的优势，联络有关单位和个人开办老年教育网站。例如美国有一个由 Robert G. Knechtel 创办的长者教育网站，设有长者新闻、退休生活、健康新闻、老年护理、驾校、旅游、计算机、互联网利用、60 华龄、保持活力、华龄探秘等丰富多彩的栏目，是美国一个较有名气的老年教育网站，深受老年人欢迎。[1]

另外，老年读者服务要周到细致，要多在细节上下工夫，如为老年人配备花镜、放大镜、医疗救急箱等常用设施。温州市图书馆黎明西路老年分馆值得一提，该图书馆备有不同度数的老花镜、放大镜；走廊里台阶改坡道，设有栏杆扶手、防滑条，这些以老年人为对象的服务细节随处可见，馆长办公室里还常年备着医疗箱，很多看不见的服务项目深深地吸引着老年人，当年到馆读者超过 8 万人[2]。

老年图书馆（室）是图书馆事业中的新生事物。图书馆员要深入研究老年人的特点、心理变化规律和文化教育需求。中国老龄基金会在调研中发现，老年人“65 岁现象”比较普遍，即 30% 老年人从工作岗位上退下来后，第一年“无法适应、坐立难安”，第二年“失落难忍、寂寞孤单”，第三年“茶饭无味、夜里难眠”，第四年“身心俱疲、积郁成疾”，如果无法排解情绪转移注意力，第五年往往会“病情加重、住进医院”。其中相当多的老年人是因为突然从工作岗位上退下来，社会角色发生变化，自我价值无法发挥，认同感降低，引起一系列心理上的变化。[3] 统计显示，目前我国老龄人口中“空巢老人”占 40%。在中国老年心理研究与发展论坛抽样调查中显示，64.7% 的受访“空巢老人”表示自己的物质生活相对富足，更需要精神上的关爱。[4] 针对老年人普

1　郭美玉. 美国老年教育与借鉴——对发展老年教育的思考. 长沙铁道学院学报（社会科学版），2006（1－2）.

2　黄之宏. 首家老年图书馆专解老有所需. 温州日报，2011－10－08（2）.

3　刘超. 天津市老龄化居全国第三　警惕退休后“65 岁现象”. http://www.022net.com/2011/12-10/505230203310495.html.

4　古黎丽. 试论老年社区图书馆的建设与管理. 辽宁广播电视大学，2014（4）.

遍存在的心理变化规律，公共图书馆员要有相应的服务措施，帮助老年人通过阅读、参加图书馆组织的文化活动建立新的兴趣，从而摆脱“65 岁现象”的困扰。

图书馆员也要了解我国养老事业的政策以及目前的养老现状和未来的发展趋势。近年来，我国不断发展养老事业，居家养老将成为重点发展的一个方向。据估计，2015 年浙江省将有 97% 的老年人享受居家养老服务，3% 的老年人入住养老机构养老。[1] 对于居家养老的中国特色，公共图书馆员要加强主动服务和上门服务，把老年人请进图书馆，帮助他们了解图书馆和图书馆的老年教育；把图书馆的教育服务送到老年人的家中，让他们享受到丰富多彩的教育内容和温馨的关爱。

总之，老年图书馆（室）环境安静舒适，管理自由开放，是老年人进行自主学习的最佳场所。老年图书馆（室）要做好馆藏资源建设，规范服务标准，创新服务模式，为老年人建设好学习休闲的精神家园。

我国人口老龄化给中国政治、经济、社会、文化等方面的发展带来了深刻影响，庞大老年群体的养老、医疗、社会服务等需求的压力也越来越大。老年人生活的幸福指数，不仅是体现在物质层面，更体现在精神层面。公共图书馆在老龄社会中应该扮演什么角色，发挥什么作用，则需要图书馆人不断地去深入探索。

公共图书馆的老年教育工作要加强制度建设。2012 年，中组部、中宣部、文化部、全国老龄办等 16 部位联合印发《关于进一步加强老年文化建设的意见》，这是一个有关加强老年人文化建设的政策文件，主要对我国新时期如何应对人口老龄化，加强老年文化建设提出了具体的目标任务，确立了指导思想和基本原则，在具体措施中强调要树立积极老龄化理念，以积极的态度、积极的政策、积极的行动应对人口

1 2015 年浙江 97% 老人将享受居家养老服务 . http://www.chinanews.com/gn/2013/09-25/5320629.shtml.

老龄化，全社会要正确对待和接纳老年人，尊重老年人的社会价值，扩大老年人社会参与，弘扬中华民族传统美德，营造敬老爱老助老的良好社会氛围。在今后制定图书馆法规、条例或发展规划时，应把有关老年读者服务的问题纳入视野，对公共图书馆开展老年读者服务的设施、项目、人员、经费等，予以法规或制度层面上的保障，并列入公共图书馆评估的项目。[1]

充足的经费是老年教育活动顺利开展的保障之一。经费不足已成为目前制约我国老年教育发展的一大瓶颈。“十二五”时期老龄事业发展的重点任务提到：“加快老年活动场所和无障碍设施建设，增加文化、教育和体育健身设施，丰富老年人精神文化生活。”政府对老年事业投入给予了大力支持，但我国老年人口数量庞大，当下的经费投入远远不能满足老年人文化教育需求。因此，政府有关部门应该加大资金投入，努力改善老年习条件，使之与老年学习者的需求相适应。同时，探索建立多元化的资金投入机制，调动养老机构、养老地产、教育机构等社会力量参与公共图书馆老年教育事业的积极性，吸收各种形式的捐款、慈善资金和社会资金，建立合理的个人交费制度，构建多渠道的经费保障制度。

公共图书馆的老年教育事业离不开图书馆学会和各类老年社会团体的支持。公共图书馆要密切与图书馆学会合作，了解图书馆的发展动态，获得理论支持和资源支持。同时，与老年事业的有关部门、各种类型民间老年教育机构（如学术研究组织、退休指导组织等）、老年产业、慈善人士等建立广泛的联系，寻求合作，建立起广泛的社会资源。

公共图书馆老年教育形式方面要大胆创新，融学习提高和休闲娱乐为一体，切实增强老年人的社会适应能力，改善老年人的生活状态，促进社会的和谐发展。同时，要重视图书馆老年服务队伍的培养和继续教育，建设一支熟练掌握图书馆基本业务、了解老年人的特点、熟悉

1　陈思，“积极老龄化”与公共图书馆．图书馆论坛，2004(6).

教育规律的高素质专业人才队伍。

联合国所提出的“积极老龄化”方案，是从战略高度面对全球老龄化趋势的积极回应。作为承载人类文明积淀的重要公益性文化机构的公共图书馆，在积极、主动配合实施“积极老龄化”方案，推动老年人共享社会物质文明和精神文明的发展成果方面，既有得天独厚的优势，更是责无旁贷。

“十三五”时期，是我国全面建成小康社会冲刺、全面深化改革取得决定性成果的5年，也是我国人口老龄化快速发展、老龄问题日益突显的时期。公共图书馆要不断拓展社会教育职能，丰富社会服务内容，承担起老年教育的责任，把老年教育纳入长远发展的战略之中，在馆藏资源、教育资源、组织实施、延伸服务等方面，成为老年教育的重要阵地，为促进老龄事业与经济社会的协调发展，确保广大老年人共享改革成果、同步进入全面小康社会发挥重要作用。

第六章　公共图书馆老年教育服务实证研究

第一节　公共图书馆老年读者服务情况调查分析

2014 年 9 月,文化部离退休干部局根据中央领导批示精神和文化部领导要求,就推动文化部老年大学建设与发展提出新思路、新举措,将以文化部在京的老年大学为阵地和基础,进一步拓展、完善教学与服务。考虑到国家图书馆的公共文化服务职能,以及国图的地理位置和老干部日益增长的学习需求,为了更好地发挥为文化部系统及社会老年群体提供公共文化服务的作用,文化部离退休干部局与国家图书馆沟通协商并寻求支持,在国家图书馆建立文化部老年大学西区分校。

文化部老年大学西区分校是文化部离退休干部局与国家图书馆共建机构,由文化部主办,国家图书馆承办,国图离退休干部处和社会教育部联合实施。文化部老年大学西区分校于 2014 年 10 月 23 日正式开学,共开设书法、装裱、电脑、摄影、舞蹈 5 门 7 个班次的课程,服务文化部系统离退休学员 200 余人,每个班级的学员出勤率均保持在 90% 以上。

为了更好地研究老年大学的开设情况,落实中央大力发展老年人文化教育的精神,为老年大学的开办提供第一手研究资料,国家图书馆社会教育部在 2015 年年初,设计了一整套调查问卷,陆续在文化部老年大学西校区进行发放与回收,并与湖南图书馆等单位合作,联手就老年读者对图书馆服务情况进行全方位的调查。此次调研共发放问卷 380 份,回收有效问卷 248 份。

一、被调查者的基本情况

从问卷调查反映的情况来看，积极参与社会活动、使用图书馆的老年群体当中，女性居多，占调查总人数的65%，这与社会学方面关于男女行为分析的数据相匹配，女性较男性更为在意社会性群体活动，也更愿意接触社会团体。

在受调查群体中，行政机关人员占大多数，占到被调查者总人数的41%，其次是服务业（包括艺术工作者）人员，占被调查人数的11%。这与行政机关人员在以往的工作经历中，有过使用图书馆的经验息息相关。工作中形成的习惯一直延续到退休之后，因此这一类人员更愿意在日常生活中使用图书馆。另外，国家行政机关对退休人群的照顾和培训更为完善、周到，除了一些群体性组织，老年大学的开办也是其中一个方面，因此这一类人群更多的参与到老年大学的活动中来，享受政府提供的文化资源。

被调查者中，60—69岁的人群占绝大多数，占受访者的45%。50—59岁的人群占27%。对于刚刚退休的老年人而言，即50—59岁人群，其实还处于惯性工作模式中，精力还较为充沛，部分人群还保持工作状态，继续自己的事业，或者为家庭奉献，或者选择四处旅游，保持一种外向型的生活节奏。对于60—69岁人群来说，随着年龄的增大，身体机能的相对减退，会对生活态度、生活方式产生一定的影响。外向型的生活方式会慢慢变化为稳定型的生活方式，出游和工作时间的减少，会让他们更愿意静下心来，参与老年大学的学习，参与图书馆的活动，在保证和社会不脱轨的情况下，以一种时间成本、精力成本相对较低的方式进行自我学习和人际交往。

在这次受调查的老年人群中，由于发放对象多为老年大学的参与者，因此学历普遍较高，大专学历占38%，本科学历占42%。因此这类人群在日常生活中有着较高的计算机技能，能够利用其特长替代图书馆信息检索功能，有47%的受访者会使用有线电视机顶盒进行点播，有50%的受访者能够熟练使用网络，并经常使用。

二、图书馆使用情况

参与调查的248人当中，有234位表示会去图书馆，占94%，但是也有60%的人承认去的频率不规律，只是偶尔为之。只有19%的人保持每个月1—3次的频率，足见图书馆对于老年人群而言是必不可少，但功能性并不是很强的一种学习、社交工具。

在图书馆馆藏中，老年群体最喜爱的养生保健类书籍，占使用率第一位，达到44%，与之不相上下的是历史文化类书籍报刊，达到42%。文学类书籍报刊位于第三，使用率为29%。虽然绝大部分老年群体反映有利用图书馆资源，但是去图书馆参与阅读推广活动的却相当有限，几乎没有听过图书馆讲座的达到46%，每年参加1—3次图书馆讲座活动的只有35%。

对于图书馆使用不充分的原因，问卷中有部分展示。只有60%的受访者对图书馆提供的老年无障碍通道和无障碍座椅表示基本满意，约有10%的受访者对图书馆的服务指引标志或者老年设施表示非常不满意。很多图书馆没有针对老年人在硬件（针对老年群体的阅览室或者座椅）和软件（图书馆从业人员的素质与服务态度、服务水平）上提出相应的服务举措，这是导致老年人较少使用图书馆的原因之一。

三、未来发展方向

问卷调查中，针对老年群体对图书馆服务提出了一些大致的希望和设想，这些调查结果为未来的图书馆建设和服务，指出了大概的方向与目标。

在图书馆的馆藏建设上，针对老年群体的阅览需求，养生保健类和历史文化类书籍仍然是受访者认为应该加强建设的馆藏种类，选择这两种书籍的受访者分别占到48%和39%。针对图书馆业务的改进建议中，建议开设专门的老年读者活动室的人数最高，达到44%，其次是建议多举办读书活动与开展社区图书馆。可见在图书馆软硬件改造过程中，老年读者群体急需图书馆在硬件上的补充和改进，对老年人专属的阅读空间有强烈需求。图书馆的使用在某种程度上仍然是较为个人的行为,读者希望在空间上有专属感和定制感,从而提升使用的舒适度。在这一层面上而言,对舒适度的要求大大超过了对便捷度的需求。可见对于图书馆的使用质量,老年群体更加看重人性化的设计。

最后,问卷针对文化部老年大学西区分校的教学成果进行了调查,96%的受访者对硬件设施表示满意,100%的受访者对教务管理工作表示满意。这也是对文化部老年大学西区分校工作的认可。

附:老年读者对图书馆服务情况调查问卷

(国家图书馆老年教育研究课题组)

第一部分　个人信息

1. 您的性别?

(1)男　　(2)女

2. 您的职业?

(1)行政机关人员　　(2)教师

(3)企业公司职员　　(4)农民

(5)军人　　(6)医护人员

(7)服务业(包括艺术工作者)　　(8)公务员

(9)自由职业者　　(10)其他＿＿＿＿＿＿

3. 您之前是否参加过老年大学的学习?参加的是哪种类型的老年大学?

(1)没参加过

(2)参加过,社区老年大学

(3)参加过,机关部委所属的老年大学

(4)参加过,上述以外的其他类型老年大学

4. 您的年龄范围?

(1)50 周岁到 59 周岁　　(2)60 周岁到 69 周岁

(3)71 到 80 周岁　　(4)81 周岁及以上

5. 您的学历是?

(1)小学　　(2)初中　　(3)高中或中专

(4)大专　　(5)本科　　(6)硕士及以上

6. 您平时去图书馆的频率?

(1)每天都去　　(2)每周三次以上、七次以下

(3)每月一次以上、三次以下　　(4)不规律,偶尔去一次

7. 您平时到图书馆的主要目的是什么?

(1)休闲娱乐　　(2)学习专业知识

(3)查找相关问题的解决方法　　(4)其他____________

8. 您觉得到图书馆借阅图书、期刊、报纸及其他资料是否方便?

(1)很方便　　(2)方便

(3)不方便　　(4)很不方便

9. 您平时最喜欢看的图书、期刊、报纸及其他资料一般是什么类型?(可多选,最多不超过5个)

(1)花鸟鱼虫养殖类　　(2)养生保健类

(3)历史文化类　　(4)文学类

(5)自然科学类　　(6)戏曲音乐类

(7)法律类　　(8)琴棋书画类

(9)盆景栽培养殖类　　(10)其他____________

10. 您参加过图书馆举办的公益讲座吗?来图书馆听讲座的频率是怎样的?

(1)每周都去　　(2)每月1—3次

(3)每年1—3次　　(4)没去过

11. 您到图书馆参观过主题展览吗?您最感兴趣的是哪些方面的展览?

(1)历史文化类　　(2)科学技术类

(3)生活百科类　　(4)时事政治类

(5)艺术类　　(6)其他____________

12. 如果图书馆有相关主题内容的培训,您最希望参加的培训内容是?

(1)文献检索辅导

(2)老年大学课程学习

(3)外语类培训

(4)生活新技能、新技术(微博、微信的使用;网络购物;旅游常识等)

(5)其他

13. 您会使用有线电视的机顶盒进行点播选择性收看您需要的节目吗?

(1)不会用,没用过

(2)会使用点播功能,但不常使用

(3)会使用点播功能,经常使用点播选择喜欢看的内容

14. 您会使用计算机上网吗?

(1)不会上网

(2)会,但不常使用网络

(3)熟练并经常使用

15. 您通常利用计算机做些什么?

(1)电脑游戏、浏览网页新闻

(2)看视频(电视剧、电影等)

(3)文字编辑

(4)专业领域工作(平面设计、工作制图等)

16. 您经常使用智能手机使用微信、微博吗?您平时用手机阅读吗?

(1)不用

(2)用,但不会用微博、微信等,不用手机阅读

(3)经常用微博、微信等,不用手机阅读

(4)经常用微博、微信等,而且经常用手机阅读,学习文化知识。

第二部分　图书馆基本设施和空间环境

17. 您是否满意您所在区域图书馆的阅览环境？

(1)很满意　　(2)基本满意　　(3)不满意　　(4)很不满意

18. 您是否满意所在区域图书馆提供的老年无障碍通道和无障碍座椅？

(1)很满意　　(2)基本满意　　(3)不满意　　(4)很不满意

19. 您所在区域的图书馆各服务点的指引和标志的设置如何？

(1)很满意(很合理、清晰)

(2)基本满意(基本合理、清晰)

(3)不满意(不合理、不清晰)

(4)很不满意(很不合理、很不清晰)

20. 您是否满意您所在区域图书馆的期刊、报纸、图书阅览室及其他公共服务区的楼层分布？

(1)很满意　　(2)基本满意　　(3)不满意　　(4)很不满意

21. 您所在区域的图书馆提供笔墨纸砚、大字号书籍、期刊与电子阅读设备情况如何？

(1)很满意　　(2)基本满意　　(3)不满意　　(4)很不满意

22. 您所在区域的图书馆为老年读者专门提供的老年读者阅览室或老年读者专门座位情况如何？

(1)很满意　　(2)基本满意　　(3)不满意　　(4)很不满意

第三部分　工作人员思想素质和业务技能

23. 您是否满意您所在区域的图书馆工作人员的思想及业务素质水平？

(1)很满意　　(2)基本满意　　(3)不满意　　(4)很不满意

24. 您是否满意您所在区域图书馆工作人员的亲和力？

(1)很满意　　(2)基本满意　　(3)不满意　　(4)很不满意

25. 您是否满意所在区域的图书馆工作人员耐心和细心的解答？

(1)很满意　　(2)基本满意　　(3)不满意　　(4)很不满意

第四部分　图书馆开展的文献信息服务

26. 您所在区域的图书馆纸本图书、期刊、报纸与电子阅读设备能满足您的工作和生活需求吗?

(1)很满足　(2)基本满足　(3)不满足　(4)很不满足

27. 您是否满意所在区域的图书馆工作人员为老年读者主动地提供服务?

(1)很满意　(2)基本满意　(3)不满意　(4)很不满意

28. 您是否满意所在区域的图书馆提供专门针对老年读者的咨询服务台和服务人员?

(1)很满意　(2)基本满意　(3)不满意　(4)很不满意

29. 您最希望图书馆增加的图书、期刊、报纸与电子书籍是什么种类的?(可多选,最多不超过5个)

(1)花鸟鱼虫养殖类　(2)养生保健类

(3)历史文化类　(4)文学类

(5)自然科学类　(6)戏曲音乐类

(7)法律类　(8)琴棋书画类

(9)盆景栽培养殖类　(10)其他____________

30. 您最希望图书馆的讲座、展览的内容和主题是?

(1)花鸟鱼虫养殖类　(2)养生保健类

(3)历史文化类　(4)自然科学类

(5)戏曲音乐类　(6)时事政治类

(7)其他____________

第五部分　图书馆开展老年读者特色服务

31. 您是否满意参加过图书馆专门为老年读者举办过的活动(如讲座、展览、培训班、户外活动组织等)?

(1)很满意　(2)基本满意　(3)不满意　(4)很不满意

32. 您是否满意图书馆专门指导老年读者开展的服务工作(如自助借还机的使用、电子阅读设备的使用、下载网络资源等)?

(1)很满意　　(2)基本满意　(3)不满意　　(4)很不满意

33. 您是否满意图书馆专门针对老年读者的特殊服务(如老年读者专题服务、老年读者特色文献服务等)?

(1)很满意　　(2)基本满意　(3)不满意　　(4)很不满意

34. 您对所在图书馆的建议及意见?

(1)增加老年读者的相互交流,开设专门的老年读者活动室;

(2)提供更多的老年读者图书、期刊、报纸与电子书籍;

(3)尽量开展社区的图书馆,方便更多的老年读者阅读;

(4)尽量多的举办读书活动、专家讲座和其他展览;

(5)图书馆的图书、期刊、报纸管理需要更加规范;

(6)其他____________。

第六部分　文化部老年大学西校区教学情况

35. 除目前已开设的课程外,您最希望文化部老年大学西区分校开设哪个专业的课程?

请填写:________________________

36. 您对目前文化部老年大学西区分校的设备设施满意度如何?

(1)很满意　　(2)基本满意　(3)不满意　　(4)很不满意

不满意的原因是:____________

37. 您对目前文化部老年大学西区分校的教学质量、教务管理工作满意度如何?

(1)很满意　　(2)基本满意　(3)不满意　　(4)很不满意

不满意的原因是:____________

第二节　文化部老年大学现状与发展思路

我国老年教育是改革开放以来随着人口老龄化而发展起来的一

项教育事业,是社会老龄事业和终身教育体系的重要组成部分。而老年大学的创办,则与改革开放后国家干部人事制度改革有密切关系,其出现较人口老龄化时代的到来更早。1982 年,中央决定进行干部人事制度改革,一大批老干部、老知识分子从一线工作岗位退了下来。为使他们在离退休后得到很好的安排和照顾,中央提出老干部离休退休以后,其"基本政治待遇不变,生活待遇还要略为从优,并注意很好地发挥他们的作用"。[1] 一些省市为使老干部适应退休后的生活,开始为他们组织诸如健身、书法、国画为主要的活动和讲座。1983 年 9 月,中国第一所老年大学——山东省红十字老年大学创办。1984 年 9 月,北京市第一所老年大学——海淀老龄大学正式成立,成为全国规模最大的老年大学。30 多年来,由国家部委、地方各市县级政府乃至基层社区开办的老年大学数不胜数,各自都有着面对所辖老年学员的教学模式。作为众多老年大学中的一分子,文化部老年大学的发展状况具有一定的代表性,故在此简述一二。

一、发展概况

文化部老年大学位于北京市东城区朝阳门内大街 203 号院内的文化部老干部活动中心。文化部老年大学由 1992 年文化部老干部兴趣学习班发展而来,2006 年 11 月正式挂牌成立,2007 年 5 月加入中国老年大学协会,2009 年 3 月成为该协会理事单位,同年被中国老年大学协会评为"全国先进老年大学"。文化部老年大学在文化部党组的正确领导和直接关怀下,从无到有,不断发展壮大。截至 2015 年 3 月底,开设班级 46 个,每周上课 1427 人次。老年大学本部和各分部开设了国画花鸟、山水、声乐、书法、电脑、摄影、舞蹈、电子琴、手风琴、编织、太极扇、合唱等专业课程,还不定期举办各种讲座,丰富老同志精神文化生活。特别是近年来,文化部老年大学硬件设施不断完善,

1 中发〔1982〕13 号:中共中央关于建立老干部退休制度的决定. http://www.mca.gov.cn/article/zwgk/fvfg/zh/200712/20071210004949.shtml.

师资队伍不断加强,学科门类更加齐全,教学管理更加科学,已逐步形成自己的办学特色,取得了显著的办学成果。

文化部是全国老年非学历教育的主管部门,文化部老年大学首先应办成在全国具有示范作用的老年大学。为贯彻落实刘延东同志关于“扶持办好老年大学,为终身教育发展和建设学习型社会做贡献”的重要批示精神,文化部离退休干部局近期对文化部老年大学办学资源和办学条件进行了调研摸底,除了对老年大学本部办学用房、设备、师资等进行了解分析,还分别到直属单位进行走访调研,了解办学条件和需求,多次召开老干部座谈会和各直属单位老干部处长座谈会,通报情况,听取意见建议,集思广益。此外,文化部离退休干部局相关工作人员还到北京市部分公园对老年文化活动开展调研,了解老年人对老年大学的需求情况。调研发现,面对日益发展的新形势,尤其是面对老同志强烈的求知求学的愿望,文化部老年大学的发展也面临一些亟须解决的困难和问题,主要有:

(1)场地不足。目前,文化部老年大学本部设有 13 个教学班,但只有 5 间教室,教室使用已处于饱和状态,而老同志的就学需求十分旺盛,老年大学一座难求。由于教室容量有限,每次招生时工作人员只能把超出招生计划人数的老同志劝退,在某种程度上挫伤了老同志的学习热情。

(2)经费短缺。目前,国务院机关事务管理局每年划拨给文化部老年大学的运行经费仅为 15 万元,用于支付老年大学教师授课费,远远不足以维持老年大学正常运转。因此,文化部离退休干部局每年都要挤出一部分业务经费支持老年大学。随着老年大学办学规模的日益扩大,经费更加紧张,亟须有稳定的经费来源。

(3)教学设备缺乏、陈旧。目前,文化部老年大学的教学设备主要由国管局统一配置。由于配置数量较少、周期过长、供需不匹配、部分设备严重老化等原因,已无法满足办学需要。例如,电脑班的视频编辑课程,因电脑老化程度严重,无法正常上课,直接影响了教学效果。

(4)办学地点过于集中。文化部机关和直属单位的老同志有6600余人,居住地点较为分散。而文化部老年大学现有的开班地点较少,主要集中在朝阳门内大街203号文化部老年大学本部,无法满足老同志就近上学的需要。远距离上学不仅增加了老同志的路途时间,更带来了不少安全隐患。

鉴于上述原因,文化部老年大学要进一步发展,必须从增加教学场地、落实经费、更新设备、多设点开班等方面开展工作。

二、办学优势

作为国家部委所办的老年大学,文化部老年大学有许多得天独厚的优势,拥有较好的设施、人才与课程优势,从而使其在众多的老年大学中颇具特点。

一是管理职能优势。1999年,中央在相关文件中明确指出,文化部"全面负责全国老年非学历教育工作,指导各级各类老年大学的工作"。

二是课程内容优势。全国各级各类老年大学的课程设置主要是声乐、舞蹈、书法、绘画、摄影等一些文化艺术类课程。文化部是文化艺术工作主管部门,在文化艺术领域拥有大量的其他部门所没有的资源。比如,文化部有很多知名专家、学者、艺术家,可以为老年大学各类课程提供很好的帮助和指导。

三是师资力量优势。文化部艺术院团有一大批退休的专业文艺演职人员,他们专业能力强、文化素养高,稍加培训就能转化成师资力量。

四是交流平台优势。文化部主管的全国美术馆、文化馆、图书馆、博物馆、全国文化信息资源共享工程等资源,可以为文化部老年大学提供很好的学习、交流、展示的平台。

三、发展思路

通过调研,文化部工作人员对老年大学的定位有了新的认识:一是老年大学是老同志终身学习的重要场所;二是老年大学是一种健康有益的养老平台;三是将来老年大学可能发展成为向老年人提供公共文化服务的重要途径。根据老年大学的定位和特点,我们可以设想,文化部老年大学可分三步走,逐步发展成全国性、示范性老年大学,并成为政府对老年人提供公共文化服务的平台。

第一步:采取集中办学与分散设点办班相结合的方法,优先满足文化部系统老同志就近入学的需求。

整合盘活机关和直属单位现有老干部活动用房,从 2014 年 9 月起,文化部老年大学在现有基础上,进一步扩大办学规模,除了继续在朝内大街 203 号文化部老年大学本部、故宫博物院分校和部机关各管理站办分班外,还在本部和部机关东直门管理站各增加 2 间教室。同时,在中国歌剧舞剧院虎坊桥活动站、国家话剧院东劲松活动站、国家图书馆等地设点开班授课,在北京城内形成东、中、西、南、东南几个方位都设点开班的格局。根据老同志需求分别开设电脑、声乐、书法、绘画、摄影等课程,教学规模从原有的 25 个教学班扩大到近 50 个班,在相当程度上满足文化部老同志就近上学的需要。

第二步:在满足文化部系统老同志学习需要的基础上,充分发挥文化部资源优势,文化部老年大学逐步向社会开放,与社区共建,进公园办班,直接为社会老年人提供公共文化服务。

老年大学向社会开放是中央的要求,也是大势所趋。文化部老年大学除了面向文化部系统老同志招生,在各教学班名额有余的情况下,尝试面向社会招收学员,与社区加强共建,实现资源共享,使更多的老年人受益。同时,积极争取公共文化服务,把老年大学纳入公共文化服务体系,对公园里如火如荼的老年文化活动给予关注和支持,并逐步就地把他们组织起来,按照兴趣爱好分班,“投其所好”,派教师现场辅导,纳入老年大学教学班管理,直接为其提供文化服务,精准地把公共文化服务送到基层,送到老年人中间,满足更多老同志的真正需要,使老年大学成为政府向老年人提供公共文化服务的重要平台和途径。

第三步:建设全国性老年大学,培训师资,编写教材,开设分校,努力办成全国示范性的老年教育机构。

在条件成熟时,文化部老年大学可以考虑更名为"中国老年大学"或"中国老年文化大学",在公共文化司和财务司支持下,作为全国公共文化服务机构之一向财政部申请专项经费,建立培训基地、开设分校、统一培训师资力量、编写教材、输送教师,采取网上或实地授课的方式,把课程送到全国,为更多的老年人提供公共文化服务。同时,考虑与社会机构合作,引进社会资金,开办住校的老年大学,既解决老年人的学习问题,又较好解决老年人的养老问题。

目前,我国 60 岁以上老龄人口已达 2 亿。在人口老龄化的大背景下,加强老年大学建设,发展老年教育事业,对于积极应对人口老龄化、促进社会和谐稳定、提高老年人生活质量,实现老有所学、老有所乐,具有十分重要的积极意义。

第三节　如何将老年人引入文化殿堂

伴随着人类社会经济的发展,人口老龄化已成为世界各国普遍存在的问题,也是我国当前面对的重要问题。截至 2014 年年底,我国 60 岁以上老年人口数为 2.12 亿,占总人口比重为 15.5%左右。[1] 图书馆是搜集和整理文献、传承人类文明的社会公益性文化机构。图书馆作为公共文化体系中的重要一环,既需要肩负起传承人类文明重任,又有责任来满足老年读者步入文化殿堂的精神文化需求,这不仅是老年人的愿望,也是全社会都在关心的大问题,同时也是摆在图书馆人和社会各界同仁面前的一个重要时代课题。

1　国家统计局:中国 65 岁以上人口占比首超 10%. http://finance.ifeng.com/a/20150226/13515588_0.shtml.

一、引领老年人步入文化殿堂的意义

公共图书馆作为公益性文化机构，将老年人引入文化殿堂，其意义主要体现在以下三个方面：

1. 历史赋予的重大使命

中国近代图书馆事业是伴随着资产阶级维新运动而兴起。从其诞生的那一天起，图书馆便承担着开启民智、救亡图强的重大使命。20 世纪 20 至 30 年代，随着“新图书馆运动”的蓬勃开展，新思想、新知识得到广泛的传播。新中国成立以后，在党和政府的重视下，图书馆事业迎来了迅速发展的大好时机。如今，公共图书馆已成为政治、经济、科学文化以及社会各项事业蓬勃发展的有力支持者。进入 21 世纪以来，图书馆又成为促进中国经济快速发展、社会转型的得力助手。中国图书馆的发展历史，总是与国家和民族的命运、社会发展的需求紧密相联。[1] 履行图书馆的社会职能，肩负起服务老年人的重任，是时代的召唤，是图书馆不可推卸的历史使命。

2. 体现“以人为本”的服务理念

图书馆人历来重视宣扬并践行“以人为本”的服务理念。这一服务理念在公共图书馆为社会弱势群体服务中逐步得到强化，尤其是对于弱势群体中的老年人。2008 年，中国图书馆学会发布了《图书馆服务宣言》。宣言明确提出：“图书馆向读者提供平等服务；图书馆在服务与管理中体现人文关怀，图书馆致力于消除弱势群体利用图书馆的困难，为全体读者提供人性化、便利化的服务。可以说，中国图书馆人经过不懈的追求与努力逐步确立了对社会普遍开放、平等服务、以人为本的基本原则。”[2] 作为图书馆工作人员，应该认识到老年读者属于弱势群体的一部分，同样享有获取知识和受教育的权利。老年读者在生理上、心理上面临诸多困难，图书馆工作者更要树立“读者第一”的

1　孟锦．浅谈图书馆价值的彰显．河北科技图苑，2014(6)．

2　中国图书馆学会．图书馆服务宣言．中国图书馆学报，2008(6)．

思想，提供令他们满意的服务。

3. 满足老年读者精神文化需求

随着社会经济的快速发展，困扰老年人的物质问题正逐步得到解决，而如何满足老年人精神文化需求逐渐成为社会关注的焦点。公共图书馆为老年读者服务，有利于帮助老年人完成角色转换的过渡。在老年人逐渐离开工作岗位的过程中，公共图书馆理应成为老年读者心灵上的栖息地，帮助解决老年人完成因身份转换所带来的心理问题，实现社会“健康老龄化”的目标。[1]

二、老年人的“四个心理时期”及“三个需求”

作为图书馆工作者，只有了解了老同志的心理变化、生理变化和文化需求情况，才能更好地为他们提供服务。根据我们多年的图书馆老干部实际工作经验，最深刻的体会是他们要过好“四个心理时期”。

一是脱离工作与得到家庭成员信赖时期。这个时期一般时间较短，只需两个月左右。多数老同志对摆脱日常繁重的工作、开始新生活感到兴奋，同时对原工作岗位又有留恋不舍之情，时而流露出对自身状况的惋惜和感慨。

二是情感过渡期与危机期。这一时期，有些老同志对于刚从工作退下来后新鲜感逐步减弱，而由于与过去生活明显的差异，压抑感反而增强。不再有做不完的事务，天天只思柴米油盐酱醋茶。他们因此而感到苦恼，容易出现心理危机。

三是与家庭、社会适应与理解时期。在这个时期，大多数老年人经过一个时期的生活过渡，不适应的感觉有所减弱。为适应这种环境，他们或是学习，或是旅游，或是甘当家庭炊事员，开始寻找并适应新的生活状态，逐步趋于稳定。

四是生活稳定并得到敬重时期。这个时期，大多数的老年人心理稳定，找到了自己的位置，认识到自己的价值，家庭成员也把赡养老人

1 纪向新．黄丽霞．公共图书馆为老年读者服务的新思考．图书馆学刊，2014（5）．

当作自己的义务，满足他们的精神和物质的需求得到满足，老年人得到家人和社会的敬重。[1]

许多老年人在离退休以后，经过各个时期的心理、生理变化，各个时期也出现不同的需求。掌握他们的需求，对做好离退休老人的工作很有帮助。根据我们多年从事国家图书馆老干部工作的经验，我们发现老人有如下“三个需求”。

一是成就需求。不少老人离退休以后，感到难以习惯离退休的悠闲生活，他们渴望能做一些力所能及的工作。特别是知识型的离退休老同志的此种情况极为突出，此时老干部工作者就应该为他们创造发挥余热的环境，达到双赢的效果。

二是尊重需求。许多老同志革命或工作几十年，对党和人民做出了贡献，被单位同事尊重，成为他们的心理需求。当单位工作人员去家里慰问、祝寿、看望时，这些老人都表现得很兴奋，除了对组织的关心表示感谢，还常常与工作人员回忆往事，与家人憧憬未来。

三是亲和需求。人到老年尤其是离退休以后，社会角色和人际关系发生了变化，与外界的联系不断减少，孤独感和寂寞感油然而生。因此，亲和需求显得更加迫切。[2]

三、引领老年人步入文化殿堂的途径和方法

绝大多数离退休老年人在物质生活上一般都衣食无忧，因此他们渴望有丰富多彩的精神生活。尤其是原来从事图书馆等文化工作的离退休人员，他们对精神文化生活的要求更加迫切。

1. 在采访工作中考虑到老年读者的阅读需求

公共图书馆的藏书能否满足读者的需求，是衡量其读者服务水平

1　赵嫫．浅谈如何做好离退休干部管理工作．http://www.studa.net/shehuiqita/110621/11174656-2.html.

2　孟锦，孟欣．浅谈如何做好图书馆离退休干部的管理工作．河北科技图苑．2012(2).

的一个重要标志。调查表明，老年读者的阅读兴趣有很多共同性，多数老年人对人物传记、中外名著、医药保健、健康指南、烹饪技术、观光旅游等方面的图书报刊较感兴趣。为此，图书馆在采访、订购图书报刊的时候，应该全力满足老年读者的阅读需求，提供更多的老年读者图书、期刊、报纸和电子图书，使老年读者喜爱到图书馆看书、借书。国内的出版社要向国外出版社学习，出版大字号图书。例如美国约翰·霍普斯金大学出版社，他们所有大字号出版物都与畅销书在同一时间、以同一价格和同一样式提供给读者。他们的做法充分地考虑了老年读者的阅读需求，值得国内出版社参考和借鉴。

2. 为老年读者提供温馨、亲切的阅览环境

现有的图书馆阅览室和服务设施，较少考虑到老年读者的特殊要求。为了让老年读者有个良好的阅览环境，公共图书馆需做进一步的努力。有条件的省级、国家级大型图书馆可设立专门的老年阅览室（活动室），增加老年读者之间的相互交流，除配备电脑、网线、耳机等设备，还需设置适合老年读者特点的助听器、老花镜、日常急救药品和清晰的图书馆各服务区指引和标示牌，使温馨的老年阅览室，真正成为老年读者的读书乐园。此外，图书馆还要考虑为老年读者提供老年无障碍通道和无障碍座椅，书架的设立也要考虑残疾老年读者取阅方便。

3. 为老年读者提供高质量服务

为了提高公共图书馆的老年读者服务水平，不仅需要改善图书馆的硬件设施，进行人性化设计，其服务方式与服务态度也很重要，要满足老年读者的特殊需要。图书馆工作者应具有较高的业务素质和心理素质，不仅要懂得图书馆专业知识，还要懂得老年心理学、生理学知识，研究老年人的心理、兴趣和阅读需要，为他们提供有针对性的指导和咨询。对许多老年他们读者来说，读书阅览也许是他们唯一的休闲活动，图书馆员必须尊敬、爱护来馆的老年读者，认真接待并尽全力满足他们的要求，为老年读者提供优质服务。[1]

---

1 张晖．美国公共图书馆老年读者服务的启示．图书馆学刊．2010(8).

4. 提高老年读者信息素养

伴随着信息化时代发展的脚步，人们的日常工作和生活越来越离不开网络。尽管如此，很多老年人由于种种原因仍被隔绝于信息时代发展之外，与网络社会发展产生了差距。经过我们多年走访调查，了解到老年人通过网络也可以学习新知识、了解国内外新闻，开阔视野、与时俱进。对于那些年老体弱、行动不便的老人，网络可以让他们身居家中就能阅读文献资料。近年来我国各大城市公共图书馆纷纷成立了电子阅览室和信息网络部，大型公共图书馆应针对老年读者加大宣传和辅导力度，如开展电脑培训和网络信息服务，传授文献检索知识，而对学者型的老年读者可以为他们提供网上主动服务和知识创新服务，帮助老年读者运用这些现代化信息服务手段，自由地畅游在图书的海洋，从而达到提高老年读者信息素养的目的。

5. 重视为残疾老年读者服务

如何对待老年人，是一个国家、一个民族文明程度的标志。如果说老年读者是一个特别需要关心的弱势群体，那么对残疾老年读者，就更应该给予特别的尊重和呵护。目前，我国各个城市图书馆应该和社区图书馆、敬老院、居民家委会联合起来，对居住在社区里的残疾老年读者，提供上门送书、面对面朗读、电话预约咨询和图书馆馆员主动上门交流等服务。让每一位残疾老年读者感受到社会给予的人文关怀，不断满足残疾老年读者的精神文化需求，提高残疾老年读者的生活质量应该成为当代图书馆人追求的新目标。

四、国家图书馆的老年教育服务实践

国家图书馆是国家的总书库，也是国家重要的社会公共文化服务机构，承担着“传承文明，服务社会”的重大使命。同时，国家图书馆自身又有大量的离退休老同志，他们熟悉图书馆业务，对图书馆有着深厚的感情，图书馆已成为他们生活的重要组成部分，他们由原来的图书馆工作者变为老年教育服务的重要对象。近年来，国家图书馆在老年教育服务方面，进行了许多有益的尝试。

1. 开办文化部老年大学西区分校

为了满足国家图书馆离退休老同志和老年读者精神文化的需求，国家图书馆依靠文化部系统文化集群优势，2014 年 9 月在国家图书馆综合楼开办了文化部老年大学西区分校，每年春、秋两季招收老年读者参加文化部老年大学学习。2015 年春季班，还开设了书法、摄影、舞蹈、声乐、计算机操作等课程。每到上课的时间，学员们从四面八方来到教室，他们学习的情景仿佛一幅徐徐展开的画卷，或在书法老师的指导下握笔习字，或在摄影老师的指导下按动快门，或在音乐的伴奏下，手握把杆翩翩起舞，或跟着声乐老师的钢琴练习发声、学习五线谱……文化部老年大学在国家图书馆开办西区分校，满足了退休老同志的精神文化需求，真正实现了“老有所学”“健康老龄化”的目标。

2. 开展丰富多彩的老年社团活动

为了满足离退休老同志的精神文化需求，国家图书馆离退休干部处先后组织成立了阳光舞蹈队、银杏摄影之家等活动团体。各活动团体定期活动并积极参加国家图书馆、文化部及社会组织的各种比赛，通过演出比赛、交流经验，让老同志们有一种成就感，更激发了他们参与文化活动的积极性和主动性。由国家图书馆退休老同志组成的阳光舞蹈队表演的“我和我的祖国”，在 2011 年首届北京市老年舞蹈大赛中荣获黄玫瑰奖，国图书香舞蹈队在 2015 年紫竹院地区“五月的鲜花”活动中荣获二等奖。银杏摄影之家自成立以来，组织了 20 多期摄影培训，2014 年开展了以春游为主题摄影展，2015 年开展了“银杏之家迎春摄影展”并送展下乡与农民进行文化交流。摄影展在国图和老同志中反应热烈，作品《梅派传人的风采》《吸引》《书城之夜》等还获得种类摄影大奖。他们用镜头诠释了“老有所为”“老有所学”和“老有所乐”，也为老年文化建设描绘出美好的前景。

3. 鼓励老年人参加书画和文学创作活动

国家图书馆离退休干部处，还积极支持、鼓励老同志参加社会各界举办的书画、摄影、征文等比赛及文学创作活动。在他们当中，祁改平先后发表小说《戏单》《朱强大》《孝顺胡同》，成为中国作家协会会员，先后发表散文《佛光》《心远地自偏》等。她的作品曾四次在全国获奖，其中获“第二届中国长城文学奖”一等奖，获中国小说学会2014年“文华杯”全国短篇小说大赛二等奖。通过文学创作，老同志们的离退休生活更加充实，更加具有自豪感和归属感，愿意与大家分享自己的作品和创作思想，并积极主动地参加社会活动。可见，他们提出的“文化养老”的理念，收到了很好的效果，使离退休老人得以老有所学、老有所为，安享晚年。

4. 举办各类文化讲座和读者培训

国家图书馆面向社会开办的“文津讲坛”，是面向大众推出的双休日学术文化系列讲座，如今已成为国家图书馆开展社会文化服务的一个品牌。“文津讲坛”依托国家图书馆丰富的馆藏资源，加之与学术界的广泛联系，聘请德高望重、学识渊博的学界前辈，或风华正茂、学术精到的学术中坚，国内外著名专家学者到馆开讲，使广大读者增加了知识，开阔了眼界，受益匪浅。2015年6月，国家图书馆还开展了一系列读者培训，如“国图馆藏热门图书推介”“文津经典诵读服务介绍”“原来图书馆也能这样——探访趣味图书馆”“查找馆藏第一步——联机公共目录查找系统的检索方法”“什么是三大检索”“请让我来帮助你——国家图书馆的咨询服务”“沟通‘微’距离——玩转国家图书馆数字共享空间微博”等。这些文化讲座和读者培训活动，激发了老年人的学习兴趣，促进了老年人之间的相互交流，成为他们同社会联系的一个窗口。

随着我国图书馆事业的创新发展，图书馆引领老年读者步入文化殿堂工作还会面临许多新情况和新课题，这就促使我们从事此项工作的同志应该认真地研究思考，秉持“传承文明，服务社会”的核心理念，牢固树立服务意识，在实际工作中加强引领、勤勉尽责，积累经验、不断创新。

参考文献

1. 邬沧萍主编．社会老年学．中国人民大学出版社,1999.

2. 刘书鹤,马杰著．老年教育学．华龄出版社,1999.

3. 高序堂、岳瑛著．老年大学发展研究．天津天马图书出版社,2002.

4. 陈福星等著．老年教育概论．山东人民出版社,2004.

5. 郑令德、高志敏著．和谐社会与老年教育．上海教育出版社,2007.

6. 董之鹰著．老年教育学．中国社会出版社,2009.

7. 顾秀莲主编．中国老年大学现状与发展趋势研究．中国妇女出版社,2009.

8. 中国老年大学协会编．中国城市老年教育研究．高等教育出版社,2010.

9. 孙建国等著．中国老年教育探索与实践．科学出版社,2011.

10. 陶克,郑维勇主编．山东老年教育研究与探索．黄河出版社,2011.

11. 孙建国等编．中国老年教育探索与实践．科学出版社,2011.

12. 中国老年大学协会课题组著．中国特色老年大学教育现代化研究．广东教育出版社,2011.

13. 岳瑛著．教育学视阈中的老年教育．湖北科学技术出版社,2012.

14. 中国老年大学协会课题组著．发展社区老年教育与建设学习型城市研究．复旦大学出版社,2012.

15. 周同战,吴涛主编．老年大学教育研究．黑龙江教育出版社,2012.

16. 公共图书馆作为社会教育中心——公共图书馆服务与社会教育国际研讨会(ITIE2012)论文集．上海人民出版社,2012.

17. 刘璟著．老年教育探析．江苏科学技术出版社,2013.

18. 杜英杰,郑维勇主编．老年教育研究与实践．黄河出版社,2013.

19. 刘晓平主编．终身教育体系的制度构建与法律创新研究．河北教育出版社,2013.

20. 程方平主编．中国终身教育的实践与立法研究．开明出版社,2013.

21. 贺宏志著．我国终身教育体系及其推进策略研究．首都师范大学出版社,2013.

22. 张东平主编．老年教育社会学．同济大学出版社,2014.

23. 上海老年教育史稿编纂委员会编;俞恭庆主编．上海老年教育史稿．上海教育出版社,2014.

24. 叶忠海主编. 老年教育学通论. 同济大学出版社,2014.

25. 杨庆芳著. 我国老年教育发展研究——基于积极老龄化的视角. 知识产权出版社,2014.

26. 顾秀莲主编. 社区老年教育服务研究. 中国商务出版社,2014.

27. 齐伟钧等著. 海外老年教育. 同济大学出版社,2014.

28. 张伟著. 图书馆与社会教育. 上海科学技术文献出版社,2014.

29. 郑挺编译. 西欧图书情报事业. 北京大学出版社,1989.

30. 姜向群,杜鹏著. 中国人口老龄化和老龄事业发展报告. 中国人民大学出版社,2013.

31. 吴玉韶,党俊武主编. 中国老龄产业发展报告(2014). 社会科学文献出版社,2014.

附录一　关于加快构建现代公共文化服务体系的意见

（中共中央办公厅、国务院办公厅，2015年1月14日）

近年来，在党中央、国务院高度重视下，我国公共文化建设投入稳步增长，覆盖城乡的公共文化服务设施网络基本建立，公共文化服务效能明显提高，人民群众精神文化生活不断改善，公共文化服务体系建设取得显著成效，呈现出整体推进、重点突破、全面提升的良好发展态势。但是，与当前经济社会发展水平和人民群众日益增长的精神文化需求相比，与基本建成公共文化服务体系的目标要求相比，公共文化服务体系建设水平仍然有待提高。在新的形势下，构建现代公共文化服务体系，是保障和改善民生的重要举措，是全面深化文化体制改革、促进文化事业繁荣发展的必然要求，是弘扬社会主义核心价值观、建设社会主义文化强国的重大任务。为贯彻党的十八届三中全会审议通过的《中共中央关于全面深化改革若干重大问题的决定》的有关要求，加快构建现代公共文化服务体系，现提出如下意见。

一、总体要求

（一）指导思想。以邓小平理论、“三个代表”重要思想、科学发展观为指导，贯彻落实党的十八大和十八届三中、四中全会精神，贯彻落实习近平总书记系列重要讲话精神，按照全面建成小康社会的总体要求，牢固树立以人民为中心的工作导向，以改革创新为动力，以基层为重点，构建体现时代发展趋势、适应社会主义初级阶段基本国情和市场经济要求、符合文化发展规律、具有中国特色的现代公共文化服务体系，促进基本公共文化服务标准化、均等化，推动社会主义文化大发展大繁荣，提高全民族文化素质，增强民族凝聚力，为实现中华民族伟大复兴中国梦提供强大的精神动力和文化支撑。

（二）基本原则。坚持正确导向。以人民为中心，以社会主义核心价值观为引领，发展先进文化，创新传统文化，扶持通俗文化，引导流行文化，改造落后文化，抵制有害文化，巩固基层文化阵地，促进在全社会形成积极向上的精神追求和健康文明的生活方式。

坚持政府主导。从基本国情出发，认真研究人民群众的精神文化需求，因地制宜，科学规划，分类指导，按照一定标准推动实现基本公共文化服务均等化，切实保障人民群众基本文化权益，促进实现社会公平。

坚持社会参与。简政放权，减少行政审批项目，引入市场机制，激发各类社会主体参与公共文化服务的积极性，提供多样化的产品和服务，增强发展活力，积极培育和引导群众文化消费需求。

坚持共建共享。加强统筹管理，建立协同机制，明确责任，优化配置各方资源，做到物尽其用、人尽其才，发挥整体优势，提升综合效益。

坚持改革创新。加快转变政府职能，完善管理体制机制，创新公共文化服务内容和形式，促进文化与科技深度融合，推动文化事业和文化产业协调发展。

（三）主要目标。到2020年，基本建成覆盖城乡、便捷高效、保基本、促公平的现代公共文化服务体系。公共文化设施网络全面覆盖、互联互通，公共文化服务的内容和手段更加丰富，服务质量显著提升，公共文化管理、运行和保障机制进一步完善，政府、市场、社会共同参与公共文化服务体系建设的格局逐步形成，人民群众基本文化权益得到更好保障，基本公共文化服务均等化水平稳步提高。

二、统筹推进公共文化服务均衡发展

（四）促进城乡基本公共文化服务均等化。把城乡基本公共文化服务均等化纳入国民经济和社会发展总体规划及城乡规划。根据城镇化发展趋势和城乡常住人口变化，统筹城乡公共文化设施布局、服务提供、队伍建设、资金保障，均衡配置公共文化资源。整合利用闲置学校等现有城乡公共设施，依托城乡社区综合服务设施，加强城市社区和农村文化设施建设。拓展重大文化惠民项目服务“三农”内容。

加大对农村民间文化艺术的扶持力度,推进“三农”出版物出版发行、广播电视涉农节目制作和农村题材文艺作品创作。完善农家书屋出版物补充更新工作。统筹推进农村地区广播电视用户接收设备配备工作,鼓励建设农村广播电视维修服务网点。大力开展流动服务和数字服务,打通公共文化服务“最后一公里”。建立公共文化服务城乡联动机制。以县级文化馆、图书馆为中心推进总分馆制建设,加强对农家书屋的统筹管理,实现农村、城市社区公共文化服务资源整合和互联互通。推进城乡“结对子、种文化”,加强城市对农村文化建设的帮扶,形成常态化工作机制。

(五)推动革命老区、民族地区、边疆地区、贫困地区公共文化建设实现跨越式发展。与国家扶贫开发攻坚战略结合,编制老少边穷地区公共文化服务体系建设发展规划纲要。根据国家基本公共文化服务指导标准,明确老少边穷地区服务和资源缺口,按照精准扶贫的要求,以广播电视服务网络、数字文化服务、乡土人才培养、流动文化服务、农村留守妇女儿童文化帮扶等为重点,集中实施一批文化扶贫项目。落实对国家在贫困地区安排的公益性文化建设项目取消县以下(含县)及西部地区集中连片特困地区市地级配套资金的政策。加强边境地区基层公共文化设施建设。促进地区对口帮扶,加大人才交流和项目支援力度。深入实施边远贫困地区、边疆民族地区、革命老区人才文化工作者专项支持计划。支持老少边穷地区挖掘、开发、利用民族民间文化资源,充实公共文化服务内容。力争在较短时间内使老少边穷地区公共文化服务能力和水平有明显改善。

(六)保障特殊群体基本文化权益。将老年人、未成年人、残疾人、农民工、农村留守妇女儿童、生活困难群众作为公共文化服务的重点对象。积极开展面向老年人、未成年人的公益性文化艺术培训服务、演展和科技普及活动。开展学龄前儿童基础阅读促进工作和向中小学生推荐优秀出版物、影片、戏曲工作。指导互联网网站、互联网文化企业等开发制作有利于青少年身心健康的优秀作品。将中小学生定期参观博物馆、美术馆、纪念馆、科技馆纳入中小学教育教学活动计划。加强乡村学校少年宫建设。实施青少年体育活动促进计划。公共文化服务机构要为残疾人提供无障碍设施。实施盲文出版项目,开发视听读物,建设有声图书馆,鼓励和支持有条件的电视台增加手语节目或加配字幕。加强对残疾人文化艺术的扶持力度。加快将农民工文化建设纳入常住地公共文化服务体系,以公共文化机构、社区和用工企业为实施主体,满足农民工群体尤其是新生代农民工的基本文化需求。

(七)建立基本公共文化服务标准体系。以人民群众基本文化需求为导向,围绕看电视、听广播、读书看报、参加公共文化活动等群众基本文化权益,根据国家经济社会发展水平和供给能力,明确国家基本公共文化服务的内容、种类、数量和水平,以及应具备的公共文化服务基本条件和各级政府的保障责任,确立国家基本公共文化服务指导标准,明确政府保障底线,做到保障基本、统一规范。各地要根据国家指导标准,制定与当地经济社会发展水平相适应、具有地域特色的地方实施标准,逐步形成既有基本共性又有特色个性、上下衔接的标准指标体系。标准以县为基本单位推进落实。建立基本公共文化服务标准动态调整机制,根据经济社会的发展变化,适时调整提高具体指标。

(八)提升公共文化设施建设、管理和服务水平。健全公共文化设施布局、土地使用、建设规模、设计和施工规范以及技术要求等标准。按照城乡人口发展和分布,坚持均衡配置、严格预留、规模适当、功能优先、经济适用、节能环保的原则,合理规划建设各类公共文化设施。结合基层公共服务设施建设,制定村(社区)综合公共文化服务中心建设标准,充分利用现有城乡公共设施,统筹建设集宣传文化、党员教育、科技普及、普法教育、体育健身等多功能于一体的基层公共文化服务中心,配套建设群众文体活动场地。坚持设施建设和运行管理并重,健全公共文化设施运行管理和服务标准体系,规范各级各类公共文化机构服务项目和服务流程,完善内部管理制度,提高服务水平。

三、增强公共文化服务发展动力

（九）培育和促进文化消费。在公共文化服务体系建设中统筹考虑群众的基本文化需求和多样化文化需求，推动公共文化服务向优质服务转变，实现标准化和个性化服务的有机统一。广泛开展公益性文化艺术活动，培养健康向上的文艺爱好，扩大和提升文化消费需求。鼓励有条件的公共文化机构挖掘特色资源，加强文化创意产品研发，创新文化产品和服务内容。完善公益性演出补贴制度，通过票价补贴、剧场运营补贴等方式，支持艺术表演团体提供公益性演出。鼓励在商业演出和电影放映中安排低价场次或门票，鼓励出版适应群众购买能力的图书报刊，鼓励网络文化运营商开发更多低收费业务，推动经营性文化设施、非物质文化遗产传习场所和传统民俗文化活动场所等向公众提供优惠或免费的公益性文化服务。积极发展与公共文化服务相关联的教育培训、体育健身、演艺会展、旅游休闲等产业，引导和支持各类文化企业开发公共文化产品和服务，满足人民群众多层次的文化消费需求。

（十）鼓励和引导社会力量参与。进一步简政放权，减少行政审批项目，吸引社会资本投入公共文化领域。建立健全政府向社会力量购买公共文化服务机制。出台政府购买公共文化服务指导性意见和目录，将政府购买公共文化服务资金纳入财政预算。推广运用政府和社会资本合作等模式，促进公共文化服务提供主体和提供方式多元化。鼓励和支持社会力量通过投资或捐助设施设备、兴办实体、资助项目、赞助活动、提供产品和服务等方式参与公共文化服务体系建设。推动建立健全公开透明的社会捐赠管理制度。鼓励党政机关、国有企事业单位和学校的各类文体设施向社会免费或优惠开放。创新公共文化设施管理模式，有条件的地方可探索开展公共文化设施社会化运营试点，通过委托或招投标等方式吸引有实力的社会组织和企业参与公共文化设施的运营。

（十一）培育和规范文化类社会组织。加强对文化类行业协会、基金会、民办非企业单位等社会组织的引导、扶持和管理,促进规范有序发展。制定完善关于文化类社会组织的规章,明确功能定位。鼓励各类公共文化服务机构成立行业协会,发挥其在行业自律、行业管理、行业交流等方面的重要作用。加快推进文化行业协会与行政机关脱钩,将适合由社会组织提供的公共文化服务事项交由社会组织承担。引导文化类社会组织依法依规开展公共文化服务。加大政府向文化类社会组织购买服务力度。加强政府管理和社会监督,严格执行社会组织年检制度和信息公开制度,开展运营绩效评估和社会信用评估,实现依法管理、依法运营。

(十二)大力推进文化志愿服务。大力弘扬志愿服务精神,坚持志愿服务与政府服务、市场服务相衔接,奉献社会与自我发展相统一,社会倡导和自愿参与相结合,构建参与广泛、内容丰富、形式多样、机制健全的文化志愿服务体系。创新服务内容、工作方式和活动载体,探索具有地方或行业特色的文化志愿服务模式。完善文化志愿者注册招募、服务记录、管理评价和激励保障机制。动员组织专家学者、艺术家、优秀运动员等社会知名人士参加志愿服务,提高社会影响力。要建立"结对子、种文化"工作机制,推动专业艺术院团、体育运动队和艺术体育院校等到基层教、学、帮、带,建立志愿服务下基层制度。加强对文化志愿队伍的培训,提升文化志愿者的服务意识、服务能力和服务水平。

四、加强公共文化产品和服务供给

(十三)提升公共文化服务效能。完善公共文化设施免费开放的保障机制。深入推进公共图书馆、博物馆、文化馆、纪念馆、美术馆等免费开放工作,逐步将民族博物馆、行业博物馆纳入免费开放范围。推动科技馆、工人文化宫、妇女儿童活动中心以及青少年校外活动场所免费提供基本公共文化服务项目。建立群众文化需求反馈机制,及时准确了解和掌握群众文化需求,制定公共文化服务提供目录,开展"菜单式""订单式"服务。加强公共文化服务品牌建设,推动形成具有鲜明特色和社会影响力的服务项目。加大对跨部门、跨行业、跨地域公共文化资源的整合力度。以行业联盟等形式,开展馆际合作,推进公共文化机构互联互通,开展文化服务“一卡通”、公共文化巡展巡讲巡演等服务,实现区域文化共建共享。加强基层广播电视播出机构服务能力建设。充分利用广播、电视、网络双向互动功能,为各级政府部门便民服务提供窗口和平台。

(十四)丰富优秀公共文化产品供给。进一步发挥国家级评奖和艺术、出版等基金的引导带动作用,创作生产更多传播当代中国价值观念、体现中华文化精神、反映中国人审美追求,思想性、艺术性、观赏性有机统一的优秀文化产品。建立优秀传统文化传承和发展体系。加强戏曲等优秀文化艺术的普及推广工作。开展优秀文化遗产、高雅艺术进校园、进社区,推进送戏、送书、送电影下乡等项目和优秀出版物推荐活动。提高网络文化产品和服务供给能力,促进优秀传统文化瑰宝和当代文化精品网络传播。推动少数民族地区广播电视播出机构在推广国家通用语言文字的同时,开办少数民族语言的频率频道,提高少数民族语言节目译制、制作、播映和传输覆盖能力;继续实施少数民族新闻出版“东风工程”,加强少数民族文字及双语出版物的出版发行和少数民族语言文艺作品的创作;推进少数民族语言文字网站建设。加强知识产权审核和版权保护,防止侵权或盗版产品进入公共文化服务供给体系。大力发展公益广告,有效推广公益慈善理念。

(十五)活跃群众文化生活。深入开展全民阅读活动,推动全民阅读进家庭、进社区、进校园、进农村、进企业、进机关。积极开展全民艺术普及、全民健身、全民科普和群众性法治文化活动。实施基层特色文化品牌建设项目,以富有时代感的内容形式,吸引更多群众参与文化活动。引导广场文化活动健康、规范、有序开展。推进民间文化艺术之乡建设。以“我们的节日”为主题,组织开展群众性节日民俗活动;传承和发展民族民间传统体育,广泛开展形式多样的群众性体育活动。鼓励群众自办文化,支持成立各类群众文化团队。通过组织示范性展演等形式,为民间文化队伍提供展示交流的平台。推进红色文化、社区文化、乡土文化、校园文化、企业文化、军旅文化、家庭文化建设,培育积极健康、多姿多彩的社会文化形态。促进边疆少数民族地区和其他地区群众文化交往交流交融。加强群众性文化活动的国际交流,支持群众文化走出去,形成多层次的对外文化交流格局。

五、推进公共文化服务与科技融合发展

(十六)加大文化科技创新力度。围绕公共文化服务体系建设的重大科技需求,发挥文化和科技相互促进的作用,结合中央财政科技计划(专项、基金等)管理改革要求,将公共文化科技创新纳入科技发展专项规划,深入实施国家文化科技创新工程。研究制定公共文化服务领域科技标准规范。开展文化专用装备、软件、系统的研发应用,推进公共文化服务创新手段、提高效能。加强科技成果转化应用,实施一批公共文化服务科技创新应用示范项目;支持公共文化机构、科研院所、高科技企业合作开展各类关键技术研究。依托国家公共文化服务体系建设示范区(项目)、高新技术园区和可持续发展实验区,开展公共文化服务与科技融合示范工作。

(十七)加快推进公共文化服务数字化建设。结合“宽带中国”“智慧城市”等国家重大信息工程建设,加快推进公共文化机构数字化建设。统筹实施全国文化信息资源共享、数字图书馆博物馆建设、直播卫星广播电视公共服务、农村数字电影放映、数字农家书屋、城乡电子阅报屏建设等项目,构建标准统一、互联互通的公共数字文化服务网络,在基层实现共建共享。提高资源供给能力,科学规划公共数字文化资源建设,建设分布式资源库群,鼓励各地整合中华优秀文化资源,开发特色数字文化产品。支持数字版权公共服务平台建设,实现公共数字文化资源有效保护。加强公共文化大数据采集、存储和分析处理。加快推进数字文化资源在智能社区中的应用,实现“一站式”服务。

(十八)提升公共文化服务现代传播能力。着眼于形成与我国经济社会发展水平相称的传播能力,加快构建现代文化传播体系,保障

信息传播的高效快捷和安全有序。灵活运用宽带互联网、移动互联网、广播电视网、卫星网络等手段，拓宽公共文化资源传输渠道。大力推进“三网融合”，促进高清电视、互动电视、交互式网络电视（IPTV）、手机电视等新业务发展，推广数字智能终端、移动终端等新型载体。推进数字出版，构建数字出版物传播平台。加强广播电视台、发射台（站）、监测台（站）建设，继续实施广播电视高山无线发射台站建设工程。积极推进有线电视网络建设和数字化双向化改造，加快推进直播卫星和地面数字电视覆盖建设，努力实现广播电视户户通。实施国家和地方应急广播工程，完善应急广播覆盖网络，打造基层政务信息发布、政策宣讲和灾害预警应急指挥平台。

六、创新公共文化管理体制和运行机制

（十九）建立公共文化服务体系建设协调机制。立足当前公共文化服务体系建设实际，完善党委领导、政府管理、部门协同、权责明确、统筹推进的公共文化服务体系建设管理制度。以国家公共文化服务体系建设协调组为平台，由文化部门牵头，充分发挥各部门职能作用和资源优势，在规划编制、政策衔接、标准制定和实施等方面加强统筹、整体设计、协调推进。各地要根据实际，建立相应的协调机制。推进国家公共文化服务体系示范区（项目）创建。发挥基层党委和政府作用，建立统一的基层公共文化服务平台，加强各类重大文化项目的统筹实施，探索整合基层公共文化服务资源的方式和途径，实现共建共享，提升综合效益。

（二十）加大公益性文化事业单位改革力度。按照关于深化文化体制改革和推进事业单位分类改革的要求，理顺政府和公益性文化事业单位之间的关系，探索管办分离的有效形式。进一步落实公益性文化事业单位法人自主权，强化公共服务功能，增强发展活力，发挥公共文化服务骨干作用。全面推进人事制度、收入分配制度、社会保障、经费保障制度改革。创新运行机制，建立事业单位法人治理结构，推动公共图书馆、博物馆、文化馆、科技馆等组建理事会，吸纳有关方面代

表、专业人士、各界群众参与管理,健全决策、执行和监督机制。完善年度报告和信息披露、公众监督等基本制度,加强规范管理。加强和改进公益性文化事业单位党组织建设,充分发挥基层党组织的战斗堡垒作用和共产党员的先锋模范作用。

(二十一)创新基层公共文化管理机制。发挥城乡基层群众性自治组织的作用,推动开展公共文化服务参与式管理,推广居民、村民评议等行之有效的做法,健全民意表达和监督机制,引导城市社区居民和村民参与公共文化服务项目规划、建设、管理和监督,维护群众的文化选择权、参与权和自主权。调动驻村(社区)单位、企业和社会组织等多方面力量,统筹资源,共同参与基层文化的管理和服务,形成多元联动格局。扎实推进社区文化志愿服务。推进将公共文化服务纳入基层社区服务网格进行管理,培育城乡社区互助文化,营造社区和谐环境。

(二十二)完善公共文化服务评价工作机制。以效能为导向,制定政府公共文化服务考核指标,作为考核评价领导班子和领导干部政绩的重要内容,纳入科学发展考核体系。建立公共文化机构绩效考评制度,考评结果作为确定预算、收入分配与负责人奖惩的重要依据。加强对重大文化项目资金使用、实施效果、服务效能等方面的监督和评估。完善服务质量监测体系,研究制定公众满意度指标,建立群众评价和反馈机制。探索建立公共文化服务第三方评价机制,增强公共文化服务评价的客观性和科学性。

七、加大公共文化服务保障力度

(二十三)加强组织领导。各有关部门和单位要进一步认识构建现代公共文化服务体系的重要意义,根据本意见的要求,结合"十三五"规划的编制,尽快制定完善相关配套政策,明确责任,统筹建设,协同推进,狠抓落实。地方各级党委和政府要将构建现代公共文化服务体系纳入本地区国民经济和社会发展总体规划,纳入重要议事日程,切实加强组织领导,并结合实际制订实施方案、规划或专项行动计划,明确责任和时间表、路线图,集中力量推进工作落实。做好宣传和舆论引导工作,形成全社会支持和参与现代公共文化服务体系建设的良好氛围。

(二十四)加大财税支持力度。合理划分各级政府基本公共文化服务支出责任,建立健全公共文化服务财政保障机制,按照基本公共文化服务标准,落实提供基本公共文化服务项目所必需的资金,保障公共文化服务体系建设和运行。进一步完善转移支付体制,加大中央财政和省级财政转移支付力度,重点向革命老区、民族地区、边疆地区、贫困地区倾斜,着力支持农村和城市社区基层公共文化服务设施建设,保障基层城乡居民公平享有基本公共文化服务。进一步拓展资金来源渠道,加大政府性基金与一般公共预算的统筹力度。创新公共文化服务投入方式,采取政府购买、项目补贴、定向资助、贷款贴息等政策措施,支持包括文化企业在内的社会各类文化机构参与提供公共文化服务。落实现行鼓励社会组织、机构和个人捐赠公益性文化事业所得税税前扣除政策规定。加强对公共文化服务资金管理使用情况的监督和审计,开展绩效评价。

(二十五)加强基层文化队伍建设。进一步完善选人用人机制,着力培养一批具有现代意识、创新意识的公共文化管理者和基层公共文化服务人才队伍。按照控制总量、盘活存量、优化结构、有减有增的要求,研究制定公共文化机构人员编制标准,并根据业务发展状况进行动态调整。对实行免费开放后工作量大量增加、现有机构编制难以满足工作需要的公益性文化事业单位,要结合实际和财力,合理增加机构编制。加强对农村文化队伍的管理和使用,在现有编制总量内,落实每个乡镇综合文化站(中心)编制配备不少于1至2名的要求,规模较大的乡镇适当增加。设立城乡基层公共文化服务岗位,配置由公共财政补贴的工作人员。将公共文化服务专业人才培养纳入国民教育体系。稳步推进基层公共文化服务队伍培训,建立培训上岗制度,全面提高从业人员素质。乡镇综合文化站(中心)从业人员应熟悉广播电视技术,具备组织群众文化活动等多方面的服务能力。完善基层公共文化服务人才激励和保障机制。加强基层乡土文化人才建设。发展壮大社会体育指导员队伍。

（二十六）建立健全公共文化服务法律体系。加快建立健全坚持社会主义先进文化前进方向、遵循文化发展规律、有利于激发文化创造力、保障人民基本文化权益的文化法律制度，依法保障公民的文化权利得到有效落实。加快出台公共文化服务保障法等相关法律法规，为现代公共文化服务体系建设提供法律支撑。加强公共文化立法与文化体制改革重大政策的衔接，加快制定地方性公共文化服务法律规范，提高公共文化服务领域法治化水平。

附件：国家基本公共文化服务指导标准（2015—2020年）

一、服务项目与内容

略。

二、标准实施

（一）本标准是国家颁布的指导性标准，各省、自治区、直辖市和新疆生产建设兵团要根据国家指导标准，结合当地群众需求、政府财政能力和文化特色，制定适合本地区的实施标准，建立国家指导标准与地方实施标准相衔接的标准体系。

（二）国家基本公共文化服务指导标准从2015年起开始实施，各相关部门根据职能职责和任务分工，制定具体实施方案；各地根据国家指导标准以及本地制定的实施标准，明确具体的落实措施、工作步骤和时间安排，确保标准实施工作科学、规范、有序开展。标准以县为基本单位推进落实。

（三）县级以上各级政府按照标准科学测算所需经费，将基本公共文化服务保障资金纳入财政预算，落实保障当地常住人口享有基本公共文化服务所需资金。中央和省级财政通过转移支付对老少边穷地区基本公共文化服务保障资金予以补助，同时，对绩效评价结果优良的地区予以奖励。县级以上各级政府安排资金，面向社会力量购买公共文化服务。

（四）文化部、各省级文化行政部门会同有关部门建立对标准实施情况的动态监测机制和绩效评价机制，加强督促检查。积极引入社会第三方开展公众满意度测评，对公众满意度较差的要进行通报批评，对好的做法和经验及时总结、推广。

附录二　文化部关于加强老年文化工作的意见

党中央、国务院十分重视、关心老年工作，要求社会各方面共同努力，真正做到老年人老有所养、老有所医、老有所为、老有所学、老有所乐。为贯彻落实党中央、国务院的指示精神，文化部就加强老年文化工作，丰富老年人文化生活问题，提出以下意见：

一、提高认识，切实做好老年文化工作

目前，我国 60 岁以上老年人口达到 1.2 亿，占全国总人口的 9.7%，并以年均 3.2% 的速度增长。人口老龄化，一方面反映出我国经济的发展和人民生活水平的显著提高；另一方面也对社会各方面提出了新的要求。各级文化行政部门必须从党的十五大确立的建设有中国特色社会主义经济、政治、文化的总体目标出发，充分认识人口老龄化这一社会经济和人口发展进程中带有全局性和战略性的重大问题，认识做好老年文化工作的重要性、必要性和紧迫性。

老年人是我国社会的重要组成部分。老年人的智慧、知识和经验是社会的宝贵财富。老年人不仅是社会物质文明和精神文明的创造者、继承者，也是优秀传统文化的传播者。老年人的生存状况和精神面貌直接影响到全社会文明程度的提高和社会的稳定与发展。加强老年文化工作对于丰富老年人的精神文化生活，提高老年人的生命生活质量，推进社会主义精神文明建设具有重大的现实意义。

随着社会经济领域的深刻变革，社会生活领域也发生了巨大变化，对文化工作提出了更新、更高的要求，也给做好老年文化工作提出了新的课题。如何创造一个安定、和谐、健康的社会文化环境，丰富老年人的文化生活，满足老年人的精神文化需求，是老年人个体和时代及社会发展的必然要求，也是全面实现建设有中国特色社会主义宏伟目标的客观需要。

各级文化行政部门及广大文化工作者，必须高举邓小平理论伟大旗帜，把做好老年文化工作、丰富老年人文化生活，作为文化工作的一项长期任务，摆到重要位置。要大力弘扬中华民族尊老敬老的传统美德，营造新时期养老、敬老、爱老、助老的良好社会环境与文化氛围，努力发挥老年人在社会主义精神文明建设中的作用。

二、认真搞好老年文化场所建设，积极开展丰富多彩的老年文化活动

开展老年文化活动，应从老年人的需要和愿望出发，从当地的实际情况出发，坚持立足社区、面向基层、落在实处。坚持小型分散与相对集中相结合，提高活动质量与改善设施条件相结合，坚持活动内容的广泛性与活动形式的多样性相结合，坚持社会效益与经济效益相结合的原则。做到有规划、有措施、有经费、有阵地、有检查。

各地文化部门，要在党委、政府的领导和支持下把老年文化设施建设提到重要议事日程，加快老年文化场所、设施的开辟与建设步伐。要进一步建立健全群众文化三级网络，充分发挥文化馆、图书馆、博物馆等现有的公益性群众文化单位在老年文化活动中的主导作用，努力完善老年文化阵地建设。坚持以现有的各级文化馆和各类老年活动中心为主要活动场所。

各地大中城市要立足社区，开辟老年文化、健身广场活动点。有条件的地方可以根据需要，因地制宜兴办新的老年文化活动场所，并加强对这些文化、体育活动场所的管理。

各地群众艺术馆、文化馆、文化站要充分发挥组织、引导各类社会

文化活动的功能，对于老年人自发的、健康的文化、娱乐、健身活动要给予支持与指导。除经常开展馆、站活动外，要根据老年人的特点，积极组织开展形式多样、健康有益的社区、乡村文化体育活动。设施条件较好的文化馆、站，要开辟适宜老年人文化娱乐的活动场所，有关部门的内部老年活动场所要创造条件，争取向社会开放，吸引更多的老年人参加活动。各馆、站要把老年人组织起来，定期举行国内外形势、保护老年人权益、科技发展动态等方面的各类讲座和研讨会。对他们的自娱自乐活动要提供方便。

各级图书馆要大力倡导和开展老年人读书系列活动。有条件的图书馆可开设老年人阅览室、馆外图书流动点，组织适合老年人的读书小组、书评活动等。对老年人相对集中的干休所、疗养院、老年活动中心等场所，提供送书上门等服务，邀请专家、学者、教授定期为老年人举办专题知识讲座等。

各级博物馆、纪念馆、美术馆、展览馆等公共文化场所，对老年人参观可给予适当优惠。

各级艺术表演团体要把为老年人演出纳入年度演出计划，提倡艺术表演团体创作、排演老年题材的剧节目。在每年的重大传统节日之际，优先为老年人安排慰问演出活动，逐步成为一项制度。

要发挥老年人自身的积极作用，体现他们关心下一代的良好愿望。提倡和支持老年人和青少年共同开展文化活动，使老年人的知识、经验和智慧在文化艺术活动中得以传播，真正实现老有所为。

要充分发挥各种老年人文化活动团体的作用。

要创造条件开展适合农村老年人的各类文娱活动，使他们的晚年生活丰富多彩。有条件的地方，可积极组织各种类型的老年合唱团，在经常开展活动的基础上，每年的重阳节前后举行歌咏大赛。文化部决定从1999年国际老年人年起，每年组织举办一次老年合唱节文化活动。

少数民族地区文化部门和单位，应根据各民族的风俗习惯，积极开展具有民族特色、形式多样的适合老年人参与的文体活动。对一些边远的牧区、山区可作为工作重点，定期开展为老年人送戏、送书上门服务，将“三下乡”活动与关心农村老年人文化生活结合起来。

三、办好老年大学，建立老年教育网络

办好老年大学是老年文化工作的重要组成部分，老年的非学历教育工作由各级文化行政部门统一负责。各级文化行政部门必须充分认识到实现终身教育是社会发展进步的重要标志，要根据因地制宜，因人施教的原则，动员社会各方面力量，积极有计划地兴办各类老年大学，发展老年教育事业。

要充分利用社会上现有的教育、文化设施和各种老年人活动场所，开展老年教育，并注意发挥现代传媒手段在老年教育中的作用，积极进行老年人远程教育、电化教育的尝试和探索。

要依靠各级政府及有关部门、有条件的大型企事业单位，积极兴办质量较高的老年大学。基层单位也应根据条件为老年人提供各种学习场所，使更多的老年人能有就近参加学习，接受教育的机会。

开办老年大学，要符合国家的教育方针和老龄工作宗旨，要不断提高教育质量，使老年人通过学习提高思想理论和科学文化与生理心理素质，达到增长知识、丰富生活、陶冶情操、促进健康、服务社会的目的。

在课程设置上，要满足老年人的需要，因需施教；在教学方法上，要灵活多样，体现寓教于乐；在师资选聘上，既要注重教师的业务素质，又要注重教师尊老敬老为老年人服务的意识。

各级文化主管部门要认真做好各级各类非学历老年大学的规划、审批和管理工作。开办老年大学是一项公益性事业，要把社会效益放在首位，并逐步推进老年教育的产业化。各地可参照执行国家对各级各类学校的优惠政策和管理办法，视学习经费来源情况，适当收取学费，以保证更多老年人能进入学校学习。

四、动员社会力量参与，开创老年文化工作的新局面

解决老龄问题是国家、集体、家庭及个人共同的责任。尊老敬老是中华民族的传统美德。老年文化工作关系到社会的各个方面，需要全社会的关心和支持。要动员全社会积极行动起来，同心协力，齐抓共管，形成敬老、助老的良好社会风尚。

要加大工作力度，积极动员社会各方面力量，不断拓宽老年文化工作的领域。各级文化部门要会同老龄工作部门及工、青、妇等群众组织、文联各协会及社会文化团体组织，根据各自工作特点，积极开展具有较高质量的老年文化活动。要鼓励社会各界关心、支持老年文化活动，要大力倡导并组织志愿者队伍，为老年人提供包括精神慰藉、文化生活在内的各项服务。

大中城市缺少广场活动点的地区，可商当地园林部门本着就近就地原则，安排老年人定期优惠进入公园开展文化、体育健身活动。可根据当地季节和风俗习惯，集中组织老年人就近参观自然、人文景观。通过社会各方面的努力，使老年人的文化活动丰富多彩，使老人们更多地感受到社会的温暖和自身在社会的地位、价值。

五、加强领导，搞好老年文化活动的管理和规划

要切实加强对老年文化工作的领导，加强对老年文化活动的研究、指导和管理，保证老年文化事业健康、有序发展。

要坚持唯物辩证思想和正确的导向，积极引导老年人开展各种健康、有益、科学的文化和健身活动，反对各种不利于老年人身心健康和迷信、伪科学的活动。

开展老年文化活动，应坚持老年人自愿、受益与社会满意的原则，使老年人充分享受到党和国家给予他们的关怀和照顾。开展老年文化活动，兴办老年教育事业，要坚持社会共建、共办、共享的方针，节俭办事，注重实效。

要加强对老年文化产品的生产规划与指导。图书出版、电影生

产、文学戏剧创作等单位，要及时调整产品结构，增加老年文化产品的种类和数量，以满足各类老年人的需求。特别要注重加强对民间小戏的创作与排演，满足广大农村老人的文化需求。

要协同新闻出版部门共同做好老年文化工作的宣传报道，办好现有的老年栏目，积极创办新的老年节目，努力提高节目质量，以正确的舆论引导全社会对老年文化工作的高度重视与积极支持，提高老年文化宣传的整体水平。

各省、自治区、直辖市文化厅（局）要把老年文化工作作为一项重要工作列入议程，确定一名副厅（局）长分管老年文化工作，在政府领导下，定期召开会议，对本地区老年文化工作进行统一协调和部署，并组织实施有关活动。文化部将在适当时机对全国开展老年文化活动的工作进行总结、交流，表彰成绩突出的单位和个人。

各级文化行政部门和有关单位要搞好 1999 国际老年人年的文化活动，以高度的责任感，开创我国老年文化工作的新局面。

一九九九年

附录三　联合国教科文组织公共图书馆宣言 1994

自由、繁荣以及社会与个人的发展是人类根本价值的体现。人类根本价值的实现取决于智者在社会中行使民主权利和发挥积极作用能力的提高。人们对社会以及民主发展的建设性参与，取决于人们所受良好教育和存取知识、思想、文化和信息的自由开放程度。

公共图书馆，作为人们寻求知识的重要渠道，为个人和社会群体进行终身教育、自主决策和文化发展提供了基本条件。

本宣言宣告，联合国教科文组织坚信公共图书馆是传播教育、文化和信息的一支有生力量，是促使人们寻找和平和精神幸福的基本资源。

联合国教科文组织因此建议各国和各地政府支持并积极参与公共图书馆的建设。

公共图书馆

公共图书馆是地区的信息中心,它向用户迅速提供各种知识和信息。

每一个人都有平等享受公共图书馆服务的权利,而不受年龄、种族、性别、宗教信仰、国籍、语言或社会地位的限制。对因故不能享用常规服务和资料的用户,例如少数民族用户、残疾用户、医院病人或监狱囚犯,必须向其提供特殊服务和资料。

各年龄群体的图书馆用户必须能够找到与其需求相关的资料。公共图书馆必须藏有并提供包括各种合适的载体和现代技术以及传统的书刊资料。重要的是馆藏和图书馆服务是否具有高质量,是否确实满足地方需求、适合地方条件。馆藏资料必须反映当前趋势和社会发展过程,以及记载人类活动和想象的历史。

馆藏资料和图书馆服务不应受到任何意识形态、政治或宗教审查制度的影响,也不应屈服于商业压力。

公共图书馆的使命

公共图书馆服务的核心应该是与信息、扫盲、教育和文化密切相关,主要使命为:

1. 养成并强化儿童早期的阅读习惯;
2. 支持个人和自学教育以及各级正规教育;
3. 提供个人创造力发展的机会;
4. 激发儿童和青年的想象力和创造力;
5. 加强文化遗产意识,提高艺术鉴赏力,促进科学成就和科技创新;
6. 提供接触各种表演艺术文化展示的机会;

7. 促进不同文化之间的对话,支持文化多样性的发挥;

8. 支持口述传统文化的保存和传播;

9. 保证市民获取各种社区信息;

10. 为地方企业、社团群体提供充足的信息服务;

11. 促进信息技术的发展和计算机应用能力的提高;

12. 支持并参与各年龄群体的扫盲活动和计划,在必要时组织发起这样的活动。

拨款、立法和网络

1. 公共图书馆原则上应该免费提供服务。建立公共图书馆是国家和地方政府的责任。必须专门立法维持公共图书馆,并由国家和地方政府财政拨款。图书馆应该是继承文化、传递信息、扫盲和长期教育战略的基本组成部分。

2. 为保证全国图书馆的协调和合作,必须立法并制订战略计划,来确定并建设同一服务标准的全国图书馆网络。

3. 公共图书馆的网络设计必须考虑到与国家图书馆、地方图书馆、研究图书馆和专业图书馆,以及大中小学图书馆之间的关系。

运作与管理

1. 必须制定清晰的政策,确定与社区需求相关的目标、重点和图书馆服务。必须有效地组织公共图书馆并保持运作的专业水准。

2. 必须确保与有关合作伙伴(用户群体和其他专业人员)进行地方、区域、全国甚至国际性合作。

3. 使社区每一个人都能确实得到图书馆服务。需要有理想的馆舍环境、良好的阅读学习设施,以及相关的技术和充足的开馆时间,包括对不能到馆的用户提供馆外服务。

4. 图书馆服务必须适应乡村和城市社区的不同需求。

5. 图书馆员是图书馆用户和馆藏资源之间的能动的中间人。图书馆员的专业培训和继续教育对保证服务质量非常重要。

6. 必须制订馆外教育和用户培训计划，帮助用户从各种馆藏资源中获取有价值的信息。

宣言的贯彻和落实

宣言特此敦促全世界各个国家和地方的决策者和整个图书馆界，应认真贯彻和落实宣言表述的各项原则。

联合国教科文组织
国际图联
1994 年 10 月 29 日

附录四　图书馆服务宣言

图书馆是通向知识之门，它通过系统收集、保存与组织文献信息，实现传播知识、传承文明的社会功能。现代图书馆秉承对全社会开放的理念，承担实现和保障公民文化权利、缩小社会信息鸿沟的使命。中国图书馆人经过不懈的追求与努力，逐步确立了对社会普遍开放、平等服务、以人为本的基本原则。我们的目标是：

1. 图书馆是一个开放的知识与信息中心。图书馆以公益性服务为基本原则，以实现和保障公民基本阅读权利为天职，以读者需求为一切工作的出发点。

2. 图书馆向读者提供平等服务。各级各类图书馆共同构成图书馆体系，保障全体社会成员普遍均等地享有图书馆服务。

3. 图书馆在服务与管理中体现人文关怀。图书馆致力于消除弱势群体利用图书馆的困难，为全体读者提供人性化、便利化的服务。

4. 图书馆提供优质、高效、专业的服务。图书馆充分利用现代信息技术，提高数字资源提供能力和使用效率，以服务创新应对信息时代的挑战。

5. 图书馆开展信息资源共建共享。各地区、各类型图书馆加强协调与合作，促进全社会信息资源的有效利用。

6. 图书馆努力促进全民阅读。图书馆为公民终身学习提供保障，促进学习型社会的建设。

7. 图书馆与一切关心图书馆事业的组织和个人真诚合作。图书馆欢迎社会各界通过资助、捐赠、媒体宣传、志愿者活动等各种方式，参与图书馆建设。

中国图书馆学会
2008 年

附录五　公共图书馆服务规范

1　范围

本标准规定了图书馆服务资源、服务效能、服务宣传、服务监督与反馈等内容。

本标准适用于县(市)级以上公共图书馆。街道、乡镇级公共图书馆以及社区、乡村和社会力量办的各类公共图书馆基层服务点参照执行。

2　规范性引用文件

下列文件对于本文件的应用是必不可少的。凡是注日期的引用文件，仅注日期的版本适用于本文件。凡是不注日期的引用文件，其最新版本(包括所有的修改单)适用于本文件。

GB/T 10001.1　标志用公共信息图形符号第 1 部分:通用符号

GB/T 13191　信息与文献　图书馆统计(GB/T 13191 2009，ISO 2789:2006，IDT)

建标 108—2008　公共图书馆建设标准

建标〔2008〕74 号　公共图书馆建设用地指标

3　术语和定义

下列术语和定义适用于本文件。

3.1　公共图书馆 public library

由各级人民政府投资兴办、或由社会力量捐资兴办的向社会公众开放的图书馆，是具有文献信息资源收集、整理、存储、传播、研究和服务等功能的公益性公共文化与社会教育设施。

3.2　公共图书馆服务 public library service

公共图书馆通过各类资源和自身专业能力满足公众日益增长的对知识、信息及相关文化活动需求的工作。

3.3　服务资源 service resources

公共图书馆在开展服务过程中所拥有的物力、财力、人力等各种物质要素，主要包含了硬件资源、人力资源、文献资源和经费资源。

3.4　服务效能 service efficiency

公共图书馆投入的各项资源在满足读者和用户需求中体现的能力和效率。

3.5　区域服务人口数 regional service population

各级公共图书馆所在行政区域的常住人口数。

3.6　呈缴本 legal deposit copy

根据有关法律或法令规定，出版单位根据法律规定，免费向法律指定的图书馆所缴存的出版物。

3.7　文献提供 document supply

图书馆或其他文献收藏机构根据读者要求，利用互联网、电子邮件、邮递等方式为本地或异地的读者直接提供所需原本文献和复制文献的服务形式，也可称文献传递。

4 总则

4.1 公共图书馆是公共文化服务体系的重要组成部分。公共图书馆服务规划应体现出公益性、基本性、均等性和便利性。

4.2 公共图书馆服务应体现以人为本的原则,通过就近、便捷、可选择、温馨的服务,不断改进服务质量,统筹兼顾服务资源、服务效能、服务宣传、服务监督与反馈,促进服务的全面协调可持续发展。

4.3 公共图书馆服务对象包括所有公众。应当注重培养少年儿童的阅读习惯,并努力满足残疾人、老年人、进城务工者、农村和偏远地区公众等的特殊需求。

4.4 公共图书馆的服务与管理除执行本标准的有关规定外,还应符合相关的国家标准和规范。

5 服务资源

5.1 硬件资源

5.1.1 馆舍建筑指标

公共图书馆设置布局应遵循普遍均等原则,选址要考虑服务半径、服务人口等因素,并应按建标〔2008〕74 号《公共图书馆建设用地指标》执行。服务人口是指公共图书馆服务范围内的常住人口。

为了保证读者阅览空间和图书馆为读者服务能力,总建筑面积、阅览室用房使用面积的比例、总阅览座位数应按建标 108—2008《公共图书馆建设标准》执行。并为残障读者的无障碍服务提供必要的服务设施。

5.1.2 建筑功能总体布局

公共图书馆建筑功能总体布局应遵循以读者服务为中心,与图书馆的管理方式和服务手段相适应,做到分区明确、布局合理、流线通畅、安全节能、朝向和通风良好。

少年儿童阅览区应与成人阅览区分开，宜设置单独的出入口，有条件的可设室外少年儿童活动场地。视障阅览室宜设在图书馆本体建筑与社会公共通道之间的平行层。

5.1.3 电子信息设备

5.1.3.1 计算机

公共图书馆应配备一定数量的计算机专供读者使用。图书馆应配备与经济和技术发展水平相适应的信息技术设备。所需计算机数量见表1。

表1 公共图书馆计算机设备配置及用途指标

等级	计算机总数量（台）	读者使用计算机数量（台）	读者用机中 OPAC 计算机数量（台）
省级馆	100 以上	60 以上	12 以上
地级馆	60 以上	40 以上	8 以上
县级馆	30 以上	20 以上	4 以上
注1：省级馆包含省（自治区、直辖市）、副省级市（计划单列市）级图书馆；地级馆包含地（市、地区、盟、州）级图书馆；县级馆包含县（市）级图书馆 注2：OPAC（Online Public Acceess catalogue）指在线公共检索目录。			

5.1.3.2 网络与宽带接入

公共图书馆网络与宽带接入，是为读者提供网络信息服务的基础。网络与带宽接入指标见表2。

表2 公共图书馆网络与带宽接入指标

等级	互联网接口	局域网主干	局域网分支
省级馆	≥100 兆	≥1000 兆	≥100 兆
地级馆	≥10 兆	≥1000 兆	≥100 兆
县级馆	≥2 兆	≥100 兆	≥100 兆

5.1.3.3　信息节点

信息节点指在馆内与局域网或互联网连接的计算机网络接口，阅览室的信息点设置应不少于阅览座位的30%，电子阅览室的信息点设置应多于阅览座位数。有条件的可提供互联网无线网络接入服务。

5.2　人力资源

5.2.1　人员要求

公共图书馆工作人员应受过专业训练、具备良好的职业道德，在读者服务工作中应平等对待所有公众，尊重和维护读者隐私。工作人员须挂牌上岗，仪表端庄，使用文明用语，热忱并努力为读者提供准确全面的信息服务。

5.2.2　人员配备

公共图书馆应配备数量适宜的工作人员。具有相关学科背景的专业技术人员应占工作人员的75%以上，少数民族自治地区公共图书馆要配备熟悉少数民族语言文字的专业技术人员。

公共图书馆专业技术人员是指符合下列条件之一并从事相关业务工作的人员：

——具有助理馆员等各类初级及以上专业技术职务任职资格；

——具有图书馆学专业（或图书情报专业）专科或以上学历；

——非图书馆学专业（或图书情报专业）专科或以上学历，须经过省级及以上学会（协会）、图书馆、大学院系举办的图书馆学专业（或图书情报专业）课程培训，培训课时不少于320学时并成绩合格。

5.2.3　人员数量

公共图书馆工作人员数量的确定，应以所在区域服务人口数为依据。每服务人口10 000人～25 000人应配备1名工作人员。各级公共图书馆所需的人员数量的配备，还应兼顾服务时间、馆舍规模、馆藏资源数量、年度读者服务量等因素。

5.2.4　教育培训

公共图书馆应坚持实施针对全体工作人员的教育培训计划。年度工作计划中应提供保障员工接受培训教育的安排。

5.2.5 志愿者队伍

公共图书馆应导入志愿者服务机制,吸引更多图书馆工作人员和社会公众加入志愿者队伍。

5.3 文献资源

5.3.1 馆藏文献

5.3.1.1 文献采集原则

馆藏文献资源建设应遵循以下原则:

——与日益增长的读者需求和本地区经济、文化与社会事业发展相适应;

——与本馆文献资源建设规划、采集方针及服务功能相匹配;

——有利于形成资源体系和特色;

——有利于促进区域文献资源共建共享;

——有利于积淀与丰富历史文献;

——与国家知识产权保护等法律法规的要求相一致。

5.3.1.2 馆藏文献总量

馆藏文献包括印刷型文献、电子文献、缩微文献等。公共图书馆应在确保印刷型文献入藏的基础上,逐步增加电子文献的品种和数量,并根据当地读者和居住的外籍人员的需求,积极配置相应的外文文献。

馆藏印刷型文献以物理单元数量统计。应采用国家标准《信息与文献　图书馆统计》(GB/T 13191)中建议统计的方式计算。省级馆、地级馆、县级馆的入藏总量分别应达到 135 万册、24 万册、4.5 万册以上,省、地、县级馆年新增藏量分别应达每百人 1.7、1、0.6 册以上。

馆藏电子文献包括电子图书、电子报刊、视听资料等,电子文献的统计,应采用国家标准《信息与文献　图书馆统计》(GB/T 13191)中建议统计的方式计算。省级馆、地级馆、县级馆的年入藏量分别应达到 9000 种、500 种、100 种以上。

5.3.1.3 少数民族语言文献

少数民族集聚地区的各级公共图书馆应承担该地区少数民族文

字文献资料的收藏和服务的职能。

其他地区各级公共图书馆也应收藏与本地少数民族状况相适应的少数民族语言文献。

5.3.2　呈缴本

省级公共图书馆负有依法接受所在省(市)出版机构呈缴出版物和保存地方文献版本的职能。呈缴本征集的品种、数量应达到地方正式出版物的70%以上。

5.3.3　政府出版物

公共图书馆应承担当地政府出版物的征集、保存与服务职能,设置政府公开信息查阅点,并做好服务工作。

6　服务效能

6.1　服务能力

6.1.1　服务时间

公共图书馆应有固定的开放时间,双休日应对外开放。其中省级馆每周开放时间不少于64小时;地级馆每周开放时间不少于60小时;县级馆每周开放时间不少于56小时。各级独立建制的少年儿童图书馆每周开放时间不少于40小时。

6.1.2　基本服务

公共图书馆的基本服务是保障和满足公众的基本文化需求的服务,包括为读者免费提供多语种、多种载体的文献的借阅服务和一般性的咨询服务,组织各类读者活动以及其他公益性服务。

6.1.3　流动服务

公共图书馆应通过流动站、流动车等形式,将文献外借服务和其他图书馆服务向社区、村镇等延伸,定期开展巡回流动服务。

6.1.4　远程服务

公共图书馆应利用互联网、手机等信息技术手段和载体,开展不受时空限制的网上书目检索、参考咨询、文献提供等远程网络信息服务。

6.1.5　个性化服务

公共图书馆可为个人、企事业机构及政府部门提供多样化的、灵活的、有针对性的服务。

6.1.6　总分馆服务

公共图书馆应在政府主导、多级投入、集中分层管理、资源共享的原则下，建立普遍均等的公共图书馆服务体系，因地制宜地开展形式多样的总分馆服务，形成统一的机构标识，统一的业务规范，建立便捷的通借通还文献分拣传递物流体系，提升同一地区公共图书馆系统的整体形象和服务能力。

6.2　服务效率

6.2.1　文献加工处理时间

公共图书馆需根据不同类型（如印刷型、电子、缩微等）、不同来源（如购买、受赠、交换等）的文献资源特点和服务要求，优化文献加工处理流程，缩短文献加工处理周期，提高文献加工处理效率。

文献加工处理时间以文献到馆至文献上架（或上线）服务的时间间隔计。其中，报纸到馆当天上架服务，期刊到馆 2 个工作日内上架服务，省级馆、地级馆及县级馆分别在图书到馆 20、15、7 个工作日内上架服务。

6.2.2　闭架文献获取时间

闭架文献获取时间以读者递交调阅单到读者获取文献之间的间隔时间计。

闭架文献提供不超过 30 分钟，外围书库文献提供不超过 2 个工作日。古籍等特种文献，另按相关规定执行。

6.2.3　开架图书排架正确率

开架图书提倡按中国图书馆分类法分类号顺序排列整齐。省级馆、地级馆及县级馆的开架图书排架正确率分别不低于 96%、95%、94%。

6.2.4　馆藏外借量

馆藏外借量以外借文献册数计。

公共图书馆应合理调整外借文献范围、外借文献册数、借期等流通规则,保持馆藏外借量逐年增长。

6.2.5　人均借阅量

公共图书馆应分别根据有效持证读者和服务人口的总数,计算已外借文献量(册)占有效持证读者总数和服务人口总数的比例,以反映流通馆藏对有效持证读者的服务使用情况。

公共图书馆应适时调整外借册数、借期等流通规则,并制定有针对性的服务策略,逐步提高人均借阅量。

6.2.6　电子文献使用量

电子文献使用量由数据库检索量、全文下载量组成。

公共图书馆应积极宣传电子文献,举办电子文献使用辅导讲座,提升读者使用电子文献的信息素养,保持电子文献使用量逐年增长。

6.2.7　文献提供响应时间

文献提供响应时间以收到读者文献请求至回复读者之间的时间计。响应时间不超过2个工作日,并告知读者文献获取的具体时间。

6.2.8　参考咨询响应时间

公共图书馆需提供多样化的文献咨询服务方式,有效缩短文献咨询的响应时间。多样化的文献咨询服务方式包括现场、电话、信件、传真、电子邮件、网上实时、短信等。

响应时间是以收到读者咨询提问至回复读者之间的时间计。现场、电话、网上实时咨询需在服务时间内当即回复读者,其他方式的咨询服务的响应时间不超过2个工作日。

7　服务宣传

7.1　导引标识

7.1.1　方位区域标识

公共图书馆导引标识系统应使用标准化的文字和图形建立,公共信息标识应采用国家标准GB/T 10001.1《标识用公共信息图形符号　第1部分:通用符号》,根据需求可采用双语或多语言对照。

公共图书馆应在主体建筑外竖立明显的导向标识。

公共图书馆入口处应标明区域划分,如阅览区域、活动区域、办公区域等,以方便读者到达目标区域。

公共图书馆应在每一楼层设立醒目的布局功能标识。

7.1.2　文献排架标识

公共图书馆应在阅览区和书库设置文献排架标识。

7.1.3　无障碍标识

公共图书馆应设置无障碍设施的专用标识。

7.2　服务告示

7.2.1　告示内容和方式

公共图书馆的服务范围、服务内容、服务时间、服务公约、读者须知、借阅(使用)规则、服务承诺等基本服务政策应在馆内醒目位置和图书馆网站的相关栏目向读者公示,其他服务政策及各类服务信息等应通过各种途径方便读者获取。

7.2.2　闭馆告示

因故须暂时闭馆,须提前一周向读者公告。

如遇公共安全、网络安全等突发事件须临时闭馆或关闭部分区域、暂停部分服务的,应及时向读者公告。

7.3　馆藏揭示

公共图书馆应借助计算机管理与书目检索系统,将纸质、电子和缩微等不同载体的馆藏文献目录向公众揭示,提供题名、著者、主题等基本检索途径,方便读者查询。

公共图书馆还应通过网站、宣传资料、专题展览等形式,向公众推介、揭示最新入藏的文献和特色馆藏。

7.4　活动推广

公共图书馆应通过媒体、网站、宣传资料、宣传栏及各种现代化通信手段等形式,邀请、吸引读者的参与和互动。

8　服务监督与反馈

8.1　监督途径和方法

公共图书馆应在馆舍显著位置设立读者意见箱(簿),公开监督电话,开设网上投诉通道,建立馆长接待日制度,组建社会监督员队伍,定期召开读者座谈会。认真对待并正确处理来自读者的意见或投诉,在五个工作日内回复并整改落实。

8.2　读者满意度调查

读者满意度调查表中读者对图书馆满意度的选项为“满意”“基本满意”和“不满意”三项。读者满意度以参与问卷调查的读者中选择“基本满意”和“满意”的人数占调查总人数的比例计。各级公共图书馆的读者满意度应在85%(含)以上。

公共图书馆每年应进行一次读者满意度调查,可自行或委托相关机构向馆内读者随机发放读者满意度调查表。调查表发放数量,省、地、县级图书馆分别不少于500、300、100份,回收率不低于80%。

公共图书馆应对回收的读者满意度调查表进行分析,针对薄弱环节提出整改意见。调查数据应系统整理,建档保存。